安曇族と徐福

弥生時代を創りあげた人たち

龜山　勝

龍鳳書房

安曇族の本拠地　福岡市志賀島の志賀海神社

安曇族ゆかりの地の一つ　長野県安曇野市の穂高神社

志賀島出土の金印「漢委奴國王」（福岡市博物館所蔵）

福岡県大川市の風浪宮　代々宮司は阿曇氏　「磯良丸」を祀る

名古屋市の綿神社　安曇族の祖神の裔「玉依比売命」を祀る

まえがき

明治政府は、生糸を売った資金で、公務員の二〇倍ほどの給与を払って外国人技術者を招き、国内産業を振興させました。戦後の日本は、何もない中からシーチキンと称するビンチョウマグロなど、輸出できる国内産物を集め、外貨を獲得して復興を図りました。この乏しい国内産業の中で何とかやりくりしながら、進んだ技術を取り込む振興策は、大きく歴史をさかのぼると、その原点は弥生時代にあります。

弥生時代の水田稲作や金属器の使用も、それなりの代価を払って導入しています。何かのきっかけに海を渡ってきた人たちが偶然始めたのではありません。本書では、海に囲まれた日本列島が、いかにしてその代価を払ってきたのか、そこにどんな人たちが活動していたのかなどを海からの視点でとらえたお話をします。日本列島発展の振興策の雛形が、二千数百年まえの弥生時代に生まれ、それが米づくり日本、物づくり日本、貿易立国日本と、現代産業の発展にまでつながっているのです。

弥生時代は、文字による記録がなく、その全貌がわかりにくいのですが、史実をめくっていきますと、水田稲作が入ってきて食糧が増産され、一方で鉄器など金属器の使用や生産が始まり、それまで一万年ほどつづいた縄文時代の産業構造が大きく変わる産業改革が進んだ時代なのです。その時代を変えた原動力はどこにあったのでしょうか、それがどう働いたのでしょうか。記録のない弥生時代ですが、当時から現代まで変わっていない条件が次の三つあります。それは、海の流れと風、生命維持に欠かせない食糧の確保、人の考え出す能力です。

不変条件一、海の流れとして大きいのは、黒潮とその黒潮から枝分かれした対馬海流があります。これらの海流は、太古から今日までほとんど流路を変えないで流れています。信号機のない自動車道路の車と同じように流れが止まらないので、船の推進力が未発達の時代は、その海流を思いのままに横断することはできなかったのです。半面、人や物を運ぶ大きな力になってくれました。縄文時代以来、上流の東南アジアや中国大陸の人たちが流れに乗ってやってきて、対馬海流の右岸に着けば五島列島、壱岐・対馬、北部九州、左岸に着けば済州島、朝鮮半島に上陸したのです。

ところが、これまでの考古学では、朝鮮半島と北部九州の遺跡から同系の物が出土すると、それらは、朝鮮半島から北部九州へ伝わったとして扱う傾向が強いようで、中には、朝鮮半島と北部九州を飛び石伝いに渡った、と表現する人もいます。これは、多分、一般の地図を見ると距離的に近いことや「魏志倭人伝」に出てくる朝鮮半島から北部九州への渡海ルートを先入観としてもっているからでしょう。たとえば、川の対岸に同じものが流れ着いていれば、これらはどこから来たのかなと、上流もながめるように、海の中でも同じような見方をすることが大切なはずです。

不変条件二、人にとって食べ物は欠かせません。これは、時間が来ればお腹が空くので誰でもわかりますが、これまでの歴史研究の中では、この辺はあまり深く考えられていないようです。たとえば、弥生人が水田稲作技術と種籾をもって日本列島に渡ってきても、水田開発から、種蒔、育成、収穫までの間どうやって食糧を確保していたのでしょうか。まして、農耕民でない金属製造技術者になると、食糧の入手をどうしたのでしょうか。その点、狩猟採集の漁撈で生活できる海人は強かったはずです。食糧については、結果として生き延びてきたのだから不問にするではすまないでしょう。特に、集団で日本列島へ渡来した場合には、その人たちを受け入れる体制が必要です。

不変条件三、いつの時代でも人は考えます。その頭脳による思考能力は、弥生人と現代人との間に差はないはずです。現在、子どもでもパソコンで遊んでいるからといって、パソコンのない時代に子どもだった人より現在の子どもの頭脳が優れているとはいえないでしょう。ただ育った環境が違うだけです。これと同じことが、縄文人、弥生人、現代人の間にも言えます。ただそれぞれの時代にあった素材と工具を基に考え出された物が、その時代の産物です。ですから、弥生時代にあったとされる素材と工具だけを頭に置いて考えれば、現代でも弥生時代の産物を推理できるはずです。ただ、弥生時代に比較して情報量が多い現代人よりも、弥生人の方が集中して物事を考える時間が多かった可能性はあります。だからことによると、現代人に考えつかないことでも弥生人は考え出したかもしれません。

以上、自然的、生物的、人間的な不変条件、それに中国正史などわずかに残る文献、考古学から出された研究結果などを基に、弥生時代に活躍した海人の安曇族を探って行ったら、弥生の産業改革の始まりにたどりつきました。

記録がない弥生時代だけに、関係書を読むと、頭の中で考えただけの想像の域を出ない話も多々あります。物事は、事実→推理→想像→空想→妄想→嘘とだんだん嘘に近づきますので、本書では、事実と事実に基づく推理の段階までにとどめるように努めましたが、どうしても想像の域を書く場合には、その旨お断りしました。また、推理は根拠を示しながら書いたので、理屈っぽい回りくどい表現になってしまいましたが、そこは筆力のなさとしてご容赦ください。

話は変わりますが、野球では、いくらクリーンヒットを打っても、後続がなければ、得点に結びつきませんし、ましてや試合に勝つとは限りません。逆に、ボテボテの内野安打や、敵失で出塁した後にヒットが出ると、得点に結びつくこともあります。同じようなことが歴史にもいえそうです。縄文時代の遺跡から水田跡や今日私たちが食べている米（温帯ジャポニカ）の炭化米が出土すると、即、弥生時代に盛んになった水田稲作につながったと受け止めて、弥生時代の開始年代を云々する向きもありますが、これらの遺跡出土が先のクリーンヒットのように後続がない一過性の場合もあるのです。野球でチームプレーを大切にするように、弥生の産業改革も組織的な動きを見ることが肝要です。運、不運があるとしても、七転び八起きの言葉もありますように、物事、成功に到るまでには何回かの失敗を重ねるのが一般的ではないでしょうか。

ところで、人は考えるから、あるときは苦しい思いをしますし、また、あるときは楽しい思いもします。誰しも、できれば頭の中で楽しい思いを浮かべたいものです。その点、時間的に近い現実を考えるより、時間的に遠い古代や未来を考えた方が楽しい思いをする率が高くなるでしょう。とかく憂鬱になりがちな現代だからこそ、古代や未来を考えながら楽しく生きたいものです。

目　次

第二章　予備知識（史・資料と推理）　39

安曇族と徐福

弥生時代を創りあげた人たち

第一章　本書としての定義

弥生時代や弥生人という言葉は、義務教育の中にも出ていますから、今の日本人にとって、もう常識になっている言葉だと思われがちです。ですから、いまさら定義する必要はない、と受け止められるかもしれませんが、弥生時代は、その始まりの年代になると、専門家の間でも意見がわかれています。まして、専門家でない一般市民が古代史を覗いて、A氏の著書で縄文時代後晩期の項を読み、つづけてB氏の著書で弥生時代前早期の項を読んだとき、それぞれの著者が、弥生時代の開始年代をBC五世紀と考えているのか、三世紀と考えているかによって、時代が逆転することもあります。そうしますと、読者の頭は混乱をきたします。ですから、古代史の書では、歴史の専門家でない人に向けて冒頭に、著者は弥生時代の開始を西暦何年頃として扱う、と断っておくと親切だと思います。弥生人についても同じことが言えます。わかっているようでわかっていないのが弥生時代であり弥生人なのです。

本書では読者ができるだけ混乱しないように、本書としての定義をしておきます。わたしは歴史や考古学の専門家ではないので、自分でも理解できるように、わかりやすく書くことを心がけましたが、定義の中でも、弥生時代の開始年代などは、これまでの考えと異なるだけに、その違いを説明しなければなりませんので、どうしてもくどい表現になりました。ですから、定義の説明文は本章の後にまわしました。説明文を読んでいて面倒くさく感じる方は、いったん、飛ばして先へ進み、後段で疑問が出たら後戻りして読んでいただいてもかまいません。

弥生の産業改革

日本列島は、太古以来一万年ほど狩猟を主体とした縄文時代の産業構造が続いていましたが、そこに、水田稲作・金属器使用・養蚕など新たな技術が伝わってきて、それまでとは産業構造が大きく変わりました。すなわち、食糧生産には水田稲作が加わり、金属製工耕具を使って物づくりや新耕地の開発が進み、その一方で、製塩・水産塩乾物・絹製品などの商品生産が増えて交易も盛んになりました。その交易で得た利益を資金にして、中国大陸から新たな技術や金属器などの新製品を導入し、日本列島の産業振興を進めたのです。弥生時代の特徴は、現代の日本にもつながる産業構造の雛形が出来たことです。この新たな産業構造への変化を、本書では、弥生時代の時代を略して「弥生の産業改革」と呼ぶことにします。

弥生時代の開始はBC五世紀

先にも記したように、弥生時代の開始年代は固定された年代ではないので、研究者の考え方によって変動しています。ですから、本論を進める前に、まず、本書なりの弥生時代がいつから始まったのかを定めておきます。本書では、弥生の産業改革に結びつくきっかけになったと考えられる歴史上の大きな出来事が起きた年で、かつ、その西暦年がわかっている年代を弥生時代の開始として、ＢＣ五世紀に固定します。

その根拠は、中国春秋時代のＢＣ四七三年に越に亡ぼされた呉の人たちが、日本列島へ再起を期して渡来した年代です。なぜ呉かという理由については、ＡＤ五七年に倭の奴国王の使者が後漢の光武帝に朝貢して金印を授かった際、使者が、「自分は、呉の建国者太伯の後裔と自己紹介した」という史料が決め手になります。その説明と、諸説ある弥生時代の開始年代およびその定め方については、本章の後段で説明します。弥生時代以前が縄文時代になります。

縄文人と弥生人

縄文人は、縄文時代（ＢＣ五世紀以前）に、日本列島に住んでいた人たちだけを指し、どこから来たのかその出自は問いません。弥生人は、出自を限定して、弥生時代開始年代以降に、中国大陸および朝鮮半島から日本列島に渡って来て住み着いた人たちと定めます。本書では、縄文人を年代で、弥生人を出自で分けました。

縄文系弥生人と縄文弥生混血人

弥生時代が始まったといっても、縄文人と弥生人を総入れ替えしたわけではありませんから、当然、縄文時代から引き続いて日本列島に住んでいる縄文人の後裔がいます。この縄文人の後裔の呼び方が明確ではなく、旧縄文人だとか在来人あるいは土着系弥生人などとも呼ばれています。本書では、縄文人の血を受け継いだということで、縄文系弥生人と呼ぶことにします。さらに、縄文系弥生人と弥生人との間で混血した人を、渡来的弥生人と呼んでいる人もいますが、本書では、単純に縄文弥生混血人と呼ぶことにします。そうしますと、弥生時代の日本列島に住んでいた人たちは、弥生人、縄文系弥生人、縄文弥生混血人の三つに分けられます。ただ、この人たちとは別に、弥生時代になって、中国大陸や朝鮮半島以外の南方あるいは北方からも新たに渡って来た人たちもあったでしょうが、彼・彼女らは、その出自から縄文人と同じですから、縄文系弥生人として扱います。

海人《あま》

「あま」は、海人・海女・海士・蜑・白水郎・海部などと書きます。岩波書店の『広辞苑』に「海で魚や貝をとり、藻塩などを焼くことを業とする者。漁夫。（海女と書いて）海に入って貝・海藻などをとる女性」とあるように、現在は潜って魚介類を獲る人で、女性を海女、男性を海士と書く例が多いようです。本書では、塩の生産、魚介類を獲る漁労、獲ったアワビを干すなどの加工、水路を航海しての交易、それに水軍も含めて、河川・湖沼や海で活躍する人の総称として、海人と書きます。

そうしますと、本書での海人は、今日的に言えば、塩の生産も含めての漁業、海運業、商業などを営んでいた人たちになります。陸上交通が未発達の当時、物流・交流は水面・水路を使ったのです。彼らは、太陽や星を見ながら船の位置を知り、風や海流をとらえて、たくみに操船する航海術を身に着けていて、東シナ海や黄海を舞台に活動し、中国大陸や朝鮮半島と交易を行い、その一方で日本列島内においても、河川を利用して内陸部に入り、交易や新たな渡来人の受け入れにも関与して弥生時代を築いた人たちで、本書の主役を担っています。

安曇族《あづみぞく》

狭義と広義の二つのとらえ方があります。狭義では、中国春秋時代の呉の人が北部九州へ渡ってきて、その中で、博多湾の入り口にある現在の福岡市東区志賀島を根拠地に活動した海人集団を指します。広義になりますと、狭義の安曇族の手助けで中国大陸あるいは朝鮮半島から日本列島へ移住した農耕民、工人、商人も含まれた組織になります。ですから、弥生の産業改革という視点に立って、身体にたとえると、頭に当たる狭義の安曇族の活動で、手足に当たる農耕民などが揃って広義の安曇族組織ができ、その活動で弥生の産業改革が進んだということになります。ただ、本書での安曇族は、第三章として章立てしていますが、断らない限り狭義の海人として扱っています。

弥生時代の開始をBC五世紀とする根拠

中国史を概観すると、呉という国名は、時代によって何度かでてきます。その中でも、「呉越同舟」の言葉で知られている春秋時代（BC七七二～BC四七九年）の呉、前漢時代（BC二〇六～AD八年）に諸侯王が漢に対して起した呉楚七国の乱の呉、後漢が滅びて建国した魏・蜀・呉の三国時代（AD二二五～二六四年）の呉が一般的にはよく知られています。

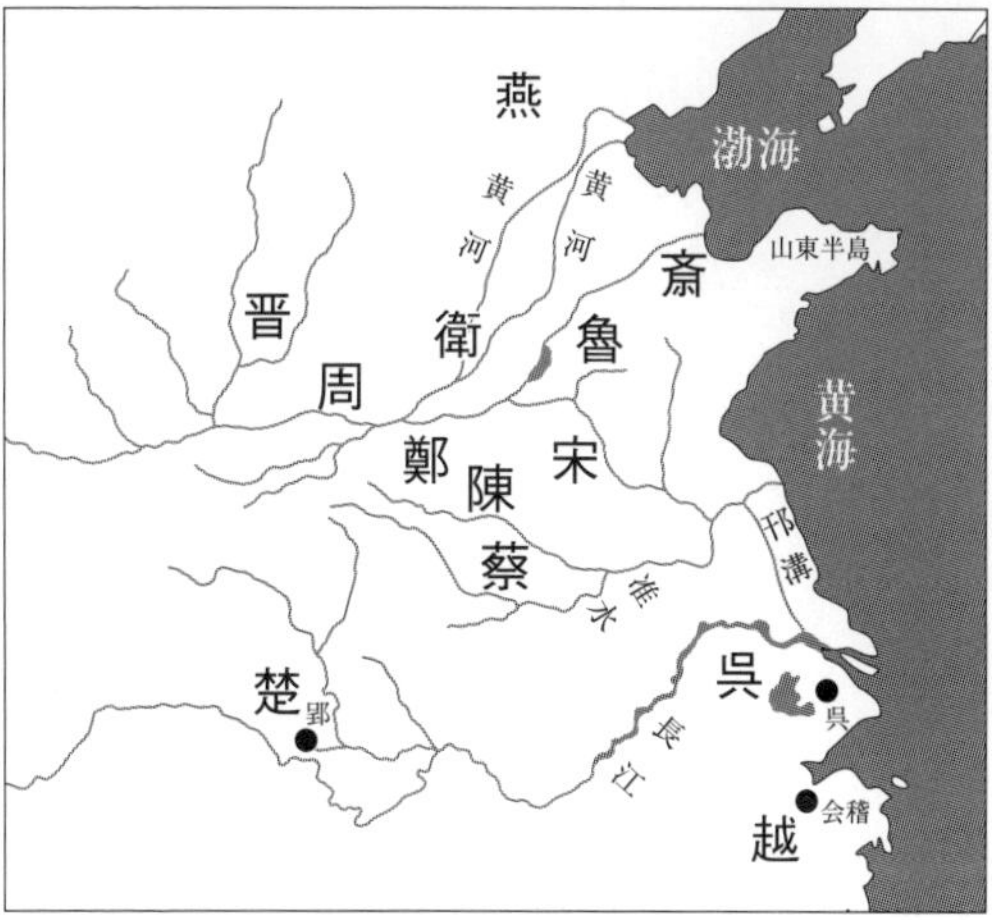

図１　中国春秋時代の国々

春秋時代の呉は姫《キ》姓、前漢時代の呉は劉《リュウ》姓、三国時代の呉は孫武の後裔と称していますから、これらの呉の間に、血縁的なつながりはありませんが、いずれも長江河口域を中心にした地理的位置に拠点を構えています。逆にいうと、春秋時代の呉があった地付近を拠点にする国が起きると、呉と称したようです。本書では、春秋時代の呉を対象にします。

春秋時代の呉は、長江河口の南で海に接した地域にあり、現在の浙江省にある大湖の東の蘇州付近に首都を置いていました。その春秋時代の呉の人が、北部九州に渡ってきて安曇族になったのです。しかし、記録もないのにどうしてそんなことがわかるのかと疑問をもたれるでしょうから、これからその説明をします。

時代は下がりますが、陳寿《チンジュ》（二三三〜二九七年）が編纂した『三国志』の「魏志倭人伝」（以下、石原道博訳、一九八五年改訂、岩波文庫による）に出てくる倭人の特長を整理すると次の三つになります。

一、潜って魚介類を獲り、顔や体に文身（入れ墨）をしているが、これは会稽（現在の浙江省紹興付近）の風習に似ている。文身の習慣をたどると東冶《トウヤ》の東（現在の福建省閩侯付近）に行き着く。

二、布の中央に開けた穴に頭を入れて着ている（貫頭衣《かんとうい》）。麻を植え、蚕を飼って糸を紡いでいる。これらの風俗習慣・産物は儋耳《タンジ》・朱崖（現在の広東省）と同じだ。

三、海を渡ったり、中国に行ったりするときなどに、安全を期して持衰《じさい》という役目の男一人を船に乗せる。航海の間、持衰はどんなに汚れても頭を櫛《くし》けずらず衣服も着替えない。

これらを順追って吟味してみますと、一番目の潜水漁については、『管子』の「軽重篇」に呉越の特産品として真珠が挙げられていますが、この真珠は潜水して採るので、中国江南地方の人が潜水漁をしていたことはわかります。だが、潜水漁を営んでいる地域は、現在でも世界的に少ないとはいえ、中国の江南から広東省にかけて、また、日本列島、韓国の済州島、その他、ポリネシア、インドの南、ペルシャ湾などに広がっています。ですから、何も江南地方に限った風習ではないのです。

同じく一番目の文身の風習について、大林太良氏は、「東は倭人から西はラオスに至る地域にほぼ連続的に分布している。その中心は、中国南部、ことに江南の地であったと思われる」（『邪馬台国』、一九七七年、中央公論社）。白川静氏は「東南アジアを中心とする太平洋沿岸諸民族の間に広く分布するが内陸部にはない」（『漢字』、一九七〇年、岩波新書）。井上秀雄氏も「三国志の弁辰伝に朝鮮半島にもあった」（『古代海人の謎』、一九九一年、海鳥ブックス）、といっています。こうやってみますと文身の風習も、呉の人だけに限ったものではありません。ですから、潜水漁と文身だけでは、倭人と呉を結びつける決め手にはなりません。あくまでも、その可能性はあるといえるだけです。

二番目の衣服などの風習や産物の記述は、広東省と同じだと書いてありますし、三番目の信仰的な風習の持衰（注1）は、中国にはないのです。大林太良氏（前掲）によると、インドネシア東部のモルッカ諸島、セラム島、アンボン島、タニンバル諸島などに、航海が成功するようにと祈祷をつづけたり、火を炊きつづけたり、陸上に居残った人の責任とするなど、持衰に通じる風習があるそうです。ですから、二番目と三番目は、倭人と呉を結びつける要素にはなりません。むしろ本書の定義の縄文系弥生人につながっているのでしょう。

したがって、「魏志倭人伝」に描写されている倭人は、中国大陸との結びつきよりも、むしろ東南アジアとの結びつきが強いように思えます。

ところで、「陳寿の三国志は魚豢《ギョケン》（陳寿と同時代）が書いた魏略《ギリヤク》（逸文）によったことは疑いない（石原）」ということなので、「魏志倭人伝」のオリジナルは『魏略』の文です。ですから『魏略』には、「魏志倭人伝」に書いてない記事もあります。中でも倭人とのかかわりが深い記事として、AD五七年に、倭の奴国が後漢の光武帝に朝貢して、金印紫綬を授かったとき、奴国の使者が、呉の建国者と言い伝えられている太伯の後裔だと言った（「自謂太伯後」）ことが『魏略』にあり、それを『晋書』（房玄齢五七八〜六四八年）は「自謂太伯之後」、『梁書』（姚思廉？〜六三七年）は「倭者自云太白之後」と書いています。

（注1）大庭脩氏は、『漂着船物語』（二〇〇一年、岩波新書）で、西川如見さんの著『増補華夷通商考』に香工《ヒヨンコン》という役があることを紹介しています。「香工は、菩薩に香華燈明を勤め朝夕の倶拝を主どる役なり」という香工という役が、一七五三年の唐船に乗っていたとするもので、持衰と一脈通ずるところがあります。

呉の建国の伝承の概略は、次のとおりです。人徳があった周の古公《ココウ》に太伯《タイハク》・仲雍《チユウヨウ》・季歴《キレキ》の三人の息子があり、長男の太伯と次男の仲雍は、末弟の季歴に王位を譲って周を離れて南方の荊蛮の地に行き、その地の風習に合わせて、体に文身を入れ、髪を短く切って呉国を建てたそうです。周と呉の関係を略系図で示すと、左のとおりです。

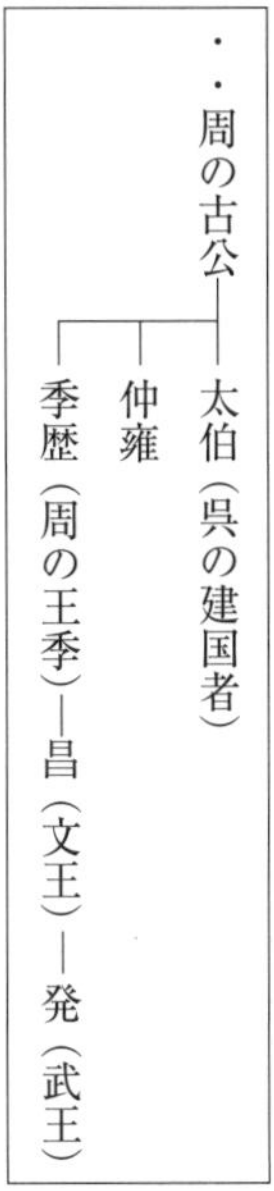

周と呉の建国伝承関係

『春秋左氏伝』（小倉芳彦訳、一九八九年岩波文庫。以下同じ）には、「呉は周の後裔だから」という項や、BC四八二年に呉と晋が黄池で行った盟約に際して血をすする順番を決めるとき、呉が「太伯の後裔だから先輩だ」と言えば、晋が「姫姓（周の姓）の中ではこちらが歴代の覇者だ」と言い争ったとあり、呉が太伯の後裔だと書いてありますが、この呉が周の太伯の後裔とする記事を史実と受け止める人もいる一方で、それは作り話だという人もいます。呉と太伯とのつながりは、「呉が盛んになってから、家系を由緒あるものにしようとつくったものであろうと考えられている」（貝塚茂樹・伊藤道治『古代中国』、二〇〇〇年、講談社学術文庫）といった具合です。

しかし、史実にしろ、作り話にしろ、呉の人が太伯の後裔という伝承をもっていたことと、それを誇りにしていたことは確かです。その同じ伝承を倭の奴国の人ももっていたのです。

本書では、史実か作り話かをあまり問題視する必要はないでしょう。とにかくAD五七年当時、現在の福岡市付近に在った奴国の人が、呉の建国者太伯伝承を遺伝子のようにもっていた記録の方を重視して、『魏略』などの記述を奴国と呉が結びついていた証拠の一つにあげることができるのです。

ところで、呉の人たちは、先に述べた太伯の後裔という伝承をみんながもっていたのでしょうか。もし、呉が盛んになってからの由緒作りの話だとすれば、呉の存在は五〇年足らずの期間ですから、その作り話が広く庶民にまで浸透していたとは考えにくいのです。むしろ、限られた階級の人が口にしていたと考えた方がいいでしょう。そうしますと、もし作り話であれば、奴国の人は、呉の中枢に近い身分だった傍証になります。

もう一つ、AD五七年に奴国が後漢の光武帝へ朝貢した際、使者が、自分は大夫《タイフ》だと言ったということが、『後漢書』に「建武中元二年倭奴国奉貢朝賀使者自稱大夫」、『隋書』に「光武時使入朝自稱大夫」、『晋書』に「言上古使兎詣中國皆自稱大夫」と記録されています。

大夫は、春秋時代の中国の身分階層の一つで、周王を最高位にして諸侯―卿《ケイ》―大夫《タイフ》―士―庶人《シヨジン》に分かれていました。大夫以上が領土をもった支配者階層で、大夫の中で力をもっていたのが卿でした。大夫という身分は、秦や漢の時代には細分化されています。漢の御史大夫《ギヨシタイフ》は官職として最高三役の一つで一万石の禄ですし、中大夫は千石だったと「史記列伝」にあります。当時の奴国に、大夫という身分階層があったかどうかは別としても、大夫と称したのであれば、中国大陸との交流があったことを示唆しています。

『孫子』（浅野裕一、一九九七年、講談社）で浅野氏は、「蛮族の出身の呉には周の身分制度はなく、卿や大夫などの制度も確立していなかった」と書いていますが、『史記』「伍子胥列伝」に、呉では伯嚭《ハクヒ》を大夫にした（後宰相）、とありますし、また、BC四九四年、呉に敗れた越の大夫種《シヨウ》が伯嚭に贈り物をして和睦したともありますように、春秋時代の呉や越にも大夫という階級はありました。

したがって、奴国の使者が大夫を使った記述と、太伯の後裔と言った記述を合わせて考えますと、奴国が春秋時代の呉から渡って来た人たちである可能性は大きいのです。この可能性については、何も私だけが言っているわけではありません。いろいろな方が異口同音に述べていますので、参考のために、それらを紹介しておきます。

呉から渡来説の紹介

一、斉藤忠『日本人はどこから来たか』（一九七九年、講談社）

中国大陸にははるかに進んだ文化があった。紀元前四〇〇年のころから中国では春秋戦国である。そのはげしい興亡の中で、呉や越の国は滅びていく。日本の縄文時代の後・

晩期のことだ。日本に稲の文化を持って渡ってきたのが、これら敗戦の流民だったと考えても、必ずしも無理な結びつけではないだろう。

二、佐々木高明『縄文文化と日本人』（二〇〇一年、講談社）

中国大陸の長江中・下流域には、紀元前三〇〇〇年紀には屈家嶺文化や良渚文化とよばれる水田稲作に基礎をおく文化が栄えたことは良く知られている。この良渚文化についで紀元前二〇〇〇年紀から一〇〇〇年紀にかけて長江下流域に展開する湖熟文化や、さらにそれにつづくいわゆる呉・越の文化が、わが国へ伝来した水田稲作文化の母胎をなしたことは間違いないと思われる。

三、岡正雄「日本文化の基礎構造」（『日本民俗学大系』第二巻、一九五八年、平凡社）

おそらく中国の江南地方から、紀元前四・五世紀のころ日本列島に渡来したのではないかと想像される。というのは、揚子江の河口地方から南のシナ海岸地域は昔の呉・越の地であったが、呉・越の滅亡は、前五世紀から四世紀後半で、このころは、シナ族の南方への浸透に伴い、非シナ族地域の動揺混乱のはげしかった時期に当たる。この時期に接続して西日本に弥生式文化がはじまるのである。

ここになんらかの両者の関係があるのではないかと思われる。私は江南の民族動揺、移動の波動が西日本や南朝鮮にも当然及んだと考えるのも、決して無理な想定ではないと思う。呉・越人はすぐれた漁撈・船舶文化をもっていたらしく、また倭人の文化と類似する点が多く、当時の中国人が江南の民族と倭人とを同視していたことも、ここにあわせて考えるべきであろう。

いずれにしても、前四・五世紀のころ呉・越人の活動が日本列島のみならず、沖縄、台湾、インドネシアの諸島嶼の海岸地帯に文化的影響を及ぼした事実は、弥生式文化の南方的要素を考える上で看却できない事実であろう。

四、上野武「東シナ海と西海文化」（『海と列島文化』第四巻、一九九二年、小学館）

江南の呉の人々と倭人（少なくともその一部）は、太伯を始祖とする伝説を共有していた。こうなると、太伯伝説は、倭人のなかに呉からの渡来者集団がいたことの有力な資料となる。

五、金仁山『通鑑前編』（一三世紀宋末元初の朱子学者）

「日本はいふ、呉の太伯の後なりと。蓋し呉、亡んで、その子庶（傍流）、海に入って倭となる」と述べているように、紀元前四七三年に越王句便践に滅ぼされた呉の人々が海に追い落とされ、日本列島に移住してきたことは十分ありうることである。

六、伊藤清司「呉越の文化の流」（『日本の古代三』、一九八六年、中央公論社）

太伯末裔伝説の内実は、新井白石がいったように、太伯始祖伝説を持っていた呉や越のひとびとがわが国に渡来したことを意味するものと思われる。

七、諏訪春雄『日本人はるかな旅四』（二〇〇一年、NHK出版）
紀元前四七三年、春秋時代の末、呉は夫差が王のときに越王勾践によって滅ぼされた。このときに、呉の国の越人たちは朝鮮半島に亡命し、さらに日本へも渡ったと思われる。

以上、呉から日本列島へ渡来したとする説を紹介しましたが、それなりの根拠を示した人もいますが、頭の中で考えられる、といった程度の人もいます。それに、いくら多くの方が主張されたからといって、それで事実だと決めるわけにはいきません。東シナ海を渡海した説を支える柱が一本や二本では不安定です。船、航路、航海術などの具体的に渡海技術をもっていたかどうか、それにそもそもなぜ渡海したのか、など技術や動機といった背景を調べ、そこから得られた結果が渡来説を支える柱に使えれば、呉からの渡来説はより安定してきます。この点につきましては、第二章以下で述べます。

弥生時代の説明

わかっているようで、わかっていないのが弥生時代と書きましたが、これは時代区分の基準が変わるからです。縄文時代は「縄文式土器の時代」の略称で、弥生時代は「弥生式土器の時代」の略称というのが、かつて考古学を学んだ人の常識だったそうです。当初の時代区分に、土器が使われていたのです。しかし、土器が変化したから時代が変わったのではなくて、水田稲作や金属器使用という新しい技術や文化が伝わり、それによって生活様式が変わり、その変化に合わせて土器が変わったのです。ですから、それらの技術や文化が入ってきた時を境に、縄文時代と弥生時代を分けるようになります。具体的には、水田稲作が始まった年代だけを取り上げて、弥生時代の開始年代と考える人もいるわけです。この考えで行くと、稲作した水田遺跡の年代が定まればいいわけですが、この考えが正解というわけでもないのです。

弥生時代については、これまで多くの人が、中学校や高等学校で、その始まりは、BC三世紀と教わったかと思いますが、実は、現在、あらたまっていつから始まったかと聞かれると、先述のとおりで、即答できないのです。それはいくつかの説があって、しかも変動しているからです。次に、それらの諸説を開始年代の新しい順に列記して紹介します。

①『日本史広辞典』（一九九七年、山川出版社）では、稲作開始と金属器使用を基にBC三世紀としています。

②『日本歴史年表』（一九九三年、岩波書店）では、北部九州で稲作と金属器が使用されたこと

を基にBC四～三世紀としています。

③考古学者の中には、北部九州の夜臼式や板付Ⅰ式土器の年代から、BC五～四世紀とする人もいます。

④国立歴史民俗博物館は、二〇〇四年に、AMS炭素14年代測定法を使って、遺跡から出土した土器などに付着した炭化物を調べた結果、弥生時代の開始年代は、おおむねBC一〇世紀だと発表しました。その研究内容は、総合研究大学院大学の『総研大文化科学研究』創刊号（藤尾慎一郎他、二〇〇五年）に発表されています。これは①～③と全く違う方法です。

以上、大略四つの説がありますが、この藤尾氏の論文の中に、遺跡から出土した土器を使って、弥生時代の開始年代を推定してきた①～③の方法と経過が紹介されています。それを私なりに理解して書きあらためますと、次のようになります。

西暦年の実年代がわからない弥生時代の開始年代の推定は、まず、土器の研究成果で行われました。それは、弥生式土器を古い型式から年代経過を追って並べます。そうすると、須玖式の甕棺《かめかん》は弥生時代中期後半に当たります。その須玖式甕棺に入っていた前漢時代（BC二〇六～AD八年）の鏡は、BC一世紀前半につくられたという実年代がわかっているので、弥生時代中期後半はBC一世紀前半に当たります。ここを基準に、実年代がわからない弥生時代の開始年代を推定するのです。

甕棺などの弥生式土器は、現在の自動車メーカーが、何年か経過するとそれまでの車をフルモデルチェンジするように、須玖式の甕棺以後、古墳時代までの間に、弥生式土器の型式もモデルチェンジして何代か変わっています。この型式が変化する間隔年数がわかれば、その間隔を須玖式甕棺以前の型式が変わる代ごとに当てはめて、開始年代を推定するのです。

型式が変化する間隔年数には二つの考えがあり、一つは、須玖式甕棺以降の土器の中にも青銅製の鏡が入っているものもあるので、その鏡がつくられた実年代がわかれば、土器の型式と照合させて、何年間で変わったかもわかるわけです。そうやって、一つの型式はほぼ五〇年で変わるという数値が出ました。もう一つの間隔年数は、土器の製作は母から娘に引き継がれるから、その親子の世代交代の間隔からほぼ二五年という数値が出されました。そこで、土器の型式変化は二五～五〇年の範囲内の間隔で起きると仮定できます。それを須玖式甕棺以前の五代の型式の甕棺にも当てはめて計算すると、5型式×25～50年で、須玖式より一二五～二五〇年前が弥生時代の開始年代だという推定値がでます。この値を先のＢＣ一世紀前半、すなわち、ＢＣ一〇〇～五〇年（細かくいうと四九年）に入れて、ＢＣ三五〇～ＢＣ二七五年（注2）に弥生時代が始まったという計算結果が出たそうです。したがって、弥生時代の開始年代は、ＢＣ四世紀からＢＣ三世紀（注3）という推定年代が出されたのです。その後、前の計算に使った弥生式土器型式よりさらに古い型式が二代見つかったので、2型式×25～50年で、五〇～一〇〇年古くなったから、弥生時代の開始年代がBC五世紀になったそうです。

ところが、④のAMS炭素14年代測定法は、①～③の推定年代とは全然違った方法で、前述のとおり、国立歴史民俗博物館が、「日本列島で本格的な水田稲作を中心とする生活が始まった時代を弥生時代とする」という佐原真氏の定義をふまえて、水田遺跡にあった炭化物を測定した結果から、二〇〇四年に弥生時代の開始年代はBC一〇世紀と発表したのです。しかし、この水田遺跡は、水田適地でなかったから放置されて遺跡として残っているのです。ですから、これは弥生の産業改革という視点からみますと、弥生時代の開始年代として適切とはいえません。その理由については、第二章の初期の水田適地の項で説明します。

それから佐原氏の定義は、岩波講座『日本歴史Ｉ』（一九七五年、岩波書店）の中の「農業の開始と階級社会の形成」（佐原真）に出ていますが、国立歴史民俗博物館の表現とは少し違っています。佐原氏の表現は、「弥生時代は、日本で食糧生産を基礎とする生活が開始された時代

(注2) 前掲藤尾氏らの論文に二七五年と書いてありますが、単純に計算すると一七五年となります。なぜ二七五年かは不明です。

(注3) 注2の数値が一七五年だと二世紀。だが、本書にとって、これらの推定年代はあまり関係しないので、未確認のまま先へ進みます。

である」として、それに併記する形で「弥生時代は、日本で金属器（鉄器・青銅器）が初めて製作・使用された時代でもある」と書いてあります。

抽象的な佐原氏の表現より、具体的な国立歴史民俗博物館の表現の方がわかりやすいのですが、国立歴史民俗博物館の弥生時代開始年代の決め手の中に、佐原氏が、食糧の他に弥生時代の定義としてあげている金属器が入っていないだけに、今後の議論を呼ぶ可能性があります。

せっかく弥生時代の開始年代が西暦の実年代で定まって弥生時代がわかりやすくなったのに、議論の結果によっては、また弥生時代の開始年代が変わるかもしれない要素を含んでいます。それに、現在最古の本格的な水田遺跡とされている板付遺跡より古い遺跡が発見されれば、さらに弥生時代の開始年代は古くなる可能性も残されているのです。

ところで、日本史の時代区分をみますと、鎌倉時代の開始年は、源頼朝が平氏を檀ノ浦で破った一一八五年や征夷大将軍に任命された一一九二年などの説があっても、開始年代は頼朝と結びついているので小さな幅の中で固定されていますし、江戸時代は、徳川家康が関ヶ原で西軍を破った一六〇〇年か、征夷大将軍になった一六〇三年かの違いはありますが、開始年代は家康と結びついて固定されています。このようにそれぞれの時代開始年代が固定されていると、一般市民にもわかりやすいのです。その道の専門家は、弥生時代の開始年代が何年であるかに学問的なしのぎを削っているのでしょうが、歴史を市民の身近なものにするためにも、考古学が学際的な研究を受け入れるためにも、弥生時代の開始年代が変動することは好ましくないでしょう。

鎌倉時代にしろ、江戸時代にしろ、その開始年代からその時代が築かれたわけでなく、それ以前との結びつきがあって時代は築かれたのです。ですから、第二章以下たびたび出てきますが、弥生の産業改革へのきっかけになった中国春秋時代の呉越戦争で、呉が敗れた年を弥生時代の開始年代と固定した方がベターだとの思いも含めて、本書では、あえてＢＣ五世紀を提案しておきます。

弥生人の説明

次に弥生人について述べます。弥生時代には日本という国はありませんから、当然、入国管理はしていません。海を渡ればどこからでも入れたわけです。でしたら、弥生人とは、弥生時代に南は沖縄から北は北海道までの日本列島（現在の日本の領土）のどこかに、海を渡ってきた人たちを全て指すのでしょうか。その出自が東南アジア（南方系）、中国大陸（中国系）、朝鮮半島（朝鮮系）、樺太（北方系）のどこであってもかまわないのでしょうか。それとも、弥生の産業改革や弥生文化に結びつくものを携えて渡来した人だけを指すのでしょうか。などと素朴な疑問がでてきますが、この答えは簡単そうで、実はなかなかややこしいのです。

一般的に、縄文人や弥生人と称する言葉が使われていますが、岩波書店の『広辞苑』をめくっても、山川出版社の『日本史広辞典』（一九九七年）にも、縄文人や弥生人という言葉は載っていません。ただし、似た言葉として、『日本史広辞典』に縄文時代人、弥生時代人があり、そこには、次のように書いてあります。長くなりますが転載しておきます。

縄文時代人の項には、「日本列島に縄文文化の遺跡を残した人々。貝塚や洞窟遺跡で発見される人骨の研究によって、成人男女の平均身長が一六〇チセンたらず、脳頭蓋が大きく、眉間と鼻骨が隆起し、顔は低く幅が広く、眼窩が長方形で、歯のかみあわせは鉗子型、前腕と下腿が相対的に長く、頸骨の骨幹が扁平であるなど、現代日本人とはかなり異なる形態をもっていたことで知られる。中国の柳江人や沖縄の港川人のような旧石器時代人との類似が強い。弥生時代以降、大陸からの渡来人とその文化の影響を受けて大きく変化したが、北日本では縄文時代人の形質が長く持続してアイヌ民族に受け継がれたと考えられている」。

弥生時代人の項には、「弥生時代の日本列島には、縄文時代以来の土着の人々と大陸から渡来した人々が混在していたことが知られる。かつては在来系の人々が主体であったと考えられていたが、近年になって佐賀県・福岡県・山口県などの弥生時代遺跡で、身長が高く、顔が面長で、鼻根が平坦であるなど、縄文時代人とはかけはなれた特徴をもつ人骨が多数発見され、西日本の一部では渡来系集団が優勢であったことが明らかになってきた。この集団の遺伝子的影響が、稲作文化の東漸とともに、やがて東日本にまで及び、その結果、在来集団を大きく変化させて現代日本人の原型を形成するに至ったと考えられている」。

これを読んでも縄文人と弥生人との関連は理解できません。縄文時代に日本列島に住んでいた人の全てを縄文時代人と呼んでいます。これは、たとえ異なる民族が混在していたとしても、時代すなわち時間を基準に定義した呼称として理解できます。ですから、縄文時代にも、中国大陸や朝鮮半島から、海上で遭難して日本列島へ漂着するなどで渡ってきた人はいたはずですが、彼らも含めて、縄文時代の日本列島住民の全てが縄文人なのです。では、弥生時代人も、同じように、弥生時代に日本列島に住んでいた人の全てかというとそうではないのです。弥生時代人は、縄文時代人と呼んでいた人たちとは別に、弥生時代になって、新たに中国大陸や朝鮮半島から渡来した人を指しているのです。この人たちは、体型が異なっていたそうです。でも、厳密にいえば、縄文時代にも中国大陸や朝鮮半島から来た人たちがいたのですから、彼らの体型は弥生人と同じだったはずです。でも、おそらく、その人数比が極端に小さいので問題視していないのでしょう。

一方、弥生時代になると、縄文時代人の後裔や弥生時代になって新たに東南アジアや樺太などから渡来して日本列島に住み着いた人たちもいたはずですが、彼らを弥生時代人とは呼んでいません。弥生時代人は、時代・時間を基準にした呼称ではなく、出自や民族を基にした呼称なのです。また、縄文時代人が明確に縄文文化の担い手だったとしているのに対し、弥生時代人は文化との関連での定義がなされていません。

以上のように、縄文人と弥生人との識別をとりあげますと、一般市民には複雑でそう簡単には理解できません。ですから、本書は本書なりに、出自は問わず縄文時代に日本列島で生活していた人を縄文人、弥生時代になって中国大陸や朝鮮半島から渡って来た人を弥生人、弥生時代に住んでいた縄文人の後裔を縄文系弥生人、弥生人と縄文系弥生人との間で混血した人を縄文弥生混血人と定義をしたのです。

第二章　予備知識（史・資料と推理）

この章では、弥生の産業改革を説明する根拠となる基礎的な史資料と、それらを基に推理したことなどを紹介して、第三・四章の予備知識とします。

日本列島への渡来条件

第一章の弥生人の定義で、弥生人は弥生時代になって中国大陸や朝鮮半島から日本列島へ移動してきた人たちとしましたが、なぜ私たちのご先祖は、弥生時代になって移動を始めたのでしょうか。そもそも人が住み慣れた故郷を捨てて移り住むには、それなりの理由があるはずです。中には、冒険心や好奇心から新天地を求めた人もいたでしょうが、その多くは押し出す力に追い出されて、あるいは、環境が住みにくく変化したなどで、やむにやまれず移動したのではないでしょうか。

夏目漱石は『草枕』の冒頭に、「智に働けば角が立つ。情に棹させば流される。意地を通せば窮屈だ。兎角に人の世は住みにくい。住みにくさが高じると、安い所へ引き越したくなる。……」と書いています。これは、家を引っ越したくなる人の動機や気持ちを文学的に表現したものでしょうが、この家を国や集落などの団体に置き換えても通じるところがあります。

たとえば、一六二〇年にイングランドのピューリタンが、メイフラワー号で新大陸へ移住した背景に、当時、イングランドで起きていたカトリックとピューリタンの葛藤があります。ピユーリタンは、その葛藤の中で角が立ち、窮屈になり、住みにくくなり、新天地を求める気持ちが高まって現在のアメリカへ移住したのです。

では、故郷を捨てて移住を決心すれば解決かといえば、そう簡単なものではありません。決心するまでが大変です。まず、移住先の情報をもっていなければなりません。次に、故郷を捨てさせる動機として、精神的な葛藤、戦争、苛政、それに、新地を拓き理想郷を築くという夢、あるいは、失った地を一旦退いて再度奪回を期する捲土重来、厳しい現状を逃れたいという逃避亡命など押すか引くかの力がないと行動できません。また、それらに渡海の安全性と移住先で当座の生活ができる見通しも要ります。これらのことは、昨今、日本への亡命希望者や集団密入国者などをみてもわかります。

弥生時代に日本列島へ渡って来た人たちは、大きく二つに分けられます。移住できる条件を自分たちだけで全てを備えている人たちと、そうでない人たちです。前者の例としては、第三章で詳述しますが、本書のいわば主役、安曇族の母体だった春秋時代の呉の人たちがそうです。後者の例としては、第四章で詳述します徐福集団がそれに当たります。

後者、すなわち手助けがないと渡海移住できない人にとって、何が必要であるのかを具体的に示しているのが、近年、日本列島への不法入国を手助けしている中国の蛇頭という組織の手口です。それは、莫邦富氏の『蛇頭（スネークヘッド）』（一九九九年、新潮社）の中に、渡航、仮の落ち着き先、仕事探し、定住地、その間の食糧などの斡旋だと書いてあります。これらの条件に関しては、古代も現代も基本的には変わりないでしょう。特に食糧の確保は大きな問題です。こういった問題を頭に置いて、弥生時代になって、なぜ日本列島へ渡って来る人が出てきたのか、その理由を考えてみますと、大雑把にみて、中国大陸に関しては次の三つをあげることができます。

一つは、押し出す力です。中国大陸では『管子』の「軽重篇」に、厳しく税を取り立てつづけると民は山に隠れ住み、兵士は国外へ逃げる、とあるように、国内情勢がかかわっています。言い換えると亡命せざるを得ない状況に追い込まれる条件があったのです。民間情報が入りにくい中国正史に具体的な国外亡命の描写は見あたりませんが、『論語』の中に孔子が「道行われず、桴に乗りて海に浮かばん。我に従う者はそれ由か」と言った言葉があります。この言葉は、人が行うべきことを行わない世の中になったから、海に出て他所の国に移り住もうか、私（孔子）についてくる者は子路（注1）かな、と言ったところ、子路は、自分が孔子に名指しされたので喜びましたが、孔子は子路の勇敢さを称える半面、軽率さを諭したと解釈されています。この解釈は別にして、孔子の言葉の中から、当時、住みにくくなったら故郷を捨てて他国へ移

（注1）孔門十哲の一人。名は由（BC五四三〜四八一年）。

り住もう、それも桴で海を渡ってどこかの島にでも、という風潮が巷にあった世相が読み取れます。

二つ目は、本章後段の海流や船のところで述べますが、造船技術と航海術の進歩があります。一般的な地図をみただけでは分かりませんが、中国大陸や朝鮮半島と日本列島との間には、黒潮や対馬海流が流れています。船の推進力は櫂と帆しかない時代に、この流れを利用する航海も横断する航海も大変むずかしかったのです。ですから、より多くの漕ぎ手が乗り込める船を造る技術と、流れや風を利用できる航路を知った航海術が必要なのです。その点、秦・前漢の時代に鋼鉄や鍛鉄の使用が始まって、板をつくり、つなぎ合わせて、それまでより大型の構造船や準構造船を造れるようになりました。船が大きくなると、それだけ多くの漕ぎ手が乗りこめるので、その分、航海も楽になり距離も伸びました。それに比例して日本列島に関する情報量が増え、渡航を望む人も増えたでしょう。

三つ目は、技術の導入で、これも第三章の安曇族や第四章の徐福の項で説明しますが、日本列島から中国大陸へ出かけて交易をしています。そんな中で、当時の日本列島になかった技術を携えた人々の渡来を望んだことがあげられます。安曇族は、日本列島へ渡来する水田稲作農民には水田稲作適地へ入植を斡旋していますし、徐福集団などの技術者の渡海を勧めています。

次に、朝鮮半島の押し出す力も検討してみます。朝鮮半島は、早くから文明が開けた中国大陸に比較すると遅れており、日本列島と同じように、紀元前の出来事を朝鮮半島自身が記録した史料はありません。ですから、朝鮮半島の動静については、中国大陸の史料によるわけですが、これは、漢民族側からみた朝鮮半島史ということになります。それに、漢民族と接していない朝鮮半島南部の記録は、中国大陸の史料にもありません。しかし、ここでは、朝鮮半島に押し出す力があったかどうか、すなわち、日本列島へ渡ってきた可能性の有無がわかればいいわけです。紀元前の朝鮮半島について、井上秀雄氏が書いた『古代朝鮮』（二〇〇四年、講談社）から大雑把に拾い出してみます。

朝鮮半島が漢民族と最初に接するのは、現在の遼寧省方面に燕という国が出現してからです。燕はBC三二三年に戦国時代の国の一つに挙げられていましたが、BC二二二年に秦に滅ぼされています。この燕の時代に、朝鮮半島へ青銅器や鉄器文化が伝わり、漢人の亡命もあったそうです。その燕から朝鮮半島へ亡命した満という人が、漢人の亡命者や朝鮮半島の人を従えて衛氏朝鮮を建てました。ただ、この衛氏朝鮮は朝鮮半島全域を支配していたわけではありません。BC一九五～一八〇年に前漢は満を外臣として扱い、異民族を支配させていましたが、満の孫の代になると、前漢から衛氏朝鮮への亡命者が増え、その一方で前漢の言うことを聞かなくなったので、BC一〇九年に前漢の武帝は、衛氏朝鮮を討って滅亡させ、BC一〇八年に、朝鮮半島に楽浪・臨屯・玄菟・真番の四郡を置いて郡県体制を敷いています。しかし、亡びたといっても、衛氏朝鮮は土地を離れて逃亡するでもなく、引き続き抗戦していますし、亡びた衛氏朝鮮の王族や貴族は前漢から功臣として扱われています。

その後、前漢の郡県制が朝鮮半島の住民に受け入れられないこともあって、先の四郡は長続きしませんでした。ＢＣ八二年に、真番・臨屯郡が廃止され、その一部は楽浪・玄菟郡に吸収されていますし、ＢＣ七五年には、玄菟郡が前漢に見捨てられる形で遼東郡に吸収されています。この遼東郡が高句麗建国の素地になったのです。高句麗の建国はＢＣ三七年という説もありますが、正確な年代はわかりません。しかし、ＢＣ一世紀中頃には間違いないでしょう。

このように紀元前の朝鮮半島を通観してみますと、燕の時代も、衛氏朝鮮の時代も、前漢が朝鮮半島を支配した時代も、亡ぼされた民族が故郷を捨てて朝鮮半島から日本列島へ渡来してくるような押し出す力は働いていないようです。たとえ、移住が余儀なくされたとしても、支配者の権力が届かない地続きの未開地があれば、道中の危険と行先の不安を抱えて海を渡るよりも、それらの未開地へ入植する方を選択したでしょう。そう考えますと、同じ弥生時代の中でも弥生の産業改革のきっかけをつくったのは、朝鮮半島からの渡来でなく、中国大陸から日本列島へ渡って来た人たちだったということになります。なお、水田稲作が朝鮮半島から北部九州へ伝わったとする説は、釜山から対馬への航海のむずかしさの項で、その間違いを指摘します。次に、弥生の産業改革の一翼を担い、弥生時代の指標の一つとされている水田稲作について述べます。

稲作―熱帯ジャポニカと温帯ジャポニカ

稲のDNAを研究している佐藤洋一郎氏の著書『DNAが語る稲作文明』（一九九六年、NHKブックス）と「DNAからみたイネの道」（『日本人はるかな旅四』二〇〇一年、NHK出版）から、水田稲作技術が日本列島への伝播に関する箇所を拾い出して、次のように整理しました。

稲は、種が異なるインディカとジャポニカに分けられますが、その根拠は研究者によって少し違いがあるそうです。ただ、インディカは、古代以来今日まで日本列島で栽培されたことがありません。日本列島へ伝わって来た稲はジャポニカだけだそうです。そのジャポニカは温帯ジャポニカと熱帯ジャポニカに分けられています。

佐藤氏は、『DNAが語る稲作文明』の二二五頁中四〇頁を割いてジャポニカとインディカの違いが、籾や粒の形状の丸型と細長型で分類されているのは俗説で、間違いだと説明しています。ここにそれを転載する紙面はありませんが、本書で扱うジャポニカとインディカは、佐藤氏にしたがっています。念のため、簡単にその俗説が生まれた経過を紹介しますと、次のとおりです。

まだ、研究用のサンプル米が広範囲に外国から集められない一九二八年頃、日本と中国の米を用いて、加藤茂苞博士が、外見の形で丸い粒をジャポニカ、細長い粒をインディカと分けたのが始まりだそうです。その後、岡彦一博士などが米粒の形状で区別できないと指摘したにもかかわらず、日本人が知っている米の種類が極端に少ないことと、ジャポニカは日頃食べている丸型で、インディカは、戦後の食糧難の頃などに食べたタイ米の細長型の印象が強かったことも手伝って、細長い米の全てをインディカと思い込んでいるのです。それに加えて、目で識別できる性質だけで分類できれば便利だという理由も手伝い、考古学でも形を指標に分類して使われるという背景があるそうです。実際には、細長いジャポニカもあれば、丸いインディカもあるのです。

大野晋氏は、『日本語の源流を求めて』(二〇〇七年、岩波新書)で、南インドでの水田稲作の稲をジャワニカと称していますが、このジャワニカは熱帯ジャポニカとほぼ同じだそうです。熱帯ジャポニカは、別名古代米ともいわれ、茎が長いなどの外見の違いもありますが、その特徴は、山の斜面の焼畑や荒地など、言ってしまえばどこにでも栽培できて、水田で栽培すればより生産が上がるという点にあるそうです。ですから、種籾さえ持っていれば、新天地に移っても比較的簡単に栽培できました。日本列島には、縄文時代の遅くない時期に入って、近代、稲の品種改良が進められる前まで、農民に育成されていたが、現在はほとんど栽培されていないそうです。

一方、温帯ジャポニカは、水田稲作にしか適していないので、世界的に見ても、栽培されている地域は限定されています。主な生産地域は、中国大陸の長江北側、日本列島、朝鮮半島の三地域で、現在、日本でわれわれが食べているお米は温帯ジャポニカです。その温帯ジャポニカの起源については、佐藤氏の研究でも、まだ結論は出ていないようです。一九九六年出版の『DNAが語る稲作文明』では、熱帯ジャポニカが温帯ジャポニカとインディカの雑種として生まれた可能性がある、と書いていましたが、同氏の二〇〇一年出版の『日本人はるかな旅四』では、熱帯ジャポニカの一部が温帯ジャポニカ化したという仮説をもっている、と書いているように、まだ揺れ動いています。それはともかく、弥生の産業改革に結びつくのは、日本列島へ入って来た水田でしか育たない温帯ジャポニカの稲作技術の広がりですから、その温帯ジャポニカを指標にして、日本列島への渡来時期や経路と列島内での広がりを追いかければ、弥生の産業改革の一面がわかるはずです。

そこで、各地の遺跡から出土した炭化米を分析した佐藤氏が『日本人はるかな旅四』に載せている遺跡別炭化米のDNAデータを使わせていただくことにしましたが、少し困ったことがあります。それは、佐藤氏のデータは、縄文時代から熱帯ジャポニカが陸稲として植えられて

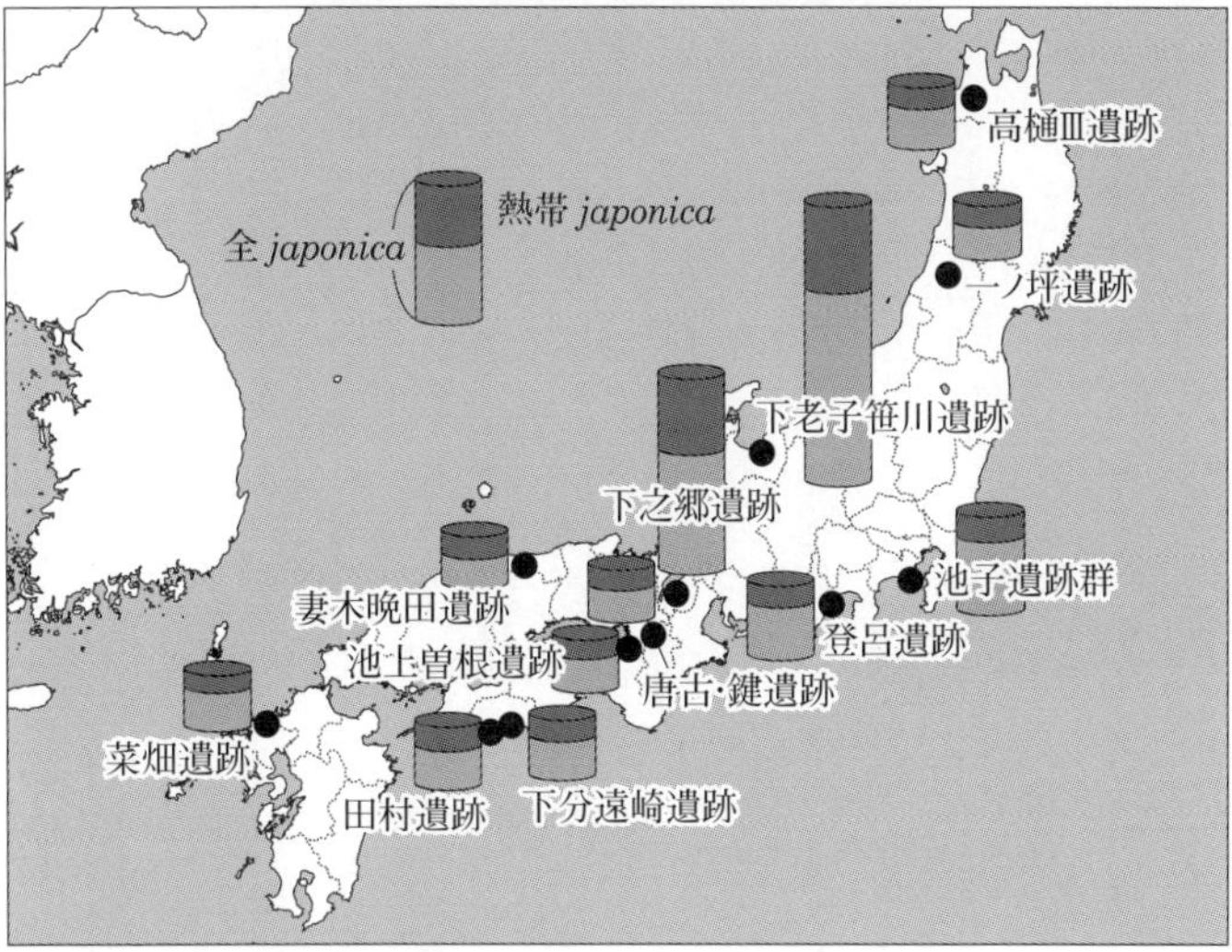

図１　炭化米分析結果（佐藤洋一郎著「DNA からみたイネの道」『日本人はるかな旅四』NHK 出版より作図）

いたことと、弥生時代の水田でも熱帯ジャポニカが植えられていたことを証明するために使ったグラフですから、熱帯ジャポニカは明記されていますが、温帯ジャポニカのＤＮＡがあったとは明記されていないのです。著書にある「弥生時代以降の遺跡から見つかった熱帯ジャポニカの事例」と説明されているグラフは、炭化米に含まれていたジャポニカのＤＮＡのトータルを全ジャポニカとして表し、その中を二段に区分して、上段には熱帯ジャポニカと記していますが、下段には何も記されていないのです。でも、ジャポニカは熱帯と温帯しかないわけですから、熱帯以外は温帯ジャポニカのＤＮＡに違いないはずです（図１）。

それに、温帯ジャポニカと熱帯ジャポニカの自然交配も考えられるそうですから、メンデルの優性の法則に従いますと、ＤＮＡを調べた炭化米の染色体には、温帯ジャポニカだけ、熱帯ジャポニカだけ、両者が混じった米粒の三種類があるはずです。遺伝を支配する染色体の中にDNAが収まっているわけですから、DNAも染色体と同じように一定の率で温帯ジャポニカだけ、熱帯ジャポニカだけ、両者が混じった三種類の米粒があるはずです。佐藤氏は、著書の中で、分析の未熟さのためか温帯ジャポニカとも熱帯ジャポニカとも区別できなかったこともある、と書いていますし、分析につかった試料も数が極端に少ないですから、先のグラフで明記されていない下段を、トータルジャポニカから熱帯ジャポニカを除いた残りは温帯ジャポニカと単純に扱うことが躊躇されるのです。

一方、日本列島には北へ行くほど寒くなり、稲の開花が早い早生でないと稲作ができないという条件があります。佐藤氏は、温帯ジャポニカと熱帯ジャポニカを交配した実験で早生ができたという結果から、両者の自然交配が早生を生み、北の地でも水田稲作ができるようになったという仮説を導いています。先の佐藤氏が出した遺跡別炭化米のDNA分析結果データにある青森県田舎館村の高樋遺跡（弥生時代中期末、AD一世紀以前）のグラフで下段の温帯ジャポニカと明記されていない部分は、北の青森県で水田稲作がされていたという事実からみると、温帯ジャポニカと熱帯ジャポニカの交配でできた早生のはずです。そうすると分析された炭化米の熱帯ジャポニカを除いた部分は温帯ジャポニカのDNAだといえそうです。以上のように考え、ここでは佐藤氏のグラフの下段は温帯ジャポニカのDNAが入っているものとして扱うことにしました。

そうしますと、ＢＣ六〇〇～五〇〇年の縄文時代の菜畑遺跡（佐賀県唐津市）から出土した炭化米にも、温帯ジャポニカが含まれていたということになります。すなわち、弥生の産業改革の基になる水田稲作の温帯ジャポニカが縄文時代に日本列島へ入っていたことになります。しかし、ややこしいことに、この菜畑遺跡の炭化米について、佐藤氏の分析の結果を基に、浦林竜太氏は『日本人はるかな旅四』（前掲）でＤＮＡ判定の結果、熱帯ジャポニカだったと紹介しています（注2）。佐藤洋一郎氏の前掲著書には、一九九四年にＤＮＡ分析を行った結果で、この炭化米はジャポニカと記されてはいますが、熱帯ジャポニカとも温帯ジャポニカとも区別されていないのです。この点について、唐津市教育委員会に電話で照会してみましたが、明解が得られませんでした。

この菜畑遺跡の炭化米に関して、佐藤氏が著書にする前の論文や唐津市末盧館の報告書を

(注2) 浦林竜太氏は、同じ『日本人はるかな旅四』の中で、佐藤氏のデータを「炭化米のＤＮＡ分析により、熱帯ジャポニカと温帯ジャポニカの混植が判明した遺跡」として、下段を温帯ジャポニカとして扱っています。その他、インターネットでも下段を温帯ジャポニカとして扱っている人もいます。また、佐藤氏の炭化米のＤＮＡ分析データには、山形県の一ノ坪遺跡が出ていて、板付遺跡は出ていませんが、浦林氏は一ノ坪を載せないで、板付を載せています。本書では佐藤氏のデータを使います。

探しましたが、この分野に精通していない素人としては、見出せませんでした。ですから、この炭化米が生産された年代も、温帯ジャポニカのＤＮＡが検出されたのかどうかの確認もできません。やむなく、二つの仮定を設けて、弥生の産業改革とのつながりを検証することにしました。一つは菜畑遺跡の炭化米の中に温帯ジャポニカのＤＮＡが入っていなかったと仮定した場合ですが、これは、そもそも弥生時代になって、水田稲作に適した温帯ジャポニカが入ってきたことを前提にしていますから、縄文時代に温帯ジャポニカのＤＮＡがなくても当然で、特段問題はありません。

もう一つは、炭化米に温帯ジャポニカのＤＮＡが入っていたと仮定した場合です。これは、ＢＣ五世紀以前に、菜畑で温帯ジャポニカが栽培されていたということですから、その影響次第では、弥生時代の設定の根幹にかかわってきます。この問題については次のように考えます。唐津市末盧館のパンフレット『末盧館』によりますと、菜畑遺跡からの出土品には、水田稲作に必要な農耕具の他に、漁撈具の釣針やサメやエイなど魚類の歯もありますから、縄文時代の菜畑は海辺にあって、住民は半農半漁の生活を送っていたのです。後ほど船の項でも出てきますが、現代でも、長江河口やその周辺の海に出た船が、潮流や風で戻れなくなり黒潮や対馬海流に流されて日本列島へ漂着する遭難は多いのです。同じように、縄文時代にも、小船で長江河口付近の沖に出た半農半漁の人が遭難することはあったものと考えていいでしょう。彼らが北部九州の各地に漂着して温帯ジャポニカの種子を持ち込んだ可能性はあります。ただ、この場合はいわば個人的な行動であって、第三章で説明する安曇族のように、船で河川をさかのぼり、内陸部の初期水田適地に農耕民を入植させて弥生の産業改革にまで発展させた組織的な動きとは違います。ですから、この菜畑に漂着した個人持ち込みの温帯ジャポニカが、近隣地に広がったとしても、日本列島の広範囲に広がった弥生の産業改革につながったとは考えにくいのです。

南インドから熱帯ジャポニカ、中国大陸から温帯ジャポニカが伝来

本書での弥生時代の開始は、弥生の産業改革に結びつく水田稲作技術が日本列島へ渡来してきたときからだとして、ＢＣ五世紀と定義しました。また、弥生人は、弥生時代になって中国大陸や朝鮮半島から日本列島へ渡って来た人たちとしました。そうしますと、国立歴史民俗博物館が、ＢＣ一〇世紀とした弥生時代の開始年代と違ってきますし、板付などの本格的な水田稲作遺跡は縄文時代の遺跡になり、その水田稲作は弥生人でなくて縄文人が栽培していたことになります。ですから、ＢＣ一〇世紀の板付遺跡の水田稲作とＢＣ五世紀からの水田稲作との関連を説明しなければなりません。

大野晋氏は『日本語の起源』（一九九四年、岩波新書）や『日本語の源流を求めて』（二〇〇七年、

岩波新書）の中で、日本語の歴史を考えるには文化の歴史を参考にすべきだ、と主張して、言葉だけではなく、世界の水田稲作やお墓などの歴史を研究の対象に取り込んで日本語の起源に迫っています。これを裏返すと、歴史をとらえるとき、言葉は無視できないということになります。その大野氏が、具体的な言葉を取り出して水田稲作技術について、次のように書いています。

発達した技術は、それにまつわる単語も一緒に広まるから、その単語の由来をたどれば、技術の出所が推知される。そうすると、水田稲作技術が中国大陸や朝鮮半島から入ってきたのであれば、技術に関する中国語や朝鮮語を語源とする言葉があってもいいはずだが、それがない。半面、日本語の農耕・農産物に関する単語はタミル語（南インド）と数多く対応している。また、稲作の豊作を祈願する元日の行事は、南インドと日本では同じように行われているし、単語の使い方でも音韻の上でも両地域は対応しており、日本の稲作の起源が南インドにある有力な証拠であろう、と述べています。

さらに、縄文時代のお墓と弥生時代のお墓は明確に違っているが、弥生時代の北部九州の支石墓、甕棺墓などは、タミル地方を中心とする南インドの巨石時代（BC一〇〇〇～AD三〇〇年）のお墓の中におよそ見出せる。と述べて、お墓の風習も日本列島と対応していると説明しています。

板付遺跡環濠

以上、大野氏が、日本語の起源を追求して実例と幅広い資料を提示しながら論述している中から、水田稲作にかかわる箇所を抽出しました。それらからわかることは、日本列島における水田稲作技術が、数多くの単語、農村生活の様子を歌った歌、お墓の風習など日本と南インドとの共通性が明確に示され、南インドの流れを受け継いでいることは間違いないというのです。

大野説にしたがって、ＢＣ一〇世紀の板付遺跡などの本格的な水田稲作は南インドから伝わったと受け止めると、年代的にも、なるほどとうなずけますし、その後の稲作に関する言葉も遠く南インドとむすびついていますから、現代の水田稲作は南インドから伝わった技術を継承している可能性もあるということになります。そうしますと、先に、ＢＣ五世紀以降、中国大陸から渡来した弥生人が水田稲作技術を伝えたとする考えとの整合性がとれなくなりますので、次に、この点について説明します。

佐藤氏によると、温帯ジャポニカが日本列島へ伝わったルートは二つ推定できるそうです。一つは、遺伝子からみて中国大陸から直接のルート、もう一つは、遺伝子だけで判断できない部分は、考古学などの知見を考え合わせた中国大陸から朝鮮半島経由のルートです。この二つのルートを考えるに至った佐藤氏の根拠は次のとおりです。

温帯ジャポニカについて、中国大陸、日本列島、朝鮮半島の水稲在来種二五〇品種の遺伝子を調べた結果、遺伝子はａｂｃｄｅｆｇｈの八種あります。中国大陸には八種ともありますが、特にａｂｃ遺伝子の三種が多いのです。そこでこの三種の遺伝子について調べると、日本列島にはａｂ遺伝子はあるが、ｃ遺伝子はなく、朝鮮半島にはａｃ遺伝子はあるが、ｂ遺伝子はないという違いがわかったそうです。そこで、朝鮮半島にないｂ遺伝子が日本列島にあるという事実から、ｂ遺伝子が伝わったルートは中国大陸から朝鮮半島を経由せずに、直接日本列島へ伝わったと考えられるのです。また、ａ遺伝子は中国大陸にも朝鮮半島にもあるから、中国大陸から日本列島へ直接伝播の可能性もありますが、朝鮮半島を経由して日本列島へ伝わった可能性もあります。そこで、遺伝子だけでは判断できないので、従来から朝鮮半島経由で日本列島へ伝わったとされる考古学的知見に合わせて、中国大陸→朝鮮半島→日本列島のルートもあり得るとしたのです。もっとも、この考古学的知見は、対馬海流と船の推進力から考えると疑問がありますので、本章後段の釜山から対馬への渡海の項で別途とりあげます。

また、佐藤氏によれば、朝鮮半島にないb遺伝子をもった温帯ジャポニカが、弥生時代の池上曽根遺跡（大阪府泉大津市・和泉市）と唐古・鍵遺跡（奈良県磯城郡田原本町）のBC二〇〇〜一〇〇年の炭化米から見つかっているそうです（『日本人はるかな旅四』、二〇〇一年、NHK出版）。

さらに、佐藤氏は、「DNA分析の見地から推定すると、弥生時代の指標といえる水田稲作の温帯ジャポニカ耕作者はそれほど大集団ではやって来なかったようで、当時の日本列島に住んでいた人、すなわち、本書でいう縄文系弥生人は、水田稲作の根幹である畔や水路の造営や田植えの技術作業は受け入れたが、耕作と休耕を繰り返す焼畑の農法をすぐには手放さず、稲も熱帯ジャポニカのままであった」と述べています。

次に、佐々木高明氏は『縄文文化と日本人』（二〇〇一年、講談社学術文庫）で、縄文時代の稲作について、「弥生時代前期に水田稲作農耕文化の急速な展開を可能にした背景には、それ以前に何らかの形の農耕が西日本一帯に広まっていたと考えざるを得ない。採集・狩猟にのみ従事していた住民が、水田稲作技術として、短時間で水田を造成することも、稲穂・種籾の処理、脱穀、調理・加工・貯蔵方法などの知識を得ることもむずかしいことだが、もし稲作以前に、雑穀栽培など何らかの形態の農耕がすでに行われておれば、従来の知識や道具の転用ができるだろう。雑穀とイモ類を主作物とする照葉樹林型の焼畑農耕が水田稲作以前の西日本に広く存在し、それが水田稲作を受け入れる条件を形づくったものと想定している」として、近年の稲の研究でプラントオパールが多数発見された事実などから、稲作が縄文時代後期、場合によっては四五〇〇年ほど前の縄文中期までさかのぼる可能性があると書いています。

話がややこしくなったので、これまで紹介してきたみなさんの考えを整理してみますと、国立歴史民俗博物館はＢＣ一〇世紀には本格的な水田稲作が行われていた。大野氏は熱帯ジャポニカが稲作言葉と一緒に南インドから入ってきた。佐藤氏は温帯ジャポニカと一緒に水田造成技術が中国大陸から入ってきた。佐々木氏は稲作あるいはそれに応用できる作物栽培が水田稲作以前から存在していた、ということになります。

この四つの考えを整合させながら一本にまとめてみますと、縄文時代の日本列島では、陸地でも水田でも生育できる南インドから入ってきた熱帯ジャポニカを栽培していた。ですから、稲作に関する言葉も縄文時代から定着していた。ＢＣ一〇世紀頃には、灌漑や畔などを備えた本格的な水田をつくって栽培されるようになった。その後、中国大陸から水田稲作だけに適した温帯ジャポニカが入り、それらが発展して弥生の産業改革につながった、ということになります。

しかし、本書では、第一章の弥生時代の定義で、ＢＣ一〇世紀を弥生時代の開始年代として扱わなかったように、国立歴史民俗博物館がいう本格的な水田造成技術によって弥生時代が築かれたとは考えにくいとしています。この本格的な水田は、その後、弥生の産業改革につながらないで途絶えた可能性があるのです。その点を、次の初期水田適地で説明します。

初期の水田適地

弥生の産業改革につながる水田は、地相的に見てどういう条件の場所から始まったかという問題があります。水田は注排水を人為的に管理する条件がからんできます。まず、水を得やすいという観点から自然の地形をとらえると、沼地などの平野と、天水が得やすい山麓の二つに分かれます。次に、排水の問題は、傾斜地にある山麓では落差を利用できるという利点がありますが、平野の場合は、落差が小さいだけに大きな問題なのです。底なし沼では水田稲作の作業はできません。排水に関しては、中国大陸と朝鮮半島の水田開発が参考になりますので次に紹介しておきます。

中国大陸では、「中国の治水事業は排水工事の意味をもっている。水のたまった湿地帯のために農業の営めないところに、排水路をつくることによって、耕作可能な土地にする」（貝塚茂樹・伊藤道治『古代中国』、二〇〇〇年、講談社学術文庫）。

朝鮮半島では、「朝鮮半島の洛東江は、太白山脈と小白山脈から流れ出て、慶尚北道・慶尚南道にまたがる沖積平野を通って釜山西の金海から海へ流れている。洛東江の傾斜度は緩やかで、流域の排水を遅らせている。山に降り注いだ雨が沖積平野で停滞するため、農地として利用するのは、近世になってからである」（井上秀雄『古代朝鮮』、二〇〇四年、講談社学術文庫）、と述べているように、中国大陸と朝鮮半島での水田開発は、注水より排水が大きな問題なのです。それに比べると、日本は川の流れの速さをみてもわかるように、日本列島の地形傾斜は大きくて、排水の問題は特殊な地域に限られ、河口付近の平坦地に、中国大陸や朝鮮半島と同じように排水の問題が生じるところがある程度です。排水の問題を解決するには大きな土木工事が必要です。大がかりに矢板や杭を打ってクリークをつくった例として、AD二世紀以降になりますが、静岡県安倍川の下流にある登呂遺跡の水田を見れば、河口近くの平野が貧弱な工耕具の時代の初期水田地に適していないことがわかります。

それに、初期水田を開発していた時代は、川は自然のままで堤防もないのですから、雨季には洪水が発生します。その洪水にも備えておかねばなりません。洪水の規模は年によって違います。ですから、一〇年あるいは二〇年に一度の大洪水にも耐えられる治水工事が必要なのです。たとえ環濠をつくって少々土地の嵩上げをしても、大洪水では川の流れは変わりますから、流れがどこを通って襲ってくるかわかりませんし、何日間も水が引かなければ、棲家はもちろん、植えた稲が枯れたり流されたり、土砂に埋没したりする被害が生じ、収穫がなくなります。それらを防ぐ工事は貧弱な木製農耕具ではむずかしいでしょう。ですから、新たに入植した弥生人にとって、現代の稲作が盛んな川の下流にある平野は、稲作に適していなかったのです。

繰り返しになりますが、ＢＣ一〇世紀頃の板付遺跡や菜畑遺跡に灌漑設備や畔を造成した水田の姿が今日まで残っていますが、それは、ある時それらの水田が放棄されたからです。その放棄した理由は、火山の噴火で埋もれた、疫病が流行って集落が全滅した、なども考えられますが、可能性が高いのは、洪水に見舞われて土砂に埋まったのでしょう。この土砂に埋もれた事例として、青森県の田舎館村にある垂柳遺跡と高樋遺跡の水田遺跡が、八甲田山から噴出した土石が洪水のときに水田を埋め尽くしたから、そのまま残ったのだろうとされている例から考えても理解できます。ですから、国立歴史民俗博物館が本格的水田と称する板付遺跡は、その後、継続されなかった一過性の水田で、弥生の産業改革にはつながっていない可能性が高いのです。当時の水田造成技術では川の治水工事まで出来なかったでしょうから、現代のような堤防が備わった川ではないのです。平坦地の下流域では、洪水が出れば流路が大きく移動することだってあります。ですから、弥生時代には、海に近い下流域の平野は水田には適していなかったのです。そもそも遺跡として残った水田は、長期間の水田に適していなかった証拠だと考えた方が適切かもしれません。

ではなぜ板付に一過性の本格的水田が造成されたのでしょうか、まず水田を造成するには工耕具と造成技術すなわち経験が必要です。ということは、あるとき、水田稲作をやっていた集団が、それに必要な工耕具をもって渡来したことが考えられます。それは、大野晋氏が主張される、南インドから熱帯ジャポニカが、それに関連する言葉と一緒に伝わってきたという説と結びついています。

金属製の工耕具がない時代の貧弱な耕具を使っての水田造成は、洪水被害を避けて、湧き水が出るやわらかい土地に天水を利用した天水田をつくります。その湧き水がでているところとなると、山沿いの麓になります。その初期水田について、農業を営みながら、農協の組合長や郷土博物館長を歴任された中野正實氏が『命の水』（一九八三年、長野県豊科町教育委員会）に、原始的な田作りと灌漑と題して、「原始水田作りを三段階に分けて、最初は焼畑農法で陸稲を植える。次の段階は山水灌漑といって山麓から水田を始める。その次が水辺稲作として沢や沼などの湿地帯を使う」と書いています。また、古島敏雄氏は、『土地に刻まれた歴史』（一九六七年、岩波新書）に、「弥生時代の水田は、山間に細長く入りこんだ緩い傾斜地に、川に向かってつくった棚田で、沢田や谷田と言われる。これらの水田は洪水などの被害が少なく生産が安定している」と書いています。

現在使われている棚田には二種類あって、初期水田形の棚田は、中野氏や古島氏が言うとおり、柔らかい山間部の沢や谷から、階段状に何段か水田を取る方法で、凹地にあります（左上写真）。もう一つは、時代が下がって平地の水田適地が少なくなって、山麓を開墾してできた千枚田などと称される棚田で、凸地にあります（左下写真）。現在、一般的に棚田と呼ばれているのは後者ですから、前者の棚田と混同しないためにも、初期水田形は沢田や谷田と呼んだ方がいいかもしれません。

石川県志賀町安津見の沢田・谷田（棚田）（1975年国土交通省空中写真より）

石川県輪島市白米の棚田、千枚田

日本列島における水田の開発・発展の基本形は、中野氏が書いているとおり、山麓の谷や沢で始まり、工耕具の発展と共に、一段下がった地での山水灌漑水田、さらに工耕具が発展すると、河川を治水して平野部で水田開発の順になります。時代の経過に伴う技術の発展と共に、山麓から河口へと下がってきたのです。

ところで、民俗学で著名な宮本常一氏は、「水田の分布を見ると、海の渚からひらかれた水田が、途中断絶することなく、谷の奥ふかくまで続いているのを見る。盆地などの場合は若干事情がちがうけれども、とにかく海岸から谷をつたって山中深いところまで連続してひらかれている水田には今さらながら驚嘆するとともに、海までの間に断絶がないということは、その文化が海からの浸透であると考えて差しつかえないものと思う」(宮本常一『日本の海洋民』、一九七四年、未来社)というように、水田の開発の方向は海辺から山麓へ向かっていると考えているようですが、これは、これまでの説明でおわかりのとおり、全く逆の方向を指しています。

初期に水田稲作が行われた地域の地形を概観しますと、山麓の豊かな水がある沢田付近からは、小川が流れ出ます。小川が集まって大川となり、やがて海につながります。初期の水田稲作地は、途中に滝や急流がなければ、海から船で遡って行けるのです。また、逆に考えると、陸路が発達していない時代に、初期の水田稲作農民は、海川の水路を使って、沢田・谷田のある山麓へ入植したのです。この点については、第三章の安曇族のところでも触れます。次に、山麓部から始まった水田が、弥生の産業改革につながる広がり方を考えてみましょう。

水田稲作の広まり

弥生時代に日本列島へ入ってきた水田稲作技術の広まり方を考えると、大きく分けて二つあります。一つは、水田稲作技術をもった弥生人たちだけが日本列島内で水田稲作を始め、縄文人の後裔の縄文系弥生人は、栽培していないという考えです。もう一つは、縄文系弥生人にも技術が伝わり、彼らも水田稲作を始めたという考えです。

縄文系弥生人が、水田稲作で食糧事情が良くなって増えたとは考えないで、渡来した弥生人だけで五〇万人増えたとする説を唱えた小山修三氏（『縄文学への道』、一九九七年、ＮＨＫブックス）や、同じように弥生人だけが一〇〇万人増えたとする説の埴原和郎氏（『日本人の成り立ち』、一九九五年、人文書院）は、弥生人だけが日本列島で水田稲作を始めたという前者の考えをとっているといっていいでしょう。この考えですと、大野氏が言うように、現在の稲作やお米に関する言葉に、中国大陸の言葉が入っていてもいいはずですが、それがそうではないのです。ですから、言葉から判断した限りでは、弥生人だけが増えたとする説は成り立ちません。それに、これらの説は、乏しい資料を基に試算されたものであって、日本列島へ渡って来た船の数や航路・操船など海に関するところは全然考慮されていません。この分野において知名度が高い二人が発表されたものだから、おもしろい話題とされていますが、無名の人の説だと一蹴されて、消えてなくなる程度の話題でしょう。

次に、ではなぜ弥生人の水田稲作技術に関する言葉が残っていないのかという問題があります。言葉の使用や伝播には、現在でも通じる法則のようなものがあり、それは、「郷に入ったら郷に従え」と同じようなものですが、基本的には、多数の人が使っている言葉に少数の人は同化されるということです。

具体的な例を示しますと、戦時中に疎開した人などの多くが体験されたかと思いますが、疎開先では、その土地の言葉を使わないと、なかなか仲間には入れません。疎開した私の家では、兄弟で新たに知った単語を交換し合い、土地の言葉を覚えたものです。言葉だけでなく、その使い方、イントネーションあるいはアクセントまで自然に出るようになったら、土地の人に溶け込んでいました。

もう一つ、これは新日本製鉄が北九州の工場を閉鎖して千葉県の君津市に移転した頃の話ですが、北九州から転校してきた子どもが多く、土地の子どもの数を上回ると、君津の子どもたちが北九州の言葉を使いだしたそうです。

この法則に従うと、縄文系弥生人が弥生人を上回っていますと、弥生人も縄文人が使っている言葉を使うようになったと考えてもおかしくないのです。すなわち、中国大陸から水田稲作技術は持ち込まれたが、佐々木氏の考えのように、それ以前から栽培していた陸稲栽培があったので、大野氏の考えのとおり、それまで使っていた言葉を水田稲作に転用したと考えられるわけです。

この言葉の問題は、これも佐々木氏が書いているように、水田稲作技術がわずか二〜三代（五〇〜七五年）ほどで六〇〇〜八〇〇キロメートルも離れたところまで伝わった事実とかかわりがあります。それがどういうことかという前に、何か新しい物を早く広い地域へ伝える方法を考えてみましょう。伝え方は、大きく分けて二つあります。一つは、ある拠点から隣接地へ、さらにその隣接地へと伝わる、紙の上に落とした水が周りに広がっていくような一点浸透型の伝わり方です。もう一つは、雨粒が落ちてくるように、撒き散らしたような数多く分散した地点を通じて、その周りに伝わるいわば多点分散型の伝わり方です。より少ない人数で、より広く伝えるには後者の方が効率いいわけです。

その例として、婦人服の流行を思い浮かべてみると、理解し易いかと思います。たとえば、パリやニューヨークで流行りだした服が東京に入ったとします。東京から隣接地の千葉・横浜・浦和とその服が広がってやがて全国に広がるよりも、東京から札幌・仙台・名古屋・大阪・福岡と地方主要都市に飛び火して、そこから地方都市へ伝わる方が短時間で全国に広がるでしょう。

水田稲作技術が短時間で日本列島へ広がったのは、一点浸透型だけでなく、多点分散型の広がり方をしたと考えた方がよいのです。また、稲作やお米に関する言葉が、その水田稲作技術を持ち込んだ弥生人が使っていた言葉でなく、それ以前にあった南インド系の言葉を使ったということは、弥生人と縄文系弥生人の比率で、後者の方が多かったのです。渡来した弥生人が、多点分散型で列島内に散らばったから、短時間で水田稲作技術が広まったのです。

それに、弥生時代初期の交通事情を考えると、陸上の道路はほとんどなく、もっぱら海や川を使う水路を使ったと考えていいでしょう。一点浸透型だと、山・山脈という障害があり、人が山を越えることは大変です。獣に襲われる危険性もあります。ですから、山を越えた交流は少なかったはずです。その点水路は、船と航海術さえ身に着けていれば、海と川を使って日本列島のどこにでも行けます。獣に襲われる危険性もありません。これも、水田稲作技術が一点浸透型よりも多点分散型を使った可能性が高いという裏づけに加えてよいでしょう。また、第三章の安曇族の項で述べますが、現在、日本列島に散らばっている安曇族ゆかりの地は、弥生時代初期の多点分散型の地方拠点となった地域の可能性が高いのです。

こうやって考えてきますと、水田稲作技術は、比較的少人数の弥生人が多点分散型で、陸稲栽培をしていた数多い縄文人の後裔の縄文系弥生人に広めたから、伝播速度も速く、それにかかわる言葉も南インド系になったことが理解できます。水田稲作技術の日本列島内での広がり方について、明確に論じた文献にお目にかかっていませんが、これまでの水田稲作技術の広がりに関する論述は、先の佐々木氏もそうですが、一点浸透型を念頭に置いて、水田稲作を論じられているようです。しかし、船と水路を入れて考えた方が納得できる答えが出てくるかと思います。

なお、大野氏が言う南インド系の甕棺墓も日本列島へ伝わったという説に関しては、次のたとえのように考えます。大阪で一緒に居たA・Bの二人が、次の日東京でも一緒に居たとしますと、このA・Bを大阪と東京で目撃していた第三者は、二人が大阪から東京まで一緒だったと思うかもしれませんが、実際は新幹線と飛行機に分かれて東京へ来た可能性もあります。たとえ甕棺墓と稲作が南インドで始まったとしても、甕棺墓は途中の東南アジアから、中国大陸を経由して日本列島に入り、一方、南インド系の稲作は東南アジアから日本列島に入って再会した可能性もあるのです。

弥生の産業改革を考えるとき、水田稲作や金属器が、黙っていても外から日本列島へ入って来たと、受身の姿勢だけで考えるかもしれませんが、それは間違いでしょう。水田稲作が山麓の沢田から始まり、少しずつその面積が広まった根幹には、鉄器の使用と普及があります。その鉄製工耕具は輸入品です。たとえ日本列島内で製造できるようになっても、その技術は輸入です。品物にしろ、技術にしろ、輸入するには、それに見合った代価を払わなければなりません。言い換えますと、日本列島から中国大陸への輸出品が必要だということです。次に、輸入品の金属器について述べます。輸出品に関しては、その後で、当時、日本列島から中国大陸へ向けて輸出できた物について考えてみます。

中国大陸から鉄器伝来

大野氏は、ＢＣ六〇〇〜五〇〇年の菜畑遺跡から出土した木製の農耕具を見た人から、「鉄器そのものは出土していないが、遺跡の水田遺構に使われた木材の削り方は鉄の機具を使わずには不可能」という話を聞いたことと、金属に関する言葉がタミル語に対応していることから、カナ、カネ、タカラという金属は南インドから来たと書いています（前掲『日本語の起源』）。そこで、次に、金属器も南インドから伝わって弥生の産業改革につながっているのかどうかを検証してみます。

稲の場合は、つくる人が種籾をもってくれば栽培できるわけですが、金属器の場合は、時間が経てば磨耗損傷腐食して消滅しますから、継続してつくりださねばなりません。ですから、使う人とつくる人が同じ人であるか、または、同じ集団にいるか、それとも別途あらためて入手しない限り、代々継続して使うわけにはいきません。たとえ、鉄器が南インドから伝わったとしても、その生産に必要な一連の技術、すなわち鉄鉱石などの素材、それを採掘する技術、鋳鉄や鍛鉄にする技術がなければ、金属器使用は継続できません。もし一時期、稲作技術をもった縄文人が、鉄製の工耕具をもって日本列島へ渡って来ても、それが必ずしも継続・発展して弥生の産業改革に結びついたとは考えられないのです。また、たとえ、一連の金属器生産技術をもっていたとしても、日本列島では、鉄鉱石はありませんから、鉄器の生産は継続できません。砂鉄を使った鉄の生産は四〜七世紀です。鉄をつくったり、輸入したりしなければ、日本列島内に広がりようがありませんから、弥生の産業改革につながらないのです。

もっとも、BC一〇世紀に、インドでは鉄器が生産されていたので、日本列島とインドとの間に交易があれば、鉄器の補充もできます。その点、大野氏は、南インドから日本列島へ、真珠を求めて来た可能性と、岩田明氏という航海士の方が、南インドから沖縄まで全長一五メートルの三〇トンの帆船で実験航海した例を参考に、縄文時代にも、南インドから海路を使って日本列島まで来て交易し、鉄器の輸入もあり得たと考えているようです。

インドから日本列島への航海については、延暦一八（七九九）年に、三河の国（現在の愛知県西尾市天竹町）に天竺人《てんじく》（インド）が綿の種子をもって漂着した事例がありますので、インドから日本列島へ航海できることは証明されています。しかし、この天竺人はインドへ戻っていませんので、これは、逆にインドへ帰れない傍証でもあります。南インドと日本列島とを往来するには、どんな航路をとっても黒潮の影響を受けます。黒潮の流れは一方通行です。その流れに逆らって航海するには、おそらく、BC一〇世紀頃の帆船の推進力では、不可能に近いでしょう。黒潮を避けて中国大陸沿いの航路をとってインドへ向かったと考えるのもむずかしいでしょう。もし、それが出来るなら、中国大陸との交流もあるはずです。これは、後述のとおり、ＢＣ一〇世紀頃の中国大陸は青銅器で、鉄器はまだ存在していない史実を考えても理解できません。

次に、日本列島産の真珠ですが、別名アワビ玉とも呼ばれているように、アワビの身の中にも生じます。それは、『日本書紀』の允恭天皇の項に、淡路島の海人が明石の海で六〇尋《ひろ》（九〇メートル）の海底から桃の実ほどの真珠が入った大アワビを獲ってきたという話がでてきますから、日本列島で真珠が採れたことは間違いないでしょう。また、アワビの殻が、縄文時代の遺跡から出土するように、縄文人もアワビを獲っていたことも間違いないですし、海辺で獲れるアワビの殻が内陸部の遺跡からも出土しますから、交易品として流通していたことも確かです（大場敏雄『あわび文化と日本人』、二〇〇〇年、成山堂書店）。

しかし、どのアワビにも真珠が入っているわけではありません。どのくらいの率で入っていたのか、現在と弥生時代のアワビを同一視できないとしても、現在のアワビから真珠が出てきたという話を耳にしたことがありません。また、真珠が珍重されたのはそれだけ手にすることがむずかしかったからでしょう。そうしますと、アワビに真珠が入っている確率は小さかったと考えた方が素直です。ＢＣ一〇世紀以来、日本列島でアワビから真珠が採れていたことは

天竹神社と漂着した天竺人の絵（天竺神社蔵）

事実であっても、真珠は、いつでも、どこでも採れるわけではありません。採れたという情報を基に各地から集めねばなりません。当時、南インド相手の真珠集荷のシステムがあったとは考えられませんし、もし自分たちで集めまわっていたとしたら滞在期間が長くなりますから、その間の食糧をどのようにして確保したかという問題もあります。食糧も日本列島で得ていたとすれば、そのまま定住したことも考えなくてはなりません。

　これらのことから、インドと日本列島との間での交易があったとするにはかなり無理があります。ですから、たとえ南インドから日本列島へ来た人たちがいたとしても、それは交易のためというよりも、冒険者や漂着者の集団が、長い年代の期間に、少ない頻度で不連続的に渡来したと受け止めた方が素直です。そう考えますと、たとえ、縄文人が鉄器を使ったとしても、それは一過性のもので、弥生の産業改革にまで結びついたとは考えにくいのです。

日本列島へ一旦入った技術が途絶えて、後年、再度入って定着した例としては、先に記した天竺人が持ち込んだ木綿栽培があります。当時は、日本列島内二一か国で栽培されるようになったそうですが、気候風土に合わなかったのか約一〇〇年後の延喜年間（九〇一〜九二二年）に絶えたといいます。その後、明応・永正年間（一四九二〜一五二〇年）に、朝鮮半島から再度綿栽培技術が入り、全国で木綿が栽培されるようになったそうです（吉村武夫『綿づくり民族史』、一九八二年、青蛙房）。なお、現在、愛知県西尾市天竹町には、日本に最初に綿が入ったことを記念した天竹《てんじく》神社があります。

話が鉄器からそれましたので元にもどします。たとえ菜畑遺跡の水田開発で使っていた鉄製の工耕具が摩耗・腐食などでなくなって新たな水田が開発できなくなっても、熱帯ジャポニカは陸稲として継承できます。それに陸稲栽培でしたら、それ以前から日本列島に住んでいた鉄器をもたない縄文人も学び取ることができます。佐々木氏が言うように、稲作技術が縄文人の間にも普及していたと考えても無理はありません。そうしますと、稲作に関する日本の言葉や風習などが南インドと対応しているという大野氏の説とも矛盾しません。

次に、弥生の産業改革につながった金属器について考えるとき、関係深い中国大陸と日本列島とのつながりをとりあげます。中国大陸の金属器使用の発展経過を大雑把にみますと、自然銅を使った銅器、銅鉱石から鋳造した銅器、銅に錫を混ぜた青銅器、隕鉄（自然鉄）をたたいてつくった鉄器、鉄鉱石から鋳造した鉄器、銑鉄をたたいてつくった鍛鉄、さらに強度を高めた鋼鉄という順序になります。

中国で最も古い金属器は、今のところ、山東省章丘県竜山鎮の遺跡から出土したBC二〇〇〇年頃の銅器で、これは自然銅からつくられているそうです。夏の時代（BC二二〇五〜BC一七八六年）の後半には、青銅器が使われるようになり、次の商（殷）の時代（BC一七六六〜BC一一二二年）は、青銅器文明期ともいわれるように、青銅製の道具・農耕具・武器など青銅器の製造が盛んになっています。

この青銅器の用途について東京国立博物館の谷豊信氏は「青銅器は、祭礼に用いる礼器と武器が多く、農具・工具の類は少ない。青銅はもっぱら王の支配を支える宗教と軍事に使われたわけで、人民の生活向上にはあまり役立たなかったようである」（『中国国宝展』、二〇〇四年、朝日新聞社）と述べていますが、北京大学の朱鳳瀚氏のように、「青銅技術は広汎に礼器に用いられただけでなく、日常生活用具と工芸品の製作にも多く用いられた」（谷豊信訳『悠久の美』、二〇〇七年、朝日新聞社）といった違った見方もあります。現代の私たちの生活の中でも、貴金属や仏具などは大切に長年保管しますが、日常生活用品の鍋釜など多くは消耗品として短期間で消えていく運命にあります。同じように、使用済み生活用品の青銅器は、貴重なスクラップとして再利用されるなどで遺跡に残る機会も少なかったかもしれません。

鉄器は商の時代に、隕鉄でつくられたものが出現していますが、春秋時代（BC七七〇〜BC四〇三年）の末期には、鉄鉱石から製錬した鋳鉄がつくられています。戦国時代（BC四〇三〜BC二二一年）の鋳鉄製の鉄器は、その質が脆いので武器には使用されず、主に工耕具・裁縫具とした製造されましたが、鉄製農具は牛耕と結びついて農民の必需品となり、農業生産を拡大させるとともに、鉄工業を飛躍的に前進させ、さらに、鉄製品の商品化が商業を発展させています（影山剛『中国古代の商工業と専売制』、一九八四年、東京大学出版会）。青銅器は、支配者層が祭礼器や武器として使い、農業まで行き渡らず、祭礼器や武器に不向きな鉄器が農業から広まった、ということではないでしょうか。そういった論議は別にして、ここでは、鉄器が戦国時代の中国大陸の産業構造を変える原動力になっていたという事実を重視しておきます。

戦国時代の末になると、鋼鉄もつくられるようになりましたが（岸本文男『春秋以前の中国の金属鉱業』、独立行政法人産業技術研究所）、秦の時代（BC二二一〜BC二〇六年）になっても、兵馬俑《ヘイバヨウ》の武器が鉄製ではなく青銅製であることからわかるように、武器は、まだ青銅でつくられていま す。武器は、その時代の最先端の技術を駆使してつくられますから、鋼鉄がつくられてもまだ、青銅を凌ぐまでに至っていなかったのでしょう。しかし、先述のとおり、武器とは別に、戦国時代の終わり頃から鉄の生産技術が進歩して、農機具や工具での需要が増え、それを扱った商人が財をなしています。『史記』の「貨殖列伝」には、製鉄で巨万の富を得た五人の名前が出ています。その鉄に目をつけた前漢の武帝（在位ＢＣ一四一～ＢＣ八七年）は、鉄の専売制（注3）で、財政を豊かにして、匈奴などの近隣国の制圧に当てました。

という経過から、中国大陸では、戦国時代の末から前漢時代にかけて、青銅器から鉄器に交代し、鉄器時代に入ったのです。造船に深くかかわる板づくりに使う鋸は、青銅製もありましたが、より優れた鋼鉄製のものがつくられはじめたのは、戦国時代末から秦の時代の頃だとみても間違いないでしょう。鋼鉄製の鋸と鍛鉄製の船釘の出現は、造船技術を発展させ、それまでの刳船・筏船主体にとって代って、刳船に板を接いだ準構造船や構造船の建造を可能にし、さらに航海範囲の拡大や安全に結びついたと考えられます。

一方、朝鮮半島の鉄器は、ＢＣ七世紀に、中国大陸の沿海州方面から入ったという記録や、北方で隣接していた燕（ＢＣ三二三～ＢＣ二二二年）から入ったという記録もあるそうですが、盛んに使われ始めるのは、ＢＣ一〇八年に前漢の武帝が楽浪郡など四郡を朝鮮半島に設置した頃からだそうです。ＡＤ一～二世紀になって朝鮮半島でも鉄鉱石から鉄がつくられるようになっています。日本列島とのつながりは、ＡＤ二世紀以降に、朝鮮半島南部を経由して北部九州に小規模の製鉄錬炉が入りましたが、日本列島には鉄鉱石の大量産出地がないので、継続できな

（注3）民間の冶鉄業者がつくった農機具などを市場に出し、官はそれに税金をかけて収益をはかった（好並隆司『中国水利史論集』一九八一年、国書刊行会）。後述するとおり、塩と酒も専売制をとっています。

かったそうです（松井和幸『日本古代の鉄文化』、二〇〇一年、雄山閣）。

日本列島で鉄器の使用が始まった年代を定めることは、弥生時代の開始年代がなかなか固定されないのと同じようにむずかしいのです。遺跡出土品から金属器の使用を見る場合、酸化土壌で錆びやすく、特に鉄製品は完全に朽ち果てて土に還ってしまうことを考慮しなければいけませんが、先の菜畑遺跡の杭のつくり方から、鉄器を使っただろうとする場合、やはり鉄器そのものも出土していないと、推測の域を出ませんから、はっきりそうだと言い切れません。

松井氏は（前掲）、「日本列島における鉄器使用は、縄文時代晩期に属する資料が数例発見されており、縄文時代末期にまでさかのぼるのは間違いない。また、生産され始めるのは、北部九州で弥生時代前期後半、近畿地方で弥生時代中期前半だ」と書いています。ただ、ここで言う縄文時代晩期や末期がBC五世紀のことか四世紀かわかりませんし、それに日本列島産の砂鉄などの素材で鉄器生産が始まった年代については、松井氏自身が同書で紹介していますように、いろいろな人がいろいろな根拠を基に論じており、それらの年代を並べると、AD四世紀から七世紀になります。

しかし、これらの中から言える確かなことは、日本列島での鉄器使用は輸入品で始まり、数世紀を経て日本列島でも生産が始まったということと、日本列島で生産された鉄器の素材が、日本列島産の鉄鉱石ではなく、スクラップなどとして輸入されたものということです。これを先の中国大陸や朝鮮半島の鉄生産推移と照合しますと、ＢＣ五～四世紀頃に使用が始まったとしても、その鉄器は中国大陸からの輸入品で、その後、日本列島で使用された鉄器は、中国大陸からの輸入品かスクラップを輸入して製造されたものになります。したがって、ＢＣ五世紀以降、中国大陸から日本列島へ鉄器を携えた人が渡ってきたか、日本列島と中国大陸との間で交易が行われていたか、あるいは、その両方かということになります。司馬遷の『史記』など中国正史に日本列島の情報が記載されていない点から考えますと、中国大陸の商人が日本列島と交易に来ていた可能性は低いので、北部九州から中国大陸へ交易に出かけて、鉄製品やスクラップを輸入していたのでしょう。

もしＢＣ一〇世紀頃の本格的水田稲作の板付遺跡水田が鉄製工耕具を使って造成されたものだとしますと、ＢＣ五世紀末になって鋳鉄が出現した中国大陸にはまだ鉄製品が存在していませんから、大野説のとおり南インドから入ったのかもしれません。仮にそうだとしても、先述のとおり後続がありませんから、その後五〇〇年ほど日本列島に鉄製品は入らなかったのです。ただし、中国大陸には青銅製の工耕具はありましたから、これを使って本格的水田造成がつづけられたという考えも浮かびますが、これまで日本列島の遺跡から、この間の青銅製工耕具が出土していませんし、日本列島では、ほとんど青銅器を経ないで石器から鉄器に移行していますから、青銅器の工耕具を使って灌漑などを造成し、それが広まった可能性は薄いでしょう。ですから、少なくともBC一〇世紀頃からBC五世紀頃までの五〇〇年間ほど、金属製の工耕具は継続して使用されることがなかったものと考えられます。このことから考えても、BC一〇世紀頃に始まったとされる本格的水田稲作は、その後、後続の水田造成がなく途絶えて、弥生の産業改革につながっていない可能性が強いのです。

日本列島での金属器使用について補足しますと、BC一世紀になると、それまで盛んに生産していた石斧が減少し、斧・手斧・鑿・刀子・鉇などの工具や鋤・鍬・鍬先・銛・釣針・鎌・剣など鉄器が増え、中には、大型鉄戈のように日本列島独自のものも出現しています。これは、石器から鉄製品への交代現象の現れで、端的に弥生の産業改革の進行を示しています。この石器から青銅器を経ることなく鉄器への移行は、中国大陸が石器時代から千年以上の長い青銅器時代を経て鉄器時代に入ったのに比べると、特異なことです。松井氏の言う縄文時代晩期・末期がBC五～四世紀であれば、この鉄器使用からみて、日本列島と中国大陸との間で交易が始まった弥生時代の開始年代とも符合するだけに、興味深いことです。

AD一～二世紀になると、方形鍬・鋤先など中国大陸にも朝鮮半島にもない日本列島独自の鉄器をつくりだしています。ただし、日本列島から鉄鉱石は生産されませんので、鉄器の多くは中国大陸や朝鮮半島からの輸入によるものか、スクラップを輸入しての生産加工だそうです。日本列島で素材から製品まで一貫して鉄製品がつくられるようになったのは、古墳時代に入ってから、砂鉄を素材にした技術「たたら」ができてからだとされています（松井和幸『日本古代の鉄文化』、二〇〇一年、雄山閣）。

これまで述べたことの繰り返しになりますが、弥生時代の指標でもある鉄器は、たとえ、初期の段階で南インドから入ったとしても後続がなく途絶え、BC五世紀以降に中国大陸から入ってきたものが、弥生の産業改革につながったと考えた方が素直です。また、中国大陸から温帯ジャポニカが直接日本列島へ伝わったとする佐藤氏の考えもあわせますと、弥生の産業改革は、中国大陸との交易の間で育ってきた可能性が大きいのです。そうしますと、菜畑遺跡から出土した熱帯ジャポニカの炭化米も、その水田も、大野氏の考えどおり南インドから入った技術であり、その菜畑遺跡よりも古いBC一〇世紀頃の板付遺跡の本格的水田も南インド系の一過性の技術であった可能性が大きいといえましょう。

先にも述べましたとおり、これら鉄製品を輸入するには、その代価を払わなければなりません。そのためには輸出品が必要です。次に、その時代に、日本列島から中国大陸へ向けて輸出できた産物として、塩、アワビ、絹をとりあげます。

塩を輸出

水田稲作や鉄器使用で代表される弥生時代の技術を日本列島に導入するには、それらの代価に値する商品と交易が必要でした。ですから、弥生の産業改革を考えるとき、交易を見逃してはいけません。交易のおかげで先進技術の導入ができたともいえますし、技術が入ってきたから交易が盛んになったともいえるのです。すなわち、技術の導入と交易は弥生の産業改革にとって表裏一体をなしていたのです。

ＢＣ五世紀頃の弥生人が、中国大陸と交易する場合の輸出商品は、日本列島の資源と彼らがもっていた技術から考えると、その一つに海水から生産できる塩があります。先に述べたとおり、初期の弥生人は、春秋時代の呉の人たちですが、彼らが塩を生産する技術をもっていたことは次に述べるとおり確かです。

現在、中国浙江省の杭州湾に面したところに海塩という地名があります。そこは、春秋時代の呉の根拠地であった大湖の東から七〇キロメートルほど南に位置しており、前漢時代には、塩・鉄・酒を専売制にしていましたので、塩の産地に生産と流通を国家で管理するための役人（塩官）が配置されていました（前掲影山書）。なお、『史記』の「貨殖列伝」に、呉は東から採れる塩が豊富とあります。

前漢時代の海水から塩をつくる方法は、海水を汲み上げて、釜に入れ、薪を焚いて水分を蒸発させる単純な技術です（注4）。しかし、製造方法そのものは、海水を入れる釜が土器から青銅製や鉄製に変わったぐらいで、太古から使われていた技術ですから、春秋時代の呉も同じような方法で塩を生産していたはずです。ですから、呉から北部九州の海辺に移り住み着いた弥生人が、塩づくりをしたことは間違いないでしょう。

人にとって、塩は生理的必需品です。それは、生物の生命が海から誕生したことによるといわれています。人は体の中に海水と同じような組成の塩分（ミネラル）を含んだ水を携えていないと生きていけないのです。一言で言えば、体の中にも海があるのです。ただし、その塩分濃度は違います。現在の海水は平均しますと三・四％ほどですが、人の体液は〇・九％ほどです。濃度は違っても、塩分の組成比はほとんど変わりません。ですから、体の中にある海の塩分組成を保つために塩の補給が欠かせないのです。『管子』の「軽重篇」にも、「無塩則腫」とあり、塩がない国の人は皮膚に炎症を起こすと書いてありますが、わたしたちの身近な例としても、大汗をかいたとき、いくら水分を補給しても塩分不足で熱中症になることが知られています。欠乏すると、生きていけません。

ということで、塩は貴重な商品でもありますから、投機の対象にもなっていたと『管子』の「軽重篇」に（松本一男訳『中国の思想』、一九九六年、徳間書店）出ています。春秋戦国時代、現在の山東省の臨淄《リンシ》（淄博市の区）を都としていた斉の国は、桓公（BC六四五年没）が君主のとき、諸侯

（注4）塩田や海草（藻）・砂などを使い、天日・風で水分を蒸発させた濃塩海水から塩を採る方法は、時代が進んでからのことです。

を集めて覇者になりましたが、それは、宰相の管仲（敬称は管子）の勧めで、人民に命じて大量の塩をつくらせ、その全てを国庫に納めさせ、その一方で意図的に塩の値段を吊り上げて、梁・趙・宋・衛に輸出して巨万の富を得たという塩の専売制と経済活動がありました。この斉の管仲について、『史記』の「管子・晏子列伝」でも、斉はちっぽけな国で海辺にあるため、貿易を広め財産をつみ、国を富ませ兵を強くしたとあり、斉が商業立国であったことがわかります。その主要商品が海水からつくった塩だったのです。

その他、塩で財をなした例としては、『史記』の「呉王濞列伝」に、三国時代の呉は、銅山と海水からの塩があったので人頭税をとる必要がなく、領国は富み潤った、とありますし、「貨殖列伝」に、斉の国の刁間《チヨウカン》は、奴隷をかわいがり、漁業・製塩・商業に従事させ、数千から万金に達する富を得たとあり、また、猗頓《イトン》という人は、塩池からの塩で富をつくったとあります。

塩は、人口の変化による需要の増減はあっても、時代による浮き沈みがない需要が安定した商品で、市場価値が高かったので、やり方によっては大きな財産に結びついたのです。だからといって、どこでも生産できるというわけにはいきません。まず、海や塩湖・池に面していなければなりませんし、燃料の薪が確保できないと生産できません。その点、海に囲まれ、樹木が繁茂する日本列島では、塩づくりに恵まれた環境を有していたといえます。ですから、記録になくても、水田稲作の導入や金属器の輸入に必要な経費の確保に塩の生産と輸出が考えられます。言ってしまえば、裸一貫で来た初期の弥生人が輸出できたものは、海産物の塩と干しアワビぐらいしかなかったでしょう。

干しアワビを輸出

アワビについては、この章の鉄器伝来の項でも触れましたが、日本列島では縄文時代から獲っていました。中国大陸でも、『史記』の「貨殖列伝」に、各地の特産物として、淮河と長江の潮流を受ける合肥《ガッヒ》というところが、皮革やアワビの乾物と木材の集散地としてあげられています。干しアワビというと、現在の中華料理を思い浮かべますが、前漢時代の料理方法はわからなくても、カチンカチンに堅くなった干しアワビを食べる方法は、現在も前漢時代も大差ないはずです。生アワビを料理して食べることができるのは沿海地に限られますから、内陸部で食べるとすれば干しアワビになりますが、なかなか手に入りにくく、それだけ珍重されたのでしょう。

この干しアワビの製造方法は、大場氏の『あわび文化と日本人』(前掲)によると三つあって、一つはアワビを干瓢のように紐状に剥いて干す。二つ目は、丸のまま茹でて天日で干す。三つ目は、茹でたアワビを火であぶってから天日で干す。この三つ目の方法だと芯まで乾燥して腐りにくいそうです。そうしますと、一つ目の方法は、包丁や小刀のような刃物がない時代にはできないでしょうが、二つ目と三つ目の方法だと、茹でるという工程は入りますが、その他は素干しと同じですから、それほど複雑な技術ではありません。潜水漁のアワビは、海に潜れる季節に獲り、干しアワビとして加工保存することは、アワビの産地であれば、時代を問わずどこでも考えつくことですから、中国大陸では記録がある前漢時代よりはるか昔から干しアワビは食べていましたし、日本列島でも縄文時代の遺跡からアワビの殻が出土しています。したがって、弥生時代の初期から、干しアワビが製造されて日本列島からの輸出品として珍重された可能性はあります。

追記、現在、高級干しアワビとして、明鮑《めいほう》と灰鮑《かいほう》があります。そのつくり方について、羽原又吉氏の『漂海民』（一九六三年、岩波新書）に詳しく書いてあるので、それを要約しますと、明鮑は、貝が生きている間に肉を殻からはがして塩漬けにして、一～二日後、清水で洗って熱湯で煮て火で乾燥させる。その後もう一度熱して、五～六日間、火の乾燥と天日干しとをくりかえし、最後に、大形のものは一か月、小形のものは半月ほど天日で干す。灰鮑も明鮑とほぼ同様であるが、塩漬けや乾燥の工程に多少の違いがあるそうです。

養蚕業と絹織物

塩や干しアワビのように縄文時代から日本列島にあった技術を使った製品とは違って、弥生時代に入って中国大陸から日本列島へ伝わった技術を発展させて、輸出商品にまで成長させたのが、養蚕業とその製品の絹織物です。

「魏志倭人伝」（三世紀後半）に、日本列島では、桑を植えて蚕を飼い、糸を紡いで細目で堅く織った絹布や真綿を生産しているとあるので、当時既に養蚕技術と絹織物や真綿製造が定着していたのです。また、ＡＤ二四三年に、倭王（卑弥呼）が魏へ使者を遣わして、「生口・倭錦《わきん》・絳青縑《こうせいけん》・緜衣《めんい》・帛布・丹・木弣（注5）・短弓矢を献上した」とも書いてあります。現代では、これらがどんな品物かわかりにくいのですが、錦は様々の色糸を用いて文様を織り出した絹の総称（布目順郎『絹の東伝』、一九九九年、小学館ライブラリー）、縑は二本の糸を合わせて織ったきわめて緻密な織物（前掲『絹の東伝』）、上質な絹（森浩一『古代技術の復権』、一九九四年、小学館ライブラリー）だそうですから、絹製品が魏王に献上されていたことは確かです。

だからといって、弥生時代の一般交易品として扱われていたかどうかはわかりません。しかし、養蚕業・絹製品は、弥生の産業改革の中で生まれ育ち、その後時代が進んで明治時代には日本発展の大役を果たした生糸産業にまで大きく成長したのです。この弥生時代に苦心して導入した技術が、近代までつながっていることは注目に値します。

（注5）石原道博氏の注釈に、「原文には獣偏に付と書いてあるが、弣の誤りか、弝《ゆづか》、弓の中央の手にとるところ」とあります。

養蚕の起源は中国大陸です。その中国大陸では、ＢＣ二七五〇年頃（誤差が前後百年）の浙江省呉《ゴ》興銭山漾《コウセンザンヨウ》遺跡から平絹片・絹帯・絹縄が出土しています。その後は、殷（商）の時代（ＢＣ一七六六〜一一二二年）、周の時代（ＢＣ一一二二〜七七一年）およびそれ以降の遺跡から継続して絹製品が出土しています。

その養蚕技術は、中国大陸から外への持ち出しは厳しく禁じられていました。それでも持ち出すとしたら種（卵）を運ぶことになりますが、卵は二週間足らずで孵化するので、孵化する前に到着できる地に限られますし、その地に餌の桑が生えていなければ飼えません。さらに、蚕を飼った経験者がいなければ扱えないという条件もついています。そんなこともあってでしょうか、三〇〇〇年ほど中国大陸から外へ出ていないのです。

朝鮮半島へ伝わったのは、鉄器と同様、ＢＣ一〇八年に前漢時代に楽浪郡を置いて領地としたときからですし、同じ中国大陸でも雲南省へは後漢時代になって伝わったというのです。ヨーロッパへは、一〇〇〇年ほど経ったＡＤ六世紀になってからです。ただ、例外があります。それは日本列島です（前掲『絹の東伝』）。

その日本列島での養蚕の記録としては、記紀によると仲哀天皇の四年（神武暦一九五年）とありますが、遺跡から出土した最も古い絹製品は、ＢＣ二〇〇年前後の福岡市早良区有田遺跡から出た平絹です。これは、中国大陸の絹とその織り方が違うので、日本列島特有の絹織物に間違いないそうです（前掲『絹の東伝』）。動物性たんぱく製品の絹は、日本の酸性土壌では腐食して残りにくいので、ＢＣ二〇〇年以前に日本列島へ養蚕技術が伝わっていたことは確かですが、その最初の年代はわかりにくいのです。しかし、養蚕の発祥地である中国大陸から朝鮮半島に伝わる一〇〇年以上前に日本列島へ伝わっていました。ですから、その伝播経路は、中国大陸から日本列島へ直接だと考えるのが素直です。その後、時代が進んで北部九州の遺跡一一か所からも絹が出土していますから、養蚕技術が継承されていることがわかります。

日本列島へ養蚕が伝わった経過について、布目氏は（前掲『絹の東伝』）、弥生前期末以前（ＢＣ五世紀か？）に、北部九州の人が華中方面の人々と接触して導入に成功したと思われる、と述べています。それはそれとして、前述のとおり中国大陸から外への持ち出しがむずかしい条件下で、なぜ日本列島に伝わったのか検証してみます。まず、蚕種の持ち出しが厳禁であっても、それは、秦が中国大陸を統一したＢＣ二二一年以降のことでしょうから、それ以前の戦国時代、さらにその前の春秋時代は、いわば、どさくさ時代で、まだそれほど統制は取れていなかったはずです。卵が孵化するまでに要する時間は二週間ですから、産卵期と船の出港のタイミングが合えば、長江河口から北部九州へは五日もあれば十分渡れるので、養蚕技術は伝わります。次に蚕の餌の桑は、日本列島の気候が桑の生育に適しており、今日においても各地に野生の桑があるところから見ても、古代にも野山に繁茂していたものと考えられます（日本学術振興会『日本蚕業技術史』、一九六〇年、丸善株式会社)、ということで、桑は日本列島に自生していました。したがって、先の厳しい条件下でも、養蚕をやっていた人が種をもって渡ってくれれば、日本列島へ養蚕技術は伝わったのです。ただ、養蚕技術者は、養蚕だけでは食べていけないので、食糧の確保が必要です。

ところで、桑畑の適地について、日本学術振興会は(前掲『日本養蚕技術史』)、古くからの文献『農業全書』(宮崎安貞、一六九六年)、『養蚕栽桑同治法要略教諭』(一七六三年)、『養蚕私記』(一七八五年)の長年の経験から得た知識に習い、桑の成長には多量の水分と日照を必要とするので、日照がつづいて水不足になれば適宜灌水できる水辺が桑の好適地である。また、河川に沿った風通しのよい土地が害虫の被害も少なくてよいとしています。この水が豊かで、日照がよく、風通しがよい環境は、水田稲作とまったく同じ環境条件ですから、養蚕と水田稲作は、同じ地域でできるのです。したがって、中国大陸で水田稲作と養蚕を営んでいた人が、蚕の種を携えて日本列島へ渡り、桑が自生している地に入植すれば、食糧生産と養蚕が両立するので生活もできました。

この点、布目順郎氏は(前掲『絹の東伝』「古代技術の復権」)、断定できないがと断って、稲作と養蚕が一緒に伝来した可能性があると書いていますし、また伊藤智夫氏も『絹』(一九九二年、法政大学出版局)で、水田稲作がわが国へ伝来した頃の長江や淮河周辺地域では養蚕も行われていたに違いないから、稲作を伝えた人々は養蚕のことも知っていたと考えられると述べています。

養蚕が中国大陸の江南地方から日本列島へ伝わったことに関してもう少し付け加えますと、中国大陸では、ＢＣ五四四年に、呉国王余祭の使節として季札が鄭に赴き、子産（公孫僑）に白絹の大帯を贈っています（『春秋左氏伝』）。この絹の縞帯は呉の特産品（吉武成美・佐藤忠一『シルクロードのルーツ』、一九八二年、日出出版）だそうですから、呉には養蚕・機織技術があったのです。また、布目氏は、前掲『絹の東伝』の中で、「吉武成美氏は、日本種の繭形の特徴である俵形と同形の繭を産するのは、中国では浙江・江蘇・湖北・安徽省など長江流域に限られることから、日本種繭の特徴である俵形のルーツを長江流域に求めることができるとし、中国からわが国への最初は長江流域から俵形繭がもたらされたが、その後、中国種の特徴である楕円形繭も導入されたことが十分考えられるという。氏の説は私の考えと相通じるものがある」として、吉武氏の説を紹介しています。

以上の水田稲作と養蚕、養蚕地と中国大陸の江南との結びつきの話から考えますと、呉には養蚕技術があったということです。第一章で、弥生時代は、ＢＣ五世紀に呉の人たちが北部九州へ渡来したことが始まりだと書きましたが、このことは、養蚕からみても矛盾しません。むしろ、呉の人たちが養蚕技術を日本列島へ持ち込んだ可能性が大きいといえましょう。

次に、弥生時代の遺跡から絹製品が出土する地域は北部九州に集中しています。弥生中期（Ｂ

C一〇〇〜AD一〇〇年）の北部九州の一一遺跡から合計一六点の絹製品が出土し、弥生後期（AD一〇〇〜二〇〇年）には、福岡県甘木市、福岡県西区の遺跡から出土しています。それに対して、本州から出土するのは三世紀後半から四世紀初めの古墳時代に入ってからで、時代に数百年の隔たりがあります（前掲布目）。遺跡から出土する絹が北部九州の福岡県に集中している理由は、福岡県だけが養蚕の盛んな地域であったと考えるより、他地域で生産された繭玉などの原料が集まる流通システムがあって、現在の福岡市を中心にした地域で織物となったと考えた方がよさそうです。というのも、福岡市の志賀島を根拠地にしていた安曇族が、中国大陸と交易をしていたことと関係深いでしょう。この交易については、第三章の安曇族の項で説明します。

海流と潮汐流

弥生時代は、日本列島へ海を渡って入ってきた技術や文化で築かれていますが、それを記述した記録は何もありません。記述記録がない時代の歴史を研究する方法として、遺跡からの出土品を対象にする考古学の手法はもちろん大切ですが、当時から現在までほとんど変わっていない環境としての海、そこを渡る乗り物としての船も重要な情報を提供しますから、研究の対象にすべきです。

繰り返しになりますが、地図を広げると、日本列島と朝鮮半島との距離は近く見えますし、

「魏志倭人伝」に対馬、壱岐を経て北部九州に至る経路が出ている影響からでしょうか、考古学や歴史学を専門にされている方の中には、その間の対馬海流を考慮することもなく、朝鮮半島から容易に北部九州へ渡ったと先入観をもつ傾向があるように感じます。

例を示しますと、小田富士雄氏は、雑誌『太陽』に「古代九州」（二〇〇五年、平凡社）の題で「地理上における九州島は、太平洋・日本海・東シナ海に囲まれ、北は壱岐・対馬を飛び石として朝鮮半島に、南は薩南・琉球列島を経て台湾に至る」と書いています。この飛び石という表現ですと、対馬海流や黒潮の存在もその影響も考えに入れていないのではないでしょうか。また、上垣外憲一氏は『倭人と韓人』（二〇〇三年、講談社学術文庫）に「紀元前三世紀に稲が伝わったと思われるルートは、朝鮮半島西南部↓洛東江流域↓対馬・壱岐↓唐津と考えると魏志倭人伝の中国側の使者が北九州に渡った経路とほぼ一致する」と記述しています。これは、五〇〇年ほどの時代のずれや、その間の造船・操船技術の進歩などを考慮しないで、かけ離れた二つの時代を一緒にして論じているようです。この上垣外氏の考えについては、後の釜山から対馬への渡航のところでとりあげます。

ところで、陸路が発達した後とはいえ、その昔から「箱根八里は馬でも越すが、越すに越されぬ大井川」と歌われたように、流れを横断することは、川でも海でも大変なことです。その傍証として、現在、川が都府県や市町村の境界になっていること、日本と韓国の国境に対馬海流があること、沖縄の先島諸島と台湾との間にも黒潮が流れていることを挙げておきます。川や海の流れは、人の交流に大きな影響を与える不連続線でもあるわけです。したがって、弥生人が海を渡って日本列島へ来るときも、中国大陸と交易を進める上でも、海の流れは無視できないのです。

弥生人に深くかかわった主な海の流れとしては、黒潮と、その黒潮から分かれた対馬海流、それに、潮の満ち引きのときに生じる潮汐流《ちょうせきりゅう》です。実際に海を渡るときは、海上を吹く風や造船技術・航海術も深くかかわっていますが、これらについては後で触れるとして、ここでは、弥生の産業改革に結びつく海の流れについて述べます。海から見ると、歴史の解釈が違ってくる可能性はあります。

まず、黒潮をはじめ海になぜ流れが生じるのか、という問題ですが、これは大変むずかしいのです。ここでは、それを細かく論じる必要もないでしょうが、海から拓けた日本列島の歴史を理解する上で、海の知識を欠かすわけにはいきません。そこで、簡単に海流が生じる理由について、黒潮を例に触れておきます。

お断りしておきますが、厳密に言えば、現代の科学知識でも黒潮が生じる機構を完全に説明することはできないそうです。海水は、風が吹いても流れが起きますし、水の高さに高低が生じれば、高い方から低い方に流れ出します。それに地球の自転が絡んできます。これらは、つまるところ、太陽の影響ですが、風と海流との関係は、ニワトリと卵の関係と同じです。太陽に温められた海水は風に流されて海流になりますが、流れながら、空気を温めて高気圧と低気圧をつくります。その気圧の差で風が生じますから、風が先か、海水温度の上昇が先かわからないのです。

それらの細かい機構は別にして、結果的には、地球の中緯度では、ほぼ東方向に偏西風が吹いており、熱帯域では、逆に西へ向かって貿易風が吹いています。これらの風と地球の自転で、赤道の北側では、西の陸地に近い位置、すなわち、太平洋ですと、フィリピン東沖で海の水位が高くなり、その高いところの海水が黒潮となって流れ出してくるのです。これは大気の高気圧が低気圧へ向かって流れ出す原理と同じです。ただ、大気の高気圧は遮るものがないから、移動しますが、海水の場合は、陸地に遮られますから、移動できないので、ほぼ一定の流れの黒潮が出来るわけです。

図2を見てください。黒潮はところどころで枝分かれした支流をつくりますが、本流は、フィリピン東沖から台湾の東を通って東シナ海に入ります。東シナ海では大陸棚沿いに北上して、陸地の九州に阻まれ、一部は分かれて、対馬海流となって日本海へ流れ込み、本流は九州の東を迂回する形をとっています。南九州では南西諸島の東側を流れてきた支流と合流して、四国・本州と陸地沿いに流れ、千葉県の銚子付近から東へ離れて行きます。

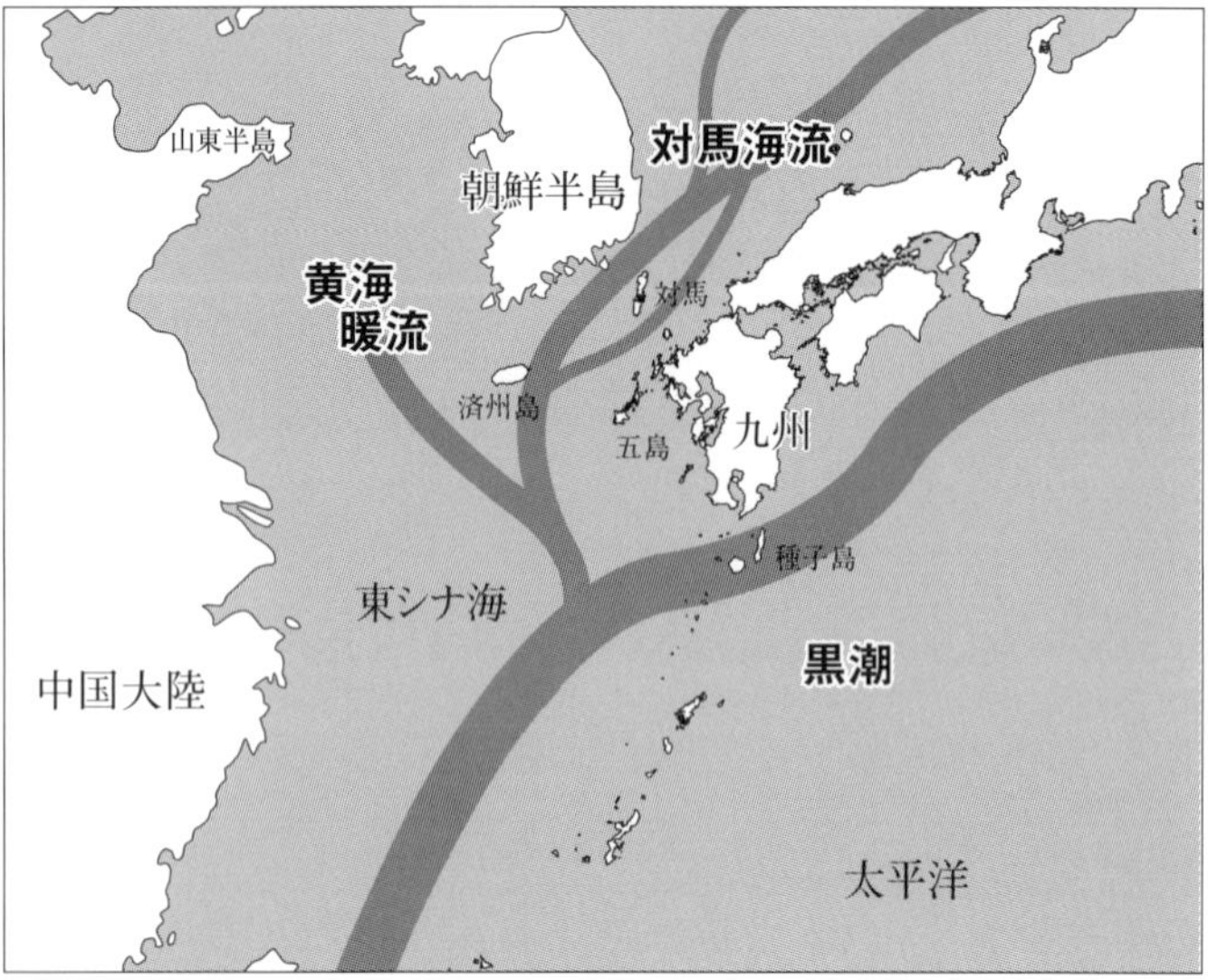

図２　日本近海海流略図　黒潮・対馬海流

以上のように黒潮は複雑ですが、その複雑な機構とは別に、海の中を流れている川とイメージした方が理解し易いかと思います。岸辺や土手のない川ですが、だからといって、海であればどこでも流れることが出来るわけではありません。黒潮には約八〇〇《メートル》以上の厚み（深さ）がありますから、水深二〇〇《メートル》より浅い大陸棚の上を流れることはむずかしいのです。地球の自転の勢いに押され、また、九州に遮られる形で大陸棚の上を流れる対馬海流や伊豆諸島を横断するのは例外であって、基本的には、陸地に遮られるのと同じように、大陸棚を越すことは出来ません。また、黒潮は左右に蛇行しながら流れますから、年や月によって陸地との離接岸距離が多少変りますが、大きな目で見れば、古代から一定の方向へ流れていると言って間違いではありません。日本列島の人々は、縄文時代も、弥生時代も、現代も、この海の流れの影響を受けて生活しているのです。

黒潮を川と見立てると、南西諸島を始め、九州、四国、本州は、川中島か中洲と同じように、周りを流れに取り囲まれた形になっています。弥生人の渡来経路を考えるとき、日本列島は黒潮という超大河の中の川中島と見た方が理解し易いかと思います。すなわち、中国大陸や朝鮮半島から日本列島へ渡る場合、手持ちの船で流れを渡るにはどういう方法をとるかということを考えるのです。船は時代によって推進力が異なります。刳船《くりぶね》や筏《いかだ》に櫂《かい》と粗末な帆だけの時代、刳船に板を接いだ準構造船で漕ぎ手が増えた時代、船底がV字型となって帆を使って風上へ向かっても走れる船の時代などで、海の中の川の渡り方は変わります。このように、海の流れや乗ってきた船を考えながら、日本の歴史をみる方が、地図上で島々を飛石と見るよりも適切でしょう。より史実に近い結果が得られるものと思います。

黒潮は岸辺のない川と申しましたが、実際は、塩分濃度が薄い長江から流れ出た水が表層を覆うなど、周りの海水が混じって、水質に変化がでます。しかし、水深二〇〇《メートル》より深くなりますと、年間を通して、水温も塩分も変化することなく流れています。ですからその流路は、ほとんど周りの海に影響されることもなく一定しているのです。もちろん船は黒潮の流れに乗り降りできるわけですから、縄文人も弥生人も利用したはずです。黒潮を人が利用する交通路として見ますと、現代の自動車道路に当てはめて考えてもいいでしょう。乗り降りする要所々々はインターチェンジで、対馬海流に分かれる点や南九州で支流と合流する点はジャンクションというわけです。黒潮をイメージするとき、川と見立てたり、自動車道路と見立てたりで、混乱するかもしれませんが、日本列島への縄文人や弥生人の渡来、技術や文化の伝播を考えるとき、この二つのチャンネルを時折切り替えながら考えることは、海洋物理学的にとらえた黒潮よりわかりやすいかと思います。

黒潮の大きさについて触れますと、その幅ですが、一ノット（注6）（時速一・九キロメートル）以上の流れがあるところで約一〇〇キロメートル、一・五ノット（時速二・八キロメートル）以上が二〇キロメートルあります。これを中国大陸の大河である長江と比較しますと、長江の川幅は、河口付近では八〇～一〇〇キロメートルほどありますが、河口から少し入ると二〇キロメートル弱になり、狭いところにある長江大橋（南京）では、橋の長さは六・八キロメートルでも、川幅は一・六キロメートルだそうです。黒潮の幅も場所によって多少変化しますが、長江の変化に比べると一定幅といえるでしょうから、黒潮は、長江のような大河のおおよそ五倍ほどの幅があります。また流量になりますと、深さが桁違いですから、黒潮は、おおよそ長江の洪水時の四〇〇倍以上あります（注7）。なお、対馬海流の流量は黒潮の約一割だそうです

（注6）海里は、緯度一分の長さ。地球は楕円形ですから、緯度により一分の長さは違いますが通常一八五二メートルとして使っています。

（注7）黒潮の流量は、一時間に約三七〇〇万立方メートル、長江は洪水時で九万立方メートルです。

から、こちらも長江の四〇倍以上になります。したがって、長江が大河なら、黒潮・対馬海流は超大河です。

黒潮の流速は、季節などで変化しますし、流れのデータが得にくいという条件もあって、現在でも、一定の幅で表されています。台湾の東で二・〇〜三・五《ノット》（時速三・七〜六・五《キロメートル》）、屋久島付近で一・〇〜三・八《ノット》（時速一・九〜七・〇《キロメートル》）という数値が出されています。また、対馬海流は、第七管区海上保安本部海洋情報部がほぼ半月毎に発表している海洋速報の海流図（二〇〇七〜二〇〇八年）資料によりますと、対馬の西側の対馬海峡の流速は、潮汐流を除いて、初夏から秋にかけては一・〇〜一・三《ノット》（時速一・九〜二・四《キロメートル》）ですが、冬季は遅くなって〇・五〜〇・九《ノット》（〇・九〜一・七《キロメートル》）になります。

次に、潮汐流は潮の満ち引きによって起きますが、この潮の満ち引きは、月と太陽の引力によって海水が引っ張られることに起因しています。その影響力は、地球に近い月の引力の方が大きくて、太陽の二倍あるそうです。地球と月と太陽が一直線上に並ぶ位置になる満月や新月では両者の引力が重なって強くなり、干満の差が大きい大潮になります。逆に、月と太陽の引力の方向が地球と直角に交わる位置になりますと、引力が小さくなって、干満差が小さい小潮になります。

また、潮流の速さは、地形によって大きく左右されます。海峡といわれる陸地と陸地が接近して、その上水深が浅いと、水路が細くなり、流れは早くなります。逆に、太平洋の真ん中のような大海原ではほとんど影響がありません。この細くなれば早く流れる原理を目で見るには、砂時計があります。砂が落ちているところは狭くなっていますから目に見えますが、砂の上面は、そんなに目立ちません。海の流れもこれと同じです。一般的には、潮の干満の差が大きいほど早くなります。

対馬と朝鮮半島の間は、まわりに比べて狭くなっていますから、潮流の流れも早くなる地形ですが、日本海の構造によってそれほど早くないのです。日本海は、入口が狭い割に奥が広く、その上深さが深く、対馬海峡・津軽海峡・宗谷海峡・間宮海峡の四海峡から干満時に出入りする水量は比較的少ないので、潮位の変動は、平均二〇《センチメートル》ほどと小さいのです。したがって、対馬海峡の潮汐流は、日本海に近いほど弱くなります。

東シナ海の水深二〇〇《メートル》より浅い海域では、陸地へ向かって潮が流れてくる上げ潮のときは、〇・二五～三・二五《ノット》（時速〇・五～六・〇《キロメートル》）、陸地から遠ざかる下げ潮のときは、〇・二五～三・〇《ノット》で、早いところでは黒潮並みの流れになります。さらに、長江河口南にある杭州湾ですと、潮位差が九・一《メートル》もあって潮流は八《ノット》（時速一四・八《キロメートル》）、朝鮮半島西の京畿湾奥にある仁川付近でも、潮位差が九・一《メートル》あって潮流は五《ノット》で（時速九・三《キロメートル》）（橋本進『人と船』八三号、一九九五年）、ものすごい流れになります。

潮流の方向は、同じ場所でも潮が満ちて来るときと、引いて行くときとでは、流れの方向が変わります。たとえば東京湾入口の浦賀水道では、上げ潮のときには、東京湾の内へ向かった流れになりますが、下げ潮のときには、逆に湾の外へ向かった流れになります。ただし、全体の流れはそうですが、細かく見ますと、その流れの強弱は異なります。湾の外から水が東京湾に入るときは、千葉県寄りが強くなり、湾の外へ出るときは神奈川県寄りが強くなります。しかし大きく見れば、潮が満ちてくる時の上げ潮と引く時の下げ潮は、方向が逆になるだけですから、道路の片側交互通行と同じだといえましょう。それに対して、海流は、流れの方向が変りませんから一方通行ということになります。

釜山から対馬への渡海は難航

対馬と朝鮮半島の間を、東シナ海から日本海へ向かう一方通行の対馬海流があります。ここでは、先の温帯ジャポニカのところで疑問視した朝鮮半島から日本列島への水田稲作伝来に関し、対馬海流という川を挟んで、上流に位置する対馬と下流の釜山との間を船で行き来する場合の難易性を探ってみます。上げ潮の時は、その対馬海流に潮汐流が追い手となってより強い流れになり、下げ潮のときは、逆に緩やかになります。この潮汐流を単純化して考えますと、一日二回ずつ上げ潮と下げ潮が交互に起こりますから、一回の上げ潮・下げ潮はそれぞれ六時間です（実際には一日少しずつずれます）。ここで扱う数値は、理解し易いように丸めた近似値で表現したので、実数値ではありません。

　まず、対馬と釜山との直線距離を五五キロメートルとし、船で渡る場合、流れの影響を受けるから、直線的には渡れないので、船は曲がった線上を走ることになり、その距離を八〇キロメートルとします。上流の対馬から下流の釜山に向かう場合は、たとえ、少々船速が遅くてもコースを間違えないで時間をかければ渡れます。問題は、下流の釜山から上流の対馬へ渡る場合です。船速が流速より遅ければ、日本海の方へ流されて、対馬に着くことができません。そこで流れが比較的緩やかな時間帯を設定して考えてみます。潮汐流が下げ潮の六時間に、上げ潮から下げ潮へ、下げ潮から上げ潮へ移行する潮汐流が緩やかな時間帯を各一時間プラスして、合わせて八時間以内に釜山から対馬へ渡れる船速でしたら渡れるとします。そうすると、最低平均時速一〇キロメートル（五・四ノット）以上の船速が必要ということになります。

　実際の渡海は、対馬海流が緩やかな冬は季節風の影響が強く航行に不向きですから、対馬海流に時速一・九〜二・四キロメートルの流れがある春から秋の航海になります。単純に考えて、八〇キロメートルの距離を八時間で渡るには、海の流れが時速一キロメートルであれば船速は一一キロメートル、流れが二キロメートルであれば船速は一二キロメートル以上なければ渡れないということです。だが、対馬海流を緩める下げ潮の流れも結構早くて、水域によっては時速二・〇キロメートル前後も生じることがありますから、ここは、細かいデータがない中での検証ということもあって、釜山から対馬への渡海の難易性だけを診ることに主眼を置き、八〇キロメートルの距離を航行するには、最低時速一〇キロメートルの船速を必要とすることにします。

　船速についての数値はなかなかありませんが、一九八一年七月、丸木舟（刳船）の「からむしⅡ世号」に漕ぎ手四人、操舵員一人の計五人が乗って、隠岐の知夫里から島根半島の七類港までの約五六キロメートルを一三時間かけて漕ぎ渡った実験航海があります。このときの船の速さは、時速約四・三キロメートル（二・三ノット）です。この航海は、島根県松江市立津田小学校の先生たちが、縄文人が隠岐の黒曜石を船で運んだことを実証するために、丸木舟の外に黒曜石を一五キログラム縛り付けての航海だったそうです（松枝正根『古代日本の軍事航海史』、一九九三年、かや書房）。この実験航海では、舟の外につけた黒曜石の抵抗と、日常生活で船を漕ぐことのない先生たちという条件を考慮すれば、その昔、縄文人が漕ぐ丸木舟の速度は、三ノット（時速五・五キロメートル）ぐらいの速度が出るものと考えても大きな誤差はないでしょう。だが、時速一〇キロメートル（五・四ノット）には及ばない船速ですから、四人漕ぎの丸木舟では、釜山から対馬へは渡れないということになります。

　次に、インターネットに出ていたシーカヤックの数値です。櫂で漕ぎ渡る点で、現代のシーカヤックは、古代の丸木舟に近いともいえます。そのシーカヤックの速度は、時速五・五〜六・五キロメートル、あるいは、早くても八キロメートル弱だそうです。この数値から判断すると、釜山から対馬へ八時間で渡れないということです。実際、シーカヤックを使って、対馬海峡西水道を挟む対馬と釜山の横断を実験した人が、インターネット上で報告しています。それによりますと、対馬から釜山に向かった実験では、七時間余りで着いたそうですが、釜山を出て対馬に向かった実験では、渡れなくて全員リタイヤしたそうです。

もう一つ、準構造船を使って釜山から対馬に向かって漕ぎ出して、渡れなかった実験航海の例を紹介します。それは、「魏志倭人伝」に書いてある「狗邪韓国（釜山の西隣の金海と比定されている）から対馬国に至る」を実際に再現してみる航海です。実験航海は、一九七五年に倭人伝研究会が行いました。使った船は、「野性号」で、五世紀の船形埴輪を参考にして建造された、長さ一六・五メートル、幅二・二メートル、漕ぎ手一四人（水産大学校カッター部員）、船速二ノット（時速三・七キロメートル）の船です。釜山を出て対馬に向かいましたが、流れが早くて渡れず、やむなく伴走船に曳航されました（松枝正根、前掲）。やはり、船速二ノットでは渡れません。「魏志倭人伝」の時代は、AD三世紀ですから、既に、多くの漕ぎ手が乗れる構造船あるいは準構造船があったはずですし、実際渡って来た記録があるのですから、埴輪を模した実験船の構造の方に問題があったのかもしれませんが、とにかく、釜山から対馬へ渡ることのむずかしさが示された貴重な実験でした。

また、一二人漕ぎのカッター（端艇）の船速ですと、海上自衛隊の新人が二キロメートルの距離を競漕したとき、四・八ノット（時速八・九キロメートル）で走ったという数値がありますが、この船速でも釜山から対馬へ渡ることはできません。たとえ、鍛え上げられたベテランが、船速一〇キロメートル以上出したとしても、一二キロメートルのレース記録を八〇キロメートルの距離に延ばして持続することはできませんから、一二人漕ぎのカッターで、釜山から対馬に向かっても、八時間以内に対馬に着けないはずです。なお、人力で時速一〇キロメートル以上出る例としては、短距離の競漕ですが、約二〇人漕ぎで船速八ノット（時速一五キロメートル）出せるペーロン競漕があります（松枝正根、前掲）。だが、これもそのまま八〇キロメートルの距離に延ばすわけにはいきません。このように見てきますと、釜山から対馬海峡を渡るのはむずかしいのです。しかし、朝鮮半島から対馬へ渡れると考えている人もいます。その一人が、宮本常一氏です。「釜山と対馬北部の間は汽船のない頃は、櫓船で八時間で往来できたが、今から五六〇年あまり前の記録を見てもやはり八時間で朝鮮半島から対馬についているから、この海を渡ろうとする者にとっては、それほど大きな障害でなかったと思われる」（宮本常一『日本の海洋民』、一九七四年、未来社）と書いています。

また、応地利明氏は「対馬海流の流速は夏季で一・一ノット、冬季で〇・五〜一・〇ノット、黒潮は夏季・冬季とも二〜三ノットとはるかに速い。対馬海流の存在はこの海域の縦断にとり大きな支障とはならない」（『海と列島文化』、一九九〇年、小学館）と書いていますが、これは、渡れる具体的な根拠が示されていません。この記述の中から強いて根拠を捜し出しますと、黒潮の流れに比べて対馬海流は遅いからということになります。これでは、思慮不足は免れないでしょう。でも、この流れを無視する感覚は、先に述べた朝鮮半島から飛び石伝いに渡れるという表現と共通するところがあります。

宮本氏の話で、対馬海流の上流にある対馬と下流にある釜山間の往復とも所要時間が八時間というのであれば、理解に苦しみますが、それはさておき、この船は櫓を使っています。一般的に、一人で櫓を漕ぐと、その速度は人の歩く早さだといわれていますから、時速四キロメートル余りの早さです。対馬から釜山へ向かうときは、流れや風を利用すれば、船速が時速一〇キロメートルほど出ることはありえますから、八時間で着いたことは理解できます。だが、その反対の釜山から対馬へ向かうとき、一人の櫓で八時間以内に着くことは無理でしょう。

では、人力で櫓を漕ぐ船速はどのくらいまで出たのでしょうか。明治時代に機械船が出現するまで、江戸時代以前に、もっとも早く走る船の代表が、三浦三崎（現在の神奈川県三浦市）で押送船と呼んでいた八人で櫓を漕ぐ八丁櫓船（七～九丁櫓）です。船幅は三メートルほどで（注8）、その昔、三浦三崎から江戸まで三トンほどのマグロなどを運んでいました。押送船は、三崎を午後

（注8）当時、船の大きさは肩幅一丈などと幅で表し、長さは記されていない例がほとんどです。ただし、石井謙治氏の『和船Ⅱ』、一九九五年、法政大学出版局）に、押送船は七丁櫓で、上口長さ（全長）一一・七メートル、肩幅二・五メートル、深さ九一センチメートルとありますから、内海氏の押送船は、これより一回り大きい船ということになります。

三時に出て、夜明け頃、江戸に着いたそうです（内海延吉『海鳥のなげき』、一九六〇年、いさな書房）。三崎から江戸までの距離は海上一八里といわれていましたから、江戸の魚市場までは、八キロメートルほど遠いとして、八〇キロメートルとしますと、潮待ちの時間を三～四時間入れたとしても、航行時間一〇時間ほどですから、時速八キロメートル前後の船速です。これは荷を乗せてですから、荷が軽ければ時速一〇キロメートル以上の船速が出たのかもしれません。また、同じ八丁櫓船でも、地域によって三枚の帆を張って、帆走を主とするところもありますから、宮本氏の話でも、数丁の櫓を漕ぎ、風を帆でとらえて走れば、八時間で渡れた可能性がないとはいえません。しかし、宮本氏が「それほど大きな障害ではなかった」と言い切るほどやさしい航海ではありません。むしろ艱難辛苦を乗り越えての航海だったと理解した方がよいかと思います。

櫓がいつの時代から使われ始めたかはわかりませんが、櫓はかなり細かい細工が必要ですから、それほど工具が発達していない弥生時代の丸木舟（刳船）では使っていないでしょう。ですから、準構造船もない刳船時代には、櫂を使っていたことは間違いありません。人はいつの時代でも、より便利なものを使います。時代とともに、櫂から櫓に変ったということは、櫂よりも櫓の方が効率がよいからです。櫓は体重を前後に移動させて漕ぎますから、同じ人が休まずに長時間漕げます。ですから、長距離走行には櫂より適しています。そうしますと、刳船時代の櫂船は、釜山から対馬に向かうのに、櫓船より困難だったということになります。

しかし、朝鮮半島から対馬や北部九州へ渡れなかったわけではありません。渡る方法は三つ考えられます。一つは、現在の済州島や朝鮮半島南西部の全羅南道あたりの対馬海流の上流から対馬や北部九州を目指すのです。二つ目は、船を大きくして漕ぎ手の乗組員を増やす方法です。三つ目は、風をとらえての帆走です。

少し横道に入ります。子どもの頃などに、川を泳ぎ渡った経験がある方には理解し易いでしょうが、流れが強い川ですと、真横に渡ることはできません。泳ぐ力にもよりますが、力が弱ければ弱いほど、より下流へ流されながら対岸へ泳ぎ着きます。その渡りきったところから、元の位置に戻るには、二つのコースがあります。一つは、再度流されながら、自分が居た側の岸辺へ渡り、陸を歩いて戻ります。もう一つは、対岸を自分が出発した地点より上流まで歩いて、ここからなら大丈夫という位置から元いたところへ向かって泳ぎます。いずれにしても、流れを横断して、元の位置へ戻るには、歩く距離を底辺にした二等辺三角形に近い線を描くことになります。

先の釜山から対馬に渡るには、川の横断と同じように、朝鮮半島沿いに、潮汐流などを利用しながら、対馬海流の上流へ行き、その上流から対馬を目指せばいいわけです。海図上で計測しますと、対馬の北端を頂点に、底辺が七五キロメートル、稜線が五五キロメートルの二等辺三角形の軌跡を描くことになります。対馬から釜山へ渡るときより、底辺の七五キロメートル分長くなりますから、所

復元した古代船「海王」（撮影：讀賣新聞社）

要時間はその分多くかかることになります。

二つ目の漕ぎ手を増やせば速度が増す準構造船の例をあげておきます。二〇〇五年に、『大王のひつぎ実験実行委員会』が、熊本県宇土市から大阪まで、石棺を運ぶ実験をしています。そのとき使った船「海王」は、「野性号」と同じく埴輪に模した船型で、長さ一一・九メートル、幅二・〇五メートル、深さ〇・九八メートルの船で、漕ぎ手は、「野性号」のときと同じく、日頃からカッターを漕ぐ訓練をしている水産大学校のカッター部員を主力とする一八人です。船速は三・四〜四・五ノット、平均三・七五ノットですから（時速六・九キロメートル）（下川伸也『大王のひつぎ海をゆく』、二〇〇六年、海鳥社）、先の「野性号」に比べて、「海王」は倍近い船速になっています。多分に船型やその構造の違いも大きく影響しているのでしょうが、漕ぎ手が「海王」は「野性号」の一四人から一八人に増えています。漕ぎ手が増えると、船速が増すことは確かです。このことは、先の押送船が櫓数を増やして船速を上げていた例でもわかります。

三つ目の風と帆を利用すれば船速が上がることは、その後の帆船をみても、釜山から福岡市までのヨットレースでは時速一三キロメートルで走ったという記録をみてもわかります。先の押送船でも三本の帆柱を備え（石井、前掲）、順風があれば帆走したそうです。ただ、普通の風なら漕いだ方が速かったそうです（内海、前掲）。

以上のことを基に、釜山付近から対馬や北部九州への航海をみていきますと、ＡＤ三世紀の魏の時代には朝鮮半島にも、既に、構造船か準構造船が出現していたでしょう。ですから、三国時代の魏が、海の流れを考えて航路を選び、より多くの漕ぎ手を乗せた船で、風をとらえる帆を使えば、「魏志倭人伝」の中にある、釜山の近くから対馬・壱岐・北部九州へ渡った記録は理解できます。しかし、ＢＣ三世紀もＡＤ三世紀と同じように海を渡って、稲作が朝鮮半島南西部の洛東江流域から対馬や北部九州へ伝わってきたという上垣外憲一氏の考え（海流のところで紹介）は、疑問に思えます。

その疑問は、ＢＣ三世紀に、現在の釜山付近（韓）に、準構造船や構造船があっただろうかということです。これらの船は、刳船に板を接いで造るわけですが、板をつくるには鋸が要りますし、板を接ぐには釘が要ります。鋸や釘は鋼鉄や鍛鉄が出現してからです。ＢＣ三世紀には、中国大陸では鋼鉄も鍛鉄も使われていますが、朝鮮半島の南部の韓でも使われていたのでしょうか。本章の鉄の項でも述べましたが、朝鮮半島で鉄の使用が盛んになるのはＢＣ一〇八年に、漢の武帝が玄菟郡、臨屯郡、楽浪郡、真番郡の四郡を敷いてからです。この四郡の中でも北部の玄菟郡、臨屯郡、楽浪郡と南部の真番郡とでは状況が違います。地理的に漢文化と接している北部は中国大陸の影響を受けていますが、南部はそうではなかったのです。井上秀雄氏によりますと、南部に住む韓族と楽浪郡など中国との政治接触が始まったのは、後漢時代のAD四四年からだそうです。それまでの韓族は、初期農耕の共同体的な性格が強く、権力支配の段階に到っていなかったものと考えられるそうです（前掲『古代朝鮮』）。そうしますと、接触もない地域に技術や文化が伝わったとは考えにくいことです。

特に朝鮮半島南部は、記録がないだけに、まだわかっていない点が多いのですが、その一つに四郡の中で最も南部にあったとされる真番郡の位置が、明確でないことも挙げられます。井上氏によりますと、四郡の位置については、二つの説があって、一つは朝鮮半島といっても北部の西北朝鮮から元山湾地方（北緯三九度より北、現在の北朝鮮）に限られた地域で、もう一つの説は、朝鮮半島の南端まで含めてほぼ全域だそうです。井上氏自身は北部限定域の説を採るそうです。

いずれにしましても、上垣外氏が、BC三世紀に、洛東江河口にあった古代国家から対馬を経由して北部九州に稲作がもたらされたと断定してよさそうだと述べていることは（前掲）、次の四つの理由によって信じられないのです。①刳船や筏船では、釜山から対馬へ渡れる船速が得られませんでした。②朝鮮半島で鉄の使用が盛んになった前漢時代のBC一〇八年頃に、漢民族と接触がなかった南部まで鉄の利用が伝わっていたとは考えられませんので、BC三世紀に、現在の釜山付近で鉄製の工具や素材を使った準構造船や構造船がつくられたり、使われたりしていたとは考えにくいのです。③当時、いわば未開地の朝鮮半島南部の人たちが海を渡って開拓地を探すことも、亡命する理由も見あたりません。④現在の釜山辺りから日本列島へ向かうのでしたら、何も流れに逆らっての九州方面よりも、対馬海流に乗って山陰から能登半島方面を目指す方が楽に渡れます。もし、どうしても対馬へ渡りたいと出港しても遭難すれば、山陰・北陸地方に漂着します。なお、朝鮮半島南部の洛東江流域の水田稲作と北部九州の水田稲作との関係については、次の海の語源でも説明しますが、北部九州と同じものが朝鮮半島にあったとき、対岸を見るより対馬海流の上流を見るべきかと思います。

なお、総合研究大学院大学が二〇〇五年に発行した『文化科学研究創刊号』の「弥生時代の開始年代」(藤尾真一郎・今村峰雄・西本豊弘)は、インターネットでも入手できますし、一般市民にもわかりやすく説明されています。その中で、日本列島と朝鮮半島南部の遺跡出土品の測定結果から、香川県の遺跡と韓国南部の遺跡から出土した突帯文土器が同時代かあるいは香川県の方が古い可能性も出てきたなど、実年代の比較ができるようになってきたことで、これまでと違った見方がされるようになることも期待されます。

本書の主題に直接のかかわりはありませんが、対馬海流や潮流を考慮すると気になるのは、「魏志倭人伝」の最初のところに出てくる帯方郡（現在のソウル付近）から狗邪韓国（現在の釜山近くの金海）に到る経路です。一般的な理解は、朝鮮半島の海岸沿いの海を南下して、現在の全羅南道を回って狗邪韓国に達し、そこから対馬へ渡る航路が採られています。しかし、地図をみればわかるとおり、全羅南道周辺の海には、たくさんの小島が散在しています。海の航行で恐いのは座礁と時化《しけ》です。灯台も整備されていない時代に、夜間航行は危なくてできません。また、昼間だけの航行ですと、距離もありますから、日数もかかり、その間に低気圧に見舞われる時化の確率が高くなります。それに、「魏志倭人伝」は、日本列島の情報集めが目的らしく、地域情報の記述は対馬から始まって、その前に寄港した狗邪韓国はありません。そうしますと、なぜ対馬に直行しないで、わざわざ対馬海流の下流にある狗邪韓国に寄って、そこから流れに逆らいながら対馬へ向かったのでしょうか。

また、「魏志倭人伝」の訳文を見ますと、帯方郡を出て海岸に沿って船を走らせ、ある時は南へ、また、ある時は東へと方向を変えながら馬韓を経て進み、七千余里で狗邪韓国に着きました。そこからはじめて千余里の海を渡って対馬に着いたとあります。ここにある馬韓を経てとは、陸上のことではないのでしょうか、馬韓沿いの海を走って馬韓経由とは言わないでしょう。それに、船の針路を南や東にとこまめに換えることはありません。帯方郡から海に出たら沖に出して、左手に陸を見ながら針路を南にとり、前方に島があったら、早めに右か左に舵を切って避けますが、針路を東に切ったり南に切ったりすることはありません。加えて、はじめて海を渡るという言葉は、はじめて陸を離れて、左右に陸が見えない海原に出たことの描写とも受け取れます。それに、小島が多い朝鮮半島の南西部は、当然暗礁も多いでしょう。さらに潮汐流が速いところです。船にとっては危険海域です。以上のように「魏志倭人伝」を見てきますと、内陸の水路・道路事情や治安状況はわかりませんが、帯方郡から狗邪韓国に到る経路は、帯方郡を出て、現在の忠清南道辺りから漢江に入り、小白山脈を越えて洛東江を狗邪韓国へ向かうコースの方が自然に思えます（この説については拙著『安曇族と住吉の神』「第五章　余波」参照）。

ワタ（海）の語源は黒潮に乗って

ワタツミ（海神）は、『古事記』では綿津見と書き、『日本書紀』では少童と書きますが、この文字は別として、海を意味するワタ（wata）の語源は、現在、朝鮮語（古韓語）で海を表す言葉パタ（pata）だとする朝鮮語語源説と、ポリネシアなどの南から来たとする南方語語源説の二つがあります。通説は、岩波書店の『広辞苑』に、ワタについて、「ワダとも。朝鮮語 pata（海）と同源。一説に、ヲチ（遠）の転」とありますように、朝鮮語語源説になっています。では、朝鮮語語源説はどこから出たのでしょうか。その出所を文献で拾い出してみました。

江戸時代の蘭学者である新井白石氏は、「漢字の音で日本にないものは、転じざるを得ない。たとえば、漢字の呉（ヴー）の音は日本にないから転じてクレとなる。また、漢字に限らず、韓地の音も転じる。海をワタと言うのは韓地の方言で、海のことをボタイあるいはバタイと呼んでいたが、日本にボやバがないからワタに転じざるを得なかった」と言っています（『東雅』）。

この新井説が、どうも朝鮮語語源説の根幹のようです。これを受けた形で、金沢庄三郎氏は、『日鮮同祖論』（一九二九年、刀江書院）で、この韓地方言の転化説を継いでいます。

また、李男徳氏は、「海を意味する pata は、古代日本の wata に対応する言葉であって、その古形は patal であった。日本書紀にあらわれる『ハトリ』が、すなわち、海を意味する patal-(i) の音写とみられる」と『韓国語と日本語の起源』（一九八八年、学生社）に書いています。

谷川健一氏も、「綿津見について、綿というのは朝鮮語の海を表すパタから来たという説が有力のようです」（『古代海人の謎』、一九九一年、海鳥社）と同調しています。

いずれにしても、この朝鮮語語源説は、朝鮮半島にある海に関する音を基に出されています。

それに対して、南方語語源説は次のとおりです。

永留久恵氏は「わだつみのワダは海の古語で、朝鮮語のパタと同源と解されているが、朝鮮語では海神を中国流に竜神（竜王・竜女）と称し、わたつみに対応する熟語はない」（『古代海人の謎』、前掲）と疑問を示しています。

村山七郎氏は「ワタ（海）は、南洋語由来の語である。その原始はオセアニア語の wata（大海）に対応する。大海を渡る（オホウミヲワタル）で、オホウとワタは南洋語で、ミヲとルはツングース語形（『日本語の起源と語源』、一九八八年、三一書房）と書いています。

茂在寅男氏は、「ワタについては定説があって『朝鮮語のパタが語源であり、海の意である』とされているが、ポリネシア語ではなかろうかと考える」として、ポリネシア語との関係を次のように述べています。伊勢は「百船の度会《ワタライ》の国」といわれているが、ポリネシア語の古語の t は現在のハワイ語では k になっているから、ポリネシア語の wata は、現在のハワイ語では、waka で、その waka はカヌー（canoe）のことで、rahi は歓迎（welcome）の意だから、ワタライの国は、カヌーの乗組員を歓迎する国となり、航海に関わる点で対応している（『古代日本の航海術』、一九九二年、小学館）。

大野晋氏は「日本語とタミル語の対応語一覧」の中に、日本語の wata-aru（渡る）はタミル語の pat-ar（光や火が広まる）に「対応している」（『日本語の語源』、一九九四年、岩波新書）と述べています。

このように、村山・茂在・大野のお三方は、南方の関連する音に対比しています。特に、大野氏は、前に稲・米に関する言葉のところでも述べていたように、言葉だけでなく、考古学や生物学の知識などを総合して導き出した結論、すなわち日本語の起源は南インドにあるという考えの中から、ワタという言葉もあったと主張しているのです。

二つの説とも、いつ頃伝わってきたのかまでは言及していませんが、海の流れからみますと、朝鮮語語源説は、対馬海峡を横断したはずですし、南方語語源説は黒潮に乗って日本列島へ入って来たはずです。そうしますと、前に、海流は海の中の川と書きましたが、南から黒潮に乗り、さらに対馬海流に乗り継いで来たとき、北部九州は右岸に、朝鮮半島は左岸に当たります。南から海を意味するpataという言葉をもった人たちが、左右両岸に着いたとしますと、二つの地にpataという言葉が上陸したということになります。その後、両地の交流がなければ、それぞれの地でpataという言葉は変化します。

ところで、生物の分類には、進化の過程で枝分かれしてきたとする系統樹があります。生物は、界・門・綱・目・科・属・種と枝分かれしていくわけです。ですから、イカとタコは似ているから(頭足綱)、イカが進化してタコになった、逆にタコが進化してイカになった、と議論しても結論は出ないでしょう。両者がお互いに祖先をたどっていけば、貝類なども含めた軟体動物門という共通のご先祖様にたどり着くのです。

同じように、ワタについても、日本列島と朝鮮半島だけを採り上げて比較検討するだけでなく、河上に当たる東南アジアや中国大陸、遠くインドも含めた各地の海という言葉を採り上げて、そのご先祖様探しをやるべきでしょう。このことは、ワタの伝わり方だけに限らず、人や技術・文化も同じように、海の流れの上流を見なければならないということです。この考えは、海に囲まれた日本列島の歴史を探るとき大切にすべきです。次に、中国大陸からの渡来航路について検討してみます。

弥生人の航路

まず、図3をご覧ください。これは、一九三四年に宇田道隆氏らが調査した時の海流を模式図として描いた図から、東シナ海付近を切り取ったものです。当時の計測器を使って苦労して得た資料をもとに描かれたものでかなり古いのですが、その後は、戦争や領海などに制約されて、これほど大規模に調査した資料はありません。それに、基本的な流れそのものは、現在も変っていませんし、シンプルな模式図として、この図はわかりやすいものです。

この図を見ますと、東シナ海の北部に反時計回りに流れる還流があります。すなわち、東シナ海の東の海域では、黒潮や対馬海流に引きずられる形で南から北へ向かった流れがあり、北では、済州島の南に、対馬海流から分かれた黄海暖流とも呼ばれる流れがあって東から北西へ向かっていますし、中国大陸よりには、岸沿いに北から南へ向かう流れがあり、長江河口付近からは、長江の流れの延長のような東へ向かう流れがあります。

この還流は、季節、潮汐流の方向、月齢などによって多少変形するでしょうが、この付近

図３　東シナ海＆九州周辺の海流（宇田道隆氏作成「日本海及び其の隣接海区の海況」1936 年水産試験場報告）

の流れの基本的な形です。このことを頭に置いて、流れに乗って、長江河口から北部九州へ向かう航路と、逆に、北部九州から長江河口へ向かう航路を考えてみます。安曇族については次章で詳しく述べますが、長江河口から安曇族の根拠地志賀島（福岡市東区）へ向かうコースをどうとるかです。

地図上では、長江河口から志賀島まで一本の直線で結ぶ航路が最短距離ですが、海の流れを考慮しますと、長江から出る流れや引き潮などの流れに乗って東へ向かい、対馬海流に乗って、男女群島・五島列島を右手に見ながら北上し、対馬または壱岐が見えたところから志賀島を目指します。

逆に、志賀島から中国大陸へ交易に出かける時は、できるだけ対馬海流の影響を避けて、まずは、九州の陸地沿いに南へ下がって、五島列島の東側から、対馬海流の上流地を目指して、福江島の西側に回ります。この航路ですと、志賀島から五島までは対馬海流の影響を受けることなく走れます。その根拠は、一九九八～二〇〇一年の間に、第七管区海上保安本部が、志賀島の東海域（津屋崎南西海域）から五島に至る沿岸海域で流向と流速の連続観測を行った報告書（同本部海洋情報部のホームページ）に出ています。この沿岸海域の流れは、潮の満ち引きで流向が一八〇度変わる潮汐流があるだけで、対馬海流の流れは直接受けていません。

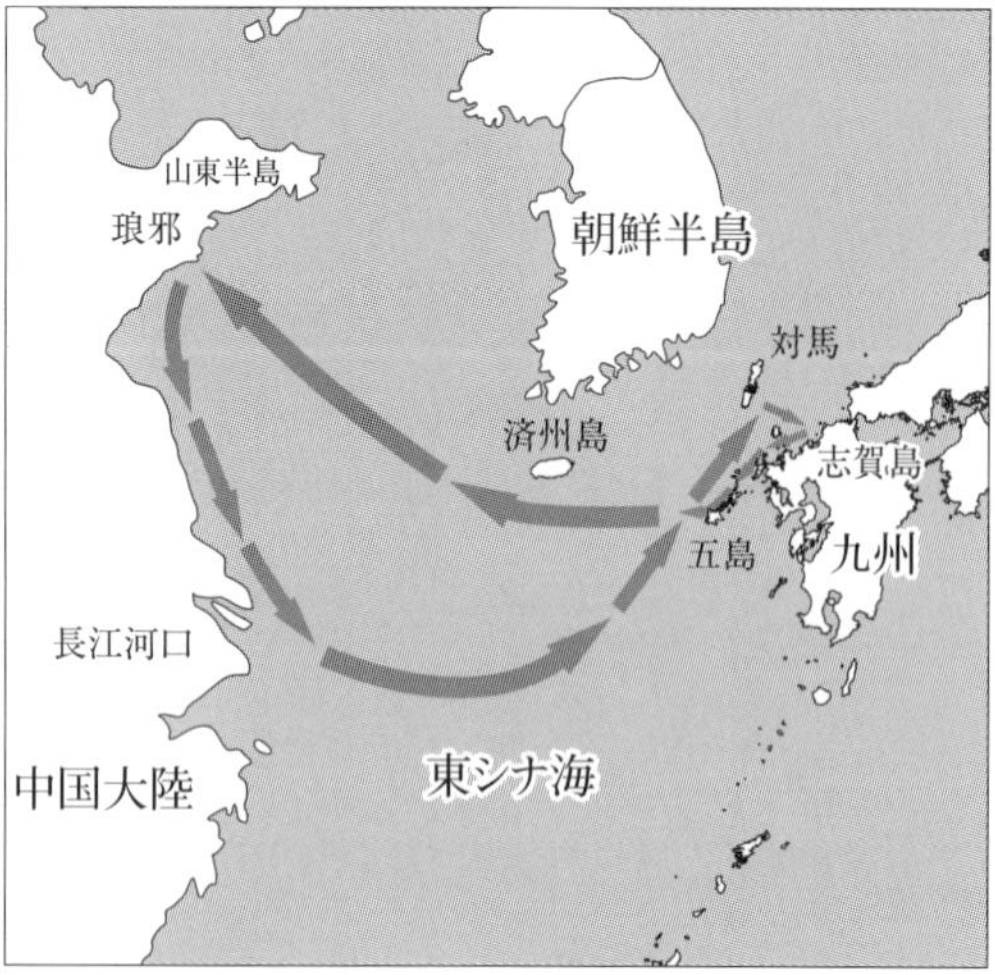

図４　航路略図

福江島に着いたら、現在の五島市辺りで、対馬海流を一気に横断できる東よりの風を待ちます。五島を出たら、済州島を右手に見ながら黄海暖流に乗って山東半島へ向かい、山東半島から尺取虫のように順次交易をしながら陸沿いを南下して長江河口に着きます。以上の航路を図で示したのが、図4です。

実際の航海は風に大きく影響されます。東シナ海の風については、高橋暁氏と柳哲雄氏が一二五年分のデータを使って計算した報告があります（『月刊海洋』、26-2、一九九四年）。それによりますと、夏季（七～九月）は、大陸へ向かって弱い南東の風が吹き、大陸沿いには北風が吹いています。冬季（一～三月）は、東シナ海全域に強い北風が吹いています。これは、平均的にみた場合の風向きで、この季節になると、いつも一定した風が吹いているというわけではありません。ですから、東シナ海で吹いている風の基本的な形ということになります。

風は低気圧の位置によって変りますから、東シナ海で風を味方につけて航海するには、どちら向きの風が、いつ吹き始めていつ止まるかなど、風に関する知識が大切だということになります。それと、風上へ向かって走れる船型と操船術をもっているか否かにより、航海の安全性は変ってきます。この船型に関しましては、この後に述べます。

長江河口と志賀島を直線で結びますと、約八五〇キロメートルですが、図に示した航路を採りますと約九五〇キロメートルと一〇〇キロメートルほど長くなります。しかし、秒速六メートルの風の中で船速が時速七キロメートル出たと仮定して大雑把な計算をしてみますと、直線上を走れば六日足らず要しますが、海の流れに乗った三角形の二辺を走る航路（図4参照）ですと、五日足らずで着きますから、一日早くなります。

現代の話ですが、ジャンクやヨットのような帆船が、うまく風を利用しますと、もっと時間は短縮できます。実際、長江河口の南にある舟山島から佐賀県の唐津までわずか二〇時間で着いたという話もあります（松岡史『古代技術の復権』、一九九四年、小学館）。風をうまくとらえて流れに乗れば、当然、人力で漕ぐ力の何倍もの力を得ることができます。ですから、それらの知識をもった弥生時代の海人が、現代人が想像するより容易に、長江と志賀島を往来したと考えてもおかしくありません。

しかし、現代人の感覚には、海を危険視する向きがあります。これは多分に、遭難が多かった遣唐使船の航海記録（『日本書紀』など）が影響しているかと思います。遣唐使船について、ここで触れる余裕はありませんが、遣唐使船は、船体が大きく風の影響を受け易い造りになっているにもかかわらず、風を利用して風上に向かう操船術や、星や太陽を見ながら走る天文航法、それに航路など、外洋に関する知識をもたない乗組員が乗船していたことが遭難に結びついている可能性があります。

『古事記』にみる航路

記紀に出てくる海幸彦と山幸彦の話に類似した話は、東南アジアを中心にひろく分布していますが、上田正昭氏は『日本神話』（一九七〇年、岩波新書）に、「記紀神話において、隼人の朝廷に対する服従起源を物語る神話にされているところに問題がある」と、東南アジア各地の話と日本の神話との違いを指摘しています。確かに記紀の編纂にあたっては、それなりの目的があったのでしょうが、いろいろな話を折り込んでまとめてあります。

一方、記紀は神話だから事実ではない、という受け止め方もあります。しかし、ノンフィクションは事実がないと書けませんし、フィクションでも、モデル、あるいは、ネタ話がないと書けないものです。梅原猛氏は、「日本の歴史の中にさまざまな人間がいて、その人たちのことが伝承されてきた。古事記はこの伝承を基に書かれた（『古事記』、二〇〇一年、学研文庫）」と言っています。また、伊藤清司氏は、「記紀の神話は、さまざまな神話や伝説を縫合して体系化したものだ」と言っています（『世界神話事典』、二〇〇五年、角川選書）。この伝承・伝説が記紀の個々のネタ話になっているということです。では、その伝承・伝説をどこから入手したのでしょうか。海幸彦と山幸彦の話を読むと、先の長江河口から志賀島に至る航路と重なってくるのです。

　七一二年に『古事記』が編纂され、七二〇年に『日本書紀』が編纂されていますが、その間の七一三年に、日本全国六〇余州に『風土記』編纂へ向けて、地名の由来や生産物のリストなどともに、古老が伝える話を記した資料を提出するように、という官命が下っています。『風土記』編纂に向けて、あらためて全国へ資料提出を命じたということは、裏返しますと、記紀の編纂で使われたネタ話は、全国から集めたものではないということです。

　そうしますと、記紀の編集者は、当時の朝廷と結びつきが強かった特定の地域から資料収集したということが考えられます。『古事記』の神々の生成のところに、綿津見神は阿曇連《あづみのむらじ》等の祖神で、阿曇連は、綿津見神の子の宇都志日《うつしひ》金拆命《がなさくのみこと》の子孫と出ている例から考えても、安曇族は、朝廷の情報源として貴重な存在だったのです。その他にも、仲哀天皇が現在の福岡市にある香椎宮で亡くなられたこと、志賀海神社には、神功皇后が阿曇磯良丸《いそらまる》の力を借りて三韓出兵したと伝えられていることなどからも、現在の北部九州との繋がりが太かったことがわかります。

以上のことを背景に置いて、『古事記』と『日本書紀』に出てくる海幸彦と山幸彦の話の部分で、先の航路との関連があると思える箇所を左に取り出して、先に示した長江から志賀島へ至る航路と古事記との関連をかなり大胆に推理してみます。

『古事記』（梅原猛訳、前掲）

（塩椎神は）隙間のないようにしっかり編んだ竹籠の船をつくって、その船に（山幸彦を）乗せて、次のように教えた。「わたしがその船を押し流すと、ややしばらく行くと、たいへんよい潮の路があるでしょう。その潮の路に乗って行くと、魚の鱗のように光って見える御殿があります。それが綿津見神の宮殿です」

『日本書紀』には言い伝えが四話載っています（宇治谷孟訳『全現代語訳日本書紀』、一九九八年、講談社教養文庫）。

一　（塩土老翁は）無目籠を作って、彦火火出見尊（山幸彦）を籠の中に入れ海に沈めた。するとひとりでに美しい小さな浜に着いた。そこで籠を捨てて出ていった。たちまち海神の宮に着いた。

一　老翁は袋の中の櫛をとって、地に投げたので、沢山の竹林になった。それでその竹をとって、目の荒い籠を作り、彦火火出見尊をその中に入れ、海へ入らせた。あるいは無目堅間で、水の上に浮かぶ筏を作り、細縄で彦火火出見尊を結いつけて海に沈めた。海の底にちょうど良い小浜があった。そこで浜伝いに進まれると、海神豊玉彦の宮に着かれた。

一　塩土老翁がやってきて、無目堅間の小船を作って、彦火火出見尊をのせて、海の中に放った。すると自然に水中に沈んだ。たちまちよい路が通じて、その路に従って行くと、ひとりでに海神の宮についた。

一　鰐に乗って海神の宮へ行く話は、省略。

ここに抜書きした箇所は、釣りが得意な兄の海幸彦と狩猟が得意な弟の山幸彦が、日頃それぞれが使っている道具を取り替えて、海幸彦が山へ狩猟に、山幸彦が海へ釣りに出かけた結果、山幸彦が釣針を失い、その返済を海幸彦に迫られて困惑しているところへ、塩椎神が現れて、解決策として、海神の宮殿へ向かわせるシーンです。

まず、『古事記』に記載されている言葉を拾い出して、『日本書紀』と比較することから入ります。現代語訳文とそれに対応する漢字文の原文を使いました。

・塩椎神

『日本書紀』では、塩土老翁（一話だけ塩筒老翁）とあります。

・竹籠の船

『古事記』には、「无目勝間之小船」とありますが、『日本書紀』には、「無目籠」「無目堅間」「以無目堅間爲浮木」「鰐」とあります。

・押し流す

『古事記』には、「我押流其船」とありますが、『日本書紀』では、「沈之于海」、「推放於海中　即自然沈去」とあって、海へ沈めています。

・よい潮の路

『古事記』には、押し流した後に「味御路」と出ていますが、『日本書紀』には小船を沈める路として「可怜御路」が一話だけにあります。

・綿津見神の宮殿

『古事記』には、「如魚鱗所造之宮室」とありますが、『日本書紀』には、海神之宮あるいは海神豊玉彦之宮とあるだけで、魚鱗の表現はありません。

次に、これらの言葉の意味を考えて見ましょう。

塩椎神あるいは塩土老翁は、神話に神様が登場するのは当然ですから、別に問題はありません。塩椎神の役割は、潮路を掌る神の意であろう（倉野憲司『古事記』、一九六三年、岩波文庫）とされています。

无目勝間あるいは無目堅間の小船（あるいは浮木）は、目が堅くつまった竹籠の小船と訳し、今でもベトナムでは細い竹で編んだお椀型の小船が用いられていると注釈をつけています（倉野、前掲）。

この小船については、西村真次氏も、「無目籠といふのは、安東・東京《トンキン》あたりで行われている竹籠の舟で、笊の形をしている。一番大きいのは一丈四五尺も長さがあるが、笊の内面へ椰子油に牛糞を混へたものを塗り、濾水を防いで居る。……本当の目のない籠、メッシュレス・バスケット・ボートが古代日本に行われてゐて、それが神話に反映したのだと思ふ」（『人類先史学講座』第六巻、一九三八年、雄山閣）という説を出していますし、現在もベトナムでは使用されています。しかし、この竹を編んだ籠船とする考えには疑問もあります。

茂在寅男氏は、無目堅間《マナシカタマ》は、ポリネシア古語で、Mana は不思議な力、ハワイ語で Sii は魚を釣る意。タミール語の Katta（tied）Maram（wood）は、筏が語源で双胴船を意味する。

ですから、マナシカタマは、カタマラン型の不思議な魚釣舟のこと（茂在寅男『古代日本の航海術』、一九九二年、小学館ライブラリー）の意味だとしています。

また、『大字典』（一九一七年初版、講談社）によりますと、籠の本義は土を盛る竹器、堅の本義はカタキ土、間はスキマの義とあります。この『大字典』にしたがって、無目堅間がどんな船なのかを考えてみます。『日本書紀』の一話に「堅間是今之竹籠也」とありますが、現在の籠は、竹と竹をクロスさせて編んだものですが、籠は土を盛る器だと解釈すると、何も竹をクロスさせなくてもいいわけです。編むという言葉も、簾を編む、ヨシズを編む、というように何も竹をクロスさせることなく平行に並べて糸や紐でつなげることにも編むという言葉を使っていますから、竹籠は、竹筏のような形でも籠と呼べるようです。

また、『日本書紀』の一話に出てくるように、小船は、確かに竹で作られていますが、竹を並べて粘土のような堅い土を盛れば、隙間がなくなりますから、そのとおりの文字を当てると無目堅間になります。そう考えますと、無目堅間の小船は、竹筏と理解することもできるのです。現に、浮木について、宇治谷氏も水に浮かぶ筏と訳しています（宇治谷孟、前掲）。浮かばせるとしたら、竹は割らないでそのままの方が、大きな浮力が得られますから現実的です。

よい潮の路は、二つの意味があります。一つは、目的地の海神の宮殿へ運んでくれる海の流れですし、もう一つは、透明度が大きいきれいな潮、すなわち、黒潮系の対馬海流を指していると受け止めることができます。『日本書紀』には、海へ沈めるとありますが、海には海底から湧き上がる流れはあっても、渦潮を別とすれば、海底へ向かう流れはありませんので、海底へ向かうよい潮の路は非現実的です。

以上のことを頭において、『日本書紀』の三つの話をストレートに受け止めますと、塩椎神は山幸彦を小船に乗せて海に沈めます。その海の底に小浜や海神の宮殿がある、ということになります。これは、海底に陸上と同じような施設があるといった非現実的な話です。この話は、東南アジア方面に伝わっている「失った釣針」の伝説をそのまま受け継いだと理解していいでしょう。本書でいう、東南アジアから渡って来た人たち、すなわち縄文人の間にあった伝説を基にしたに違いありません。

ところが、『古事記』になりますと、非現実的なことを除いて、海を水平的にとらえて、船を沈めるのでなく押し流して、潮の流れに乗って行けば、海神の綿津見神が住む宮殿に着くという話に変わっています。これを、長江から志賀島への航路に当てはめますと、塩椎神は、船や航海を熟知した人で、まず竹を使った筏をつくり、長江の流れを使って東へ向けて押し流し、やがて透明度が大きい綺麗な海流、すなわち対馬海流に乗れば志賀島の海神の宮殿に着くということになります。

これは、先に示した長江河口から志賀島に至る航路と重なります。ですから、中国大陸から渡って来た弥生人、あるいは、その後、中国大陸と志賀島との間を航行している安曇族の航路を神話の中に盛り込んだと受け止めてもおかしくありません。なお、現在、福岡市の志賀島には、勝馬という地名がありますが、これは、無目堅間の小船に関連して付けられた地名ではないかと、谷川健一氏が紹介しています（『古代海人の謎』、一九九一年、海鳥ブックス）。志賀海神社と綿津見神の宮殿と安曇族の関係については、安曇族の項で説明します。

『古事記』は、『日本書紀』より先に出たにもかかわらず、『日本書紀』を基に、わかりやすいように書き改めたものだともいわれています。そういわれて、海幸彦・山幸彦の項で航路に関するところをみますと、『日本書紀』には四話あって、『古事記』は、それらを基に一話にまとめたと受け止めてもおかしくないのですが、ここに示した航路に関する箇所だけを採り上げますと、『日本書紀』は、縄文人系の人々が東南アジアから日本列島へ持ち込んだ伝説を基に書き、『古事記』は、中国大陸から来た弥生人系の現実の活動に沿って整理して書かれたように思えます。

呉がもっていた船

中国大陸については、桑原隲蔵博士が、北緯三三度から四三度付近を流れる淮河という東西の線で、中国は南北に分けられ、南と北では、自然条件、経済、文化などあらゆる点ではっきりと違うことを指摘したと、『古代中国』(二〇〇〇年、講談社学術文庫)で、貝塚茂樹・伊藤道治氏が紹介しています。また、漢の時代を記述した『史記列伝』に、淮河の南を淮南と呼んだとあるとおり、中国大陸は淮河を境界にして南北に分けて扱っています。中国を淮河以北の漢民族と以南の越民族に分けることもあるように、淮河は中国を大きく見た場合、南北の境界線になっています。呉はこの境界線の南の地にあります。古代中国の漢民族は、黄河を軸に黄土が広がっている中原で活動していたので、自分たちと違った文化をもつ周り四方の民族については、東に東夷《とうい》、西に西戎《せいじゅう》、南に南蛮《なんばん》、北に北狄《ほくてき》という獣のような野蛮人が住んでいると考えていました。

したがって、漢民族からみると、黄河文明に対して勝るとも劣らぬ長江文明があっても、異文化をもつ呉は、荊蛮の地すなわち南の蛮人が住んでいる地だとされていたのです。このように漢民族から地理的位置や短い髪形の風習などから蛮地と称された呉ですが、徴兵制、船の活用、土木技術、青銅生産技術など、漢民族と異なるすぐれたものをもっていました。

呉では、「中原諸国の漢民族が採っていた周時代の封建制度に基づく身分制度が確立していなかったので、兵は士以上という身分に限定された漢民族とは違って、一般の民が武装してそのまま兵になっていました」(浅野裕一、前掲)とあるように、漢民族諸国の兵がいわば専門職の職業軍人制であったのに対し、呉では、一戸から一人兵を出す徴兵制度を採っていたのです。

また、戦争でもその戦い方が違っていました。「孫子の兵法」で知られる孫武は、この呉の戦術家としてその名を今に残しています。漢民族が馬を使った戦車隊を主力にしていたのに対し、河川湖沼などの水辺が多い地にある呉は、戦車は補助的な兵器にとどまり（浅野、前掲）、船を使った歩兵隊を主力にして構成しました。戦争で勝敗を左右する重要な要素に、食糧補給といかに兵士を疲れさせないで目的地に到達するかがあります。その点、呉は河川や海の水路を使って船で食糧と兵士を輸送し、それまでの漢民族にとって驚異的な新戦術を採ったのでした。この水路と船の利用が、春秋時代に、呉の勢力を淮河の南から中国中原にまで広げさせた原動力なのです。この漢民族との戦法の違いを表した言葉が「南船北馬」です。

もう一つ、呉はすぐれた土木技術をもっていました。BC四八六年には、山東半島の根っこの位置にあった斉を攻めるために、長江と淮河の間に運河（邗溝《カンコウ》）をつくっていますし、また、黄池会盟（河南省封邱）に行くにあたり、事前のBC四八四年に、兵士や食糧を運ぶため沂水《キスイ》・泗水《シスイ》・淮河を運河で連結しています（浅野裕一、前掲）。

これらの運河は、自然の湖沼などを利用しながらつくった土木工事ですが、現代あるようなダイナマイトや工作機械はもちろん、鉄の利用もまだ進んでいない春秋時代を思うと驚きです。この時代に利用されていた金属として、鉄はありませんが青銅がありました。呉はこの青銅の技術もすぐれたものを持っていました。青銅器をつくっていたということは、銅や錫の鉱石を掘る道具と技術をもっていたということです。運河をつくった実績から、鉱石掘りにすぐれた工具や技術をもっていたことがわかります。

ところで、「南船北馬」の代名詞でもある呉はどんな船をもっていたのでしょうか。呉の人が日本列島へ渡って来たとすれば、東シナ海を渡れる大きさの船と航海術をもっていたかどうかが一つの鍵になります。呉が船を使って遠くへ出撃した資料としては、BC五一一年から五〇六年の間、孫武《ソンブ》（孫子）と伍子胥《ゴシショ》が作戦を立て、長江をさかのぼり、楚の都の郢《エイ》を攻めた記録があります。このときの移動距離は、現在の地図上で測りますと、首都の呉から楚の首都の郢までの間は、直線距離で八五〇キロメートルほどですから、長江の曲折を入れると、おそらく一二〇〇キロメートルほどの距離はあったでしょう。また、BC四八二年に、呉王夫差は四万の兵を伴って、一〇〇〇キロメートルほど離れた黄池で、晋、周、魯と会盟しています。その他、魯や斉への遠征もすべて片道千里（四〇〇キロメートル。当時の一里は四〇〇メートル）を大きく越す長距離だったそうです。ただ、これらの区間をどんな船で、どのようにして、どのくらいの日数をかけて移動したのかはわかりません。

このように、呉が戦争に船を使って長距離移動した記録はありますが、使っていた船そのものに関する記録はありません。ただ『春秋左氏伝』に、BC五二五年、呉が楚と戦って大敗したとき、餘皇《ヨコウ》という船名の大切な船を楚に奪われ、楚は奪った餘皇を守るために「船の周囲を深く掘って、地下水が出ると、その濠に木炭を詰め、陣を布いて待機させた」（小倉芳彦訳、一九八九年、岩波文庫）という記述があります。楚が奪った呉の船の回りを掘って湧水が出てきたというのです。餘皇は水上でなく陸上に置いてあって、船体が横転していないというのですから船底の形が平らだったか、あるいは、舫船《もやいぶね》（注9）のように、船を横に連結した倒れない船だったかということはわかりますが、呉が使っていた船の大きさなどはわかりません。

もう一つ、春秋時代に、中国大陸で舫船を使っていたと考えられる記述が、これも『春秋左氏伝』にあります。それは、BC五九七年に晋と楚が黄河で戦い、晋軍の兵士がわれ先に船に乗ろうと船べりに手をかけたときの描写に「先に乗った人に切り落とされた船底の指の数は、両手で掬うほどになった」とあります。ここで、船底という表現から、この船は筏でなくて刳船（丸木舟）だろうということがわかります。また、刳船が一隻で浮かんでいるのであれば、船体は不安定ですから、船べりに手をかけて乗ろうとすれば、船体が横転するか、乗っていた人が船の動揺で転落するでしょうが、そうでなくて、先に乗っていた人が刃物を使って船べりに取りすがった人の指を切ったというのですから、船は安定しています。刳船が安定していたということは、船は少なくとも二隻を一組に連結していたのでしょう。すなわち舫船の形体を

（注9）『史記』「張儀列伝」で小川氏らは、舫船を「ならべた船」と訳して、その脚注に「ならべた船は、原文は舫船、舫は方とも書く。二隻の船をならべて組み合わせたもの」と書いています。

とっていたということです。

以上の資料には、呉が使った船の主要寸法などの具体的な記録はありませんので、その他の史資料を参考にして、当時の呉が、どんな船を使っていたのかを推測し、はたして日本列島へ渡れる船だったどうかを検証してみます。

史資料を探していましたら、二〇〇二年一〇月発信の中国語のホームページに、呉の時代の船の資料があったというレポートが、「中國歴史上的戰船」というタイトルで于柄文氏から発表されていました（http://www.geocities.com/csyh76/hist103.htm）。

そこには、「BC四八二年に、呉王夫差や晋王の定公らが黄池で会合して盟約を結んだ際、呉は船で四万三千人の兵士を送っている。そのときの船について『伍子胥水戰兵法』に書いてあったが、これは惜しいことに散逸した。だが、他の書に出ているデータがあり、それらから数値を引っ張ってくると、長さ一〇～一二丈（二〇～二四メートル）幅一丈六尺（三・二メートル）の船で、水手五〇人、武士二六人、鉤矛斧者一二人、指揮官・舳艫手など五人、都合九一人乗せた（注10）」とあります。

ところが、この于柄文氏の資料と出所が同じではないかと思えるほど数値が似ている記事

（注10）単純に合計した人数は、九三人になりますが、呉が使用した船の大きさを大づかみにするのに、それほど厳密な数値は必要ないでしょうから、ここでは、総数を九一人として扱います。

を伊藤清司氏が『日本の古代四』（一九八六年、中央公論社）の「呉越文化の流」の中で次のとおり書いています。

「『越絶書《エツゼツショ》（漢の袁康《エンコウ》）』によれば、呉王の闔閭《コウリョ》の質問に家臣の伍子胥《ゴシショ》が答えて、軍船の種類は、大翼《タイヨク》・中翼・小翼・突冒《トツボウ》・楼船《ロウセン》・橋船《キョウセン》の六種あり、大翼は全長二〇数メートル、幅三メートルある。乗員九〇名という大船だった。ただし、この記述は少し割り引いて読んだ方がよいかもしれない。それは春秋時代のものというより、むしろ、漢代前後の軍船の実態を示しているのではないかと考えられるからである」

このように于柄文氏が示した『伍子胥水戦兵法』の逸文からとった数値と、伊藤氏の『越絶書』の数値はほとんど同じですが、呉の船とする于柄文氏と、漢の船とする伊藤氏との時代に三〇〇年ほどの隔たりがあります。

ただ両者の数値で疑問に思えることがあります。それは、九〇人ほど乗せたということです。船の長さ二四メートル、幅三・二メートルとして、深さはわからないので仮に一メートルとしても、九〇人乗せても浮力では問題ないでしょうが、船の床は、甲板のない一層でしょうから床投影面積は約七七平方メートルで、現在の山小屋で一畳（180×90センチメートル）に二人ほど寝るという数値を使いますと、約七三平方メートル必要です。計算上九〇人が満船状態で何とか乗れますが、操船に必要な面積や食糧、武器、炊飯器などを載せる面積はとれません。もっとも、膝を抱えて寝れば可能です。

ただ、孫子の兵法の作戦篇に「知将は務めて敵に食む」とあり、食糧は敵地で調達することを良としていますから、船に食糧は積まなかったのかもしれません。あるいは、別の食糧運搬船が同行したのかもしれません。ここらの事情を現代感覚でとらえてはいけないのでしょうが、毎日々々食糧を入手するのでなく、敵地で調達した食糧を数日間は保存しておいたでしょうから、やはりその場所の確保が必要だったと考えますと、疑問は残ります。

また、于柄文氏の記述で、九一人の内訳は、漕ぎ手の水手が五〇人、それに二六人の武士など戦う人が四一（または四三）人とありますが、役割分担が分かれていたのであれば、戦場まで八〇〇キロメートル以上も走る間、身動きもままならない船上で戦う人は何をしていたのでしょうか。また、戦場に着いたら陸に上がるわけですが、戦う人が上陸した後、漕ぎ手は何をしていたのでしょうか。漕ぎ手の食糧、船上の面積を考えても無駄が多いようです。孫子の兵法には現代人が学ぶところも多い合理的な考えがあるだけに、これもやはり疑問に思えます。もっとも、ここでは、呉がどんな船をもっていたのかを細かく追求するのではなく、日本列島へ渡れる船をもっていたかどうかがわかればいいわけですから、これらの疑問は不問にして先へ進みます。

この船は、造船技術と船幅三メートル余からみて春秋時代のであれば二隻の刳船を連結した舫船、前漢時代であれば板を接いだ準構造船か構造船だった可能性があります。大翼という名の船から考えますと戦艦的な船が想像されますから、船材は竹ではなくて大木を使ったのでしょう。

船の長さ二〇数メートルという数値は、大木の太さに見合った長さや造船作業などによって制限されたものだと考えられます。ここでは、この船の長さ二〇数メートルと船幅三メートルを呉が使用していた大船の主要寸法として使わせてもらうことにします。

次に、船の積載量と速度に関する参考資料として、呉の時代から二〇〇年ほど下がったBC三一〇年前後に、『史記』の「張儀列伝」に「大船に兵糧をつみ、汶山《ビンザン》（四川省成都の北北西）より船出して、長江を浮かんで下れば、楚の郢《エイ》に至るまでは三千里（一二〇〇キロメートル）あまり。ならべた船（舫船）に士卒をのせ、船ごとに五〇人と三か月の食糧を乗せ、水に浮かべて下れば、一日三百里（一二〇キロメートル）を航行します。里数は多くても、牛馬の力を費やすこともなく、一〇日足らずで扞関《カンカン》に参ります。……」とあります。

これを手がかりに、考えられる仮定を入れながら船の大きさを大雑把に計算してみます。まず船に積んだ重量ですが、兵士は、体重と衣服や武器など入れて一人一〇〇キログラムとすれば、五〇人だから五トン、食糧は、一日一キログラム余りとすれば、三か月分なので一人当たり一〇〇キログラムとなり、これも五トン、したがって兵士と食糧を合わせて一〇トンになります。舫船は二隻を連結した一組の双胴船になりますが、「船ごとに五〇人と三か月の食糧を乗せ……」ということは、一隻ごとに五〇人の兵士と食糧を積んだのか、それとも、二隻一組の船に五〇人の兵士と食糧を積んだのか、二通りの解釈ができます。ここの部分は、『史記』の原文に、「舫船載卒　一舫

2艘連結した舫船　2本の太い角材で連結している
（提供：京都府伊根町観光協会）

載五十人興三月之食」とありますから、二隻を連結した舫船に五〇人の兵士と三か月分の食糧、合わせて一〇トンを積んだということです。当時の双胴船は、現代のものとは違っているでしょうが、その基本的なところは共通しているはずなので、上の写真からイメージしてください。

一〇トンの人や荷物を乗せるための船には最小一〇トンの浮力が必要です。これを単純な形でイメージすると、長さ一〇メートル、幅一メートル、深さ一メートルの水を排除できる直方体の箱になります。ただし、実際には、仲間の僚船に事故が起きた時、お互い助け合うことを考えると最低二倍以上の浮力が必要ですし、船を走らせれば、波や人の動きで加重されるので、さらに大きなトン数が必要です。ここでは、先に于氏と伊藤氏が示していた船の長さ二〇数メートル、船幅三メートルの船を二隻連結した舫船の場合、三〇トン（一隻当たりにすると一五トン）積載可能かどうかを計算してみました。

計算に当たっては、春秋時代の船の素材として、木・竹・葦など水に浮かぶものがありますが、葦は、入手に季節性があること、浸水性が大きいことなどの難点があるので、計算では、木を刳りぬいてつくる一五《トン》積載できる刳船（丸木舟）と孟宗竹のような太い竹を素材にした二種類の船を考えてみました。刳船の場合は、半径一・五《メートル》の大きな丸太の三分二を使い、喫水線が丸太の二分一のところに来ることで計算しました。結果は、次頁の表に示すとおり、一隻の刳船ですと、長さ二四《メートル》、幅一・五《メートル》、竹筏ですと、太さ一五《センチメートル》、長さ二〇《メートル》の竹六三本で一五《トン》積載できる計算値がでました。ですから、呉は、三〇《トン》積の舫船をもっていたのでしょう。

大よその船の主要値が出たところで、その船の上に人が寝る場、食糧を置く場、カマドを置いて食料を煮炊きする場、武器置き場、船具置き場といった必要面積からの検討を加えてみます。人が寝るときに必要な面積は、先ほどと同じく現在の山小屋で一畳に二人寝るという数値を使いますと、五〇人乗ると四〇・五平方《メートル》、食糧は五《トン》積みますからその比重を〇・五として、高さ一《メートル》に積み上げると一〇平方《メートル》要ります。その他に煮炊き場、武器置き場、船具置き場、人の通路などの面積もつかみで一〇平方《メートル》ぐらいは必要でしょう。そうしますと、都合六〇平方《メートル》ほどの船上面積が要るということになります。

大木からつくった船の長さ二三《メートル》、幅一・五《メートル》の刳船を二隻連結した舫船は、投影面積は六九平方《メートル》ですから、船体の凹凸などを考えますと多々疑問はありますが、計算上は問題ありません。竹筏船の場合は、刳船一隻分の積載量一五《トン》に合わせての計算でしたが、刳船舫船の

一隻15トン積載可能木製刳船と竹製筏船の主要値

＜刳船：丸太の2/3円形　喫水線を円形の1/2位置
舳先と艫重量は省略＞
＜竹筏の竹は円形　節重量は省略＞
船の長さ＝L　幅＝B　刳船船体・竹の厚さ＝t
同材料比重＝0.9とする

船体排水体積（刳船）：　$V_1 = 2/3 \times L \times \pi \times (1/2B)^2$
〃　（竹筏）：　$V_1 = L \times \pi \times (1/2B)^2$
船体空体積　（刳船）：　$V_2 = 2/3 \times L \times \pi \times (1/2B - t)^2$
〃　（竹筏）：　$V_2 = L \times \pi \times (1/2B - t)^2$
喫水線下排水体積（刳船）：　$V_3 = 1/2 \times L \times \pi \times (1/2B)^2$
船体重量：　$W_1 = 0.9 \times (V_1 - V_2)$
積載可能重量（刳船）：　$W_2 = V_3 - W_1$
〃　（竹筏）：　$W_2 = V_1 - W_1$

刳船・竹筏とも　まず　長さ1mの積載可能量を算出し
次に刳船は15トン積載必要長　竹筏は20mの竹必要本数を算出

刳船：L = 1m　B = 1.5m　t = 0.1m　で計算すると
V_1=1.178m^3　V_2=0.884m^3　V_3=0.883 m^3　W_1=0.265ton
W_2=0.618ton　積載量15tonの場合　船体の長さ約24m

竹筏：L = 1m　B = 0.15　t = 0.015m　で計算とすると
V_1 = 0.0177m^3　V_2 = 0.0113m^3　W_1 = 0.0058ton
W_2 = 0.0119ton
積載量15トンの場合　竹の長さ1260m　即20mの竹約63本

三〇トン積載量に合わせれば、船材料は、径〇・一五メートル、長さ二〇メートルの竹一二六本を使いますから、竹を二段に重ねて使えば一八九平方メートル、三段重ねですと一二六平方メートルになりますので、計算上では床面積に余裕がある船ができます。

ただし、日本列島へ渡る船となりますと、東シナ海の荒波にも耐えられる船でなければなりません。舫船は、刳船を横に並列にする固定方法や、竹筏は組み方などに問題がありますが、これらは、安定性の項で考えることにします。また、これらの数値でみる限り、呉は、少なくとも三〇トンほど積載できる刳船を連結した舫船や筏船をつくる技術をもっていました。繰り返しますと、刳船は、船の長さ二四メートル前後、船幅一・五メートルほどで、この刳船を二隻連結して舫船（船幅三・〇メートルほど）として双胴船に仕立てていたことと、孟宗竹のような大竹を使って、三〇トン積載できる筏船をつくっていたことが考えられます。

次に、呉にとって、大木を刳りぬいた一五トンほどの刳船二隻を横に連結した三〇トンほどの舫船と、太い竹をつかった筏船のどちらを多く使っていたのか、それぞれの利点を基に考えてみます。

仮に、馬や馬車を除いて、兵士四万人が船で移動するとき、二隻一組で三〇トンほどの舫船に五〇人乗ったとすると、舫船が八〇〇隻必要ですから、刳船の場合は、直径一・五メートル、長さ二四メートルの木材を一六〇〇本使うという計算になります。一本の木から二本の木材が採れる大木

竹筏２艘を連結した舫船（中国福建省武夷山九曲渓）（加倉大輔氏ＨＰ「Hello World！ 世界一周旅行　http://www.kakura.jp/より転載）

はそんなにないでしょうから、一六〇〇本弱の大木を切り倒さなければならないのです。大竹を使った筏の場合は、二隻の舫船だと一二六本使いますから、一〇万八〇〇〇本余り要ります。

五〇人の兵士で一隻の舫船をつくる場合、大木は人里や水辺から離れた山中にあって重いので、作業効率を考えて伐採現場近くで木を刳りぬいて船にしてから水辺まで運んだでしょうから、かなりの日数を要します。これに対して大竹は、どちらかといえば人里近くにあるので、五〇人の兵士が、二人一組で一本ずつ担いで五回ほど運べば、必要本数は確保できます。ですから、竹資材の調達は二～三日で出来そうです。また、大木が数十年あるいは百年近くかかって育つのに対し、孟宗竹ですと三～四年で伐採可能になりますから、大木に比べて竹の資源は豊かだといえます。それに、孟宗竹は別名江南竹ともいわれるように、中国江南地方が原産地です。直径は一二～一五センチメートル、大きいものだと二〇センチメートル、長さは二〇～二五メートルになるそうです。この資源を春秋時代の呉の人が船の資材として利用しなかったとは考えられません。おそらく、積極的に利用したでしょう。

もう少し刳船と筏船が海上を航行する時について触れておきます。船が海上で前からの波をかぶった場合、刳船ですと、どうしても船底に海水が溜まりますから、その分浮力が落ちますが、その点、筏船ですと、波に洗われるだけで船体に溜まりませんから、浮力も変わりません。ですから、刳船の場合、荒波が立つ海上では、ゴンドラやソリコ船のように舳先を高くした形や水切りをよくする水押《みよし》などの波よけの工夫が必要です。竹を使った筏ですと、舳先が水中に潜ることを防ぐために、竹を焼いて上向きに曲げるだけでその役をしてくれます。それに、筏の場合、浮力のあるものなら何でも組み込めますから、家の柱なども筏の一部として使うことができます。家を壊して柱や梁などを筏に組み込めば、到着地で再度家の建築材として再利用できます。以上のことから、呉の人が日本列島に渡るとき竹筏も使ったものと考えます。

呉の船で東シナ海を渡った

日本列島へ渡って生活していくためには、事前に得ていなければならない条件があります。これは、本章のはじめでも触れましたが、まず、日本列島の在る位置や、そこでの大まかな生活見通しなどを立てるためにも最小限の移住先情報が必要です。もう一つは、その日本列島へ向かう航路を知っていることも必要です。さらに、三〇トン積載できる舫船や竹筏の航海で、少々の強風や向かい風に遭っても走れる安全性が大切です。

日本列島に関する情報は、ＡＤ三世紀の「魏志倭人伝」以前の中国正史などには出ていないからといって、中国大陸に一切なかったとも言い切れないのです。なぜかといえば、正史は、いわば政府筋の官がもっていた情報の記録であって、民間情報は入りにくいのです。ＢＣ五世紀以前の日本列島に関する情報を民間の海人の仲間がもっていた可能性はあります。それは、長江河口やその南の杭州湾の沖などに出て、風が急変して西よりの強い風になると、自分の港に帰れなくなって遭難することがあるからです。遭難して漂流すると、日本列島に漂着する可能性が高いのです。この遭難と漂着は現代でも起きていることを浦林竜太氏が『日本人はるかな旅四』（二〇〇一年、日本放送出版協会）に「浙江省奉化市の漁民が遭難して日本の九州まで流されることはよくあることなのです」と書いていることからもわかります。

遭難して、運よく北部九州などに漂着した人は、さらに運がよければ、その地で先住の縄文人に助けられるなどして生活を始めます。数年経って、生活も落ち着いてくると、思い出されるのが故郷です。その望郷の念が募ると、居ても立ってもおられなくなり、危険を冒してでも、帰りたくなるのが人情でしょう。遭難して漂流した時に、太陽、星、島影、海水の色、匂いなどを使って記憶していた移動経路を頼りに、故郷を目指して船を走らせる人が出てくるのは自然です。このように中国大陸の人が日本列島へ漂着して、その後、何とか帰還できた人の話が海人の間で語り継がれ、それが代々積み重なると、日本列島に関する民間情報として形づくられ、広く共有されていく可能性は考えられます。

人の記憶力について、一昔前の話ですが傍証として付しますと、文字を書くことができない古老の漁師が、何十年も前の遭難や大漁した時の天気や海の状況などを克明に記憶していて、昨日の出来事のように話してくれたことがあります。また、これも一昔前になりますが、文字は書けても、記録をとることを面倒くさがる漁師は多いのですが、半面、実に記憶がいいことに感服させられたものです。記録する必要がないのかもしれません。メモだ記録だというのは、氾濫するほど情報がある現代特有のことで、情報量が少ない縄文時代や弥生時代の人の記憶は現代人に想像できないほど正確だったのかもしれません。そんなことが、一昔前の漁師の記憶力のすばらしさから推測されるのです。ですから、長江沖で遭難した海人が、漂流路を記憶し、漂着地での生活を通して風を知り、帰還できる航路を想定するぐらいのことは、そんなにむずかしくなかったのかも知れません。

次に、先に呉がもっていたとした三〇トン積載できる舫船や竹筏で安全に日本列島へ渡れたかという問題に入ります。強い風が吹きやすい海上で船を走らせるには船型、特に船底の形状が大きく影響してきます。春秋時代の船の推進力は、人力と風力と水力（流れ）を利用する以外に考えられません。海の上に出ると、人力は櫂で漕ぐこと、風力は帆を使うこと、水力は流れを利用することです。櫂は効率よく漕ぐテクニックは要りますが、基本は体力です。流れは、どこにどんな流れがあるかという知識と船体が流れに乗っているかどうかその位置の移動を確認できる技術が要ります。でも、櫂と流れは船型にほとんど関係しませんが、帆は船型に大きく影響されるのです。

船が向かい風にさからいながら目的地へ進むためには、ヨットのように、船底がV字型の尖底の船ですと、帆に風を斜め前から受けながら、左右ジグザグに折れ曲がったコースを走ることで風上へも到達できますが、船底が浅いU字型の平底の船では、水中での抵抗が小さくて風の力で風下へ押し流されて風上には進めません。どうしてそんな違いが生じるのかを簡単に説明します。

お風呂の中で、手のひらを垂直に立てて左右に動かしますと、お湯の抵抗を感じますが、手のひらを水平にしますと、ほとんど抵抗は感じられません。尖底の船は、手のひらを立てたときと同じで、船が風に吹かれますと船体は水の抵抗を受けます。この抵抗は風が吹いてくる方向に水が押し返しているのと同じですから、船体は風の力と水の力の二つの力に挟まれた形になります。この挟まれた角度や力を帆や舵によって操作すれば、ちょうどビー玉を人差し指と親指で挟んで前に押し出すように、船は風上に向かって斜めに走ります。ですから、風に向かって、右方向に向かってしばらく走り、次に左方向へ向きを変えますと、走るコースはジグザグになりますが、向かい風の方にも進めるわけです。その点、平底の船は、お風呂の中で手のひらを水平にしたときと同じで、風に吹かれますと、ほとんど抵抗もなく、水の上を滑って風下へ流されるだけです。刳船は平底ですから、追手の風のときにだけしか帆は使えません。

平底だと走れない例として、時代は下がりますが、承平四（九三四）年に紀貫之が土佐から京都へ帰る船旅を書いた『土佐日記』があります。この日記によりますと、十二月二十一日に四国の土佐を出て、翌年の二月十六日に京都へ着いています。実に三か月弱もの日数を要したのです。これは、紀貫之が乗った船は、川を航行することもあって、平底の船でしたから、向かい風では走れません。追手の順風を港で待って航行をしなければならず、風待ちで日数がかかったのです。川船は、船底が当たるような浅いところでは人が引いて進まねばなりませんから、平底でないと用を足さないのです。

たとえば、長江河口と志賀島の間を航行する場合、その距離が長いので、順風で出港しても途中で風向きが変わって逆風になることはあるはずです。刳船も筏船も、そのままですと平底ですから、船は風に流されて思うように進めないはずです。しかし、平底の船を尖底と同じようにする方法があります。U字型の平底の船や筏でも、ヨットのセンターボードのような横滑りを止める板や棒などを水中へ下ろせば風上にも進めるのです。

ところで、橋本進氏は『日本人はるかな旅五』（二〇〇二年、日本放送出版協会）で、ＢＣ三世紀よりも古い時代に、中国の長江流域・北部沿岸には、筏から進化した平底の沙船があり、南部沿岸には、丸木舟（刳船）から進化した尖底の福船があった。福船の船底は竜骨（キール）のついたV字型で、波切もよく外洋の航海に適していたと紹介しています。でも、先に述べたように、BC五世紀の呉の船は、大木を刳りぬいてつくった刳船か、竹や木でつくった筏ですから、いずれも船底はU字型の平底になります。春秋時代には、まだ鋼鉄製の鋸や鍛鉄製の船釘がないので板をつくることも、その板を接ぐこともむずかしかったはずですから、呉の船が、V字型の尖底の船をもっていたとは考えにくいですし、呉がもっていた平底の刳船二隻を横並びに連結した舫船や筏船に、風で横へ流れないように木や竹の棒や板を水中へ垂直に下ろして横滑りを止めたと書いた資料も見あたりませんが、本書では、BC五世紀に、船体に横滑り防止が付いた尖底船はもっていなくても、センターボードの役割をする工夫はしてあったものと考えます。

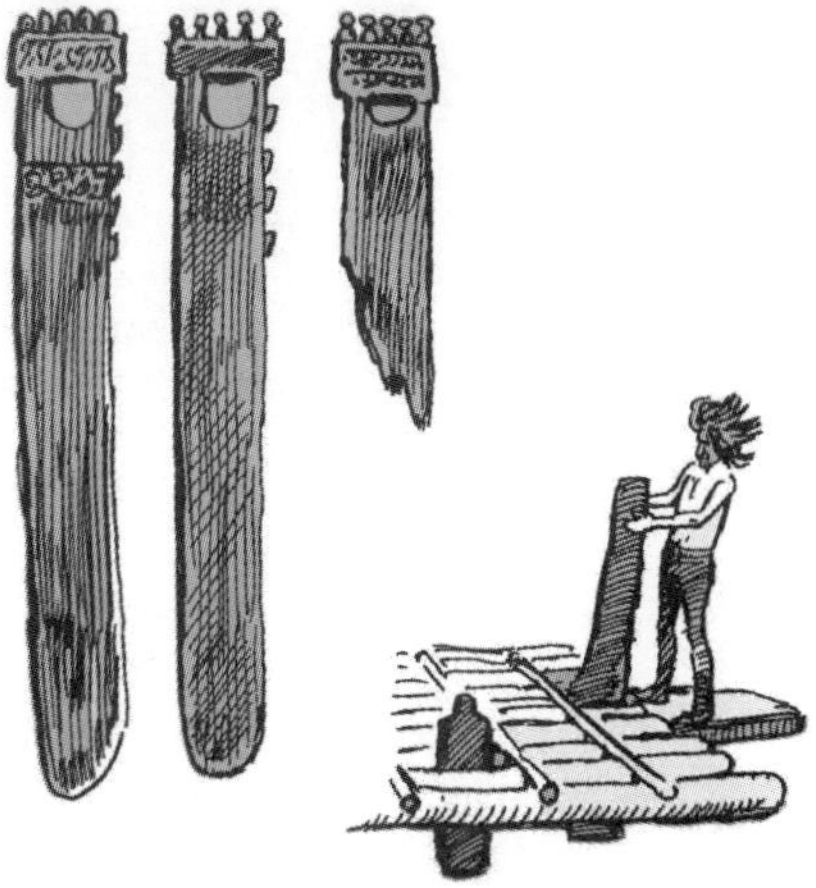

コンチキ号の可動竜骨（ヘイエルダール著　神宮輝夫訳　武部本一郎絵『コンチキ号漂流記』、偕成社より転載）

　時代も地理的にも離れていますが、筏の隙間から海の中に板を垂直に下ろして、操舵の役をさせる例としては、ノルウェーの人類学者であり海洋生物学者でもある探検家のヘイエルダールが、使用した実験船コンチキ号に、可動竜骨として出てきます。コンチキ号は、およそ一五〇〇年前に、南アメリカのインディアンが、筏船に乗ってペルーからポリネシアへ移動したという説を実証するために、当時の筏を再現したものです。筏は、九本のバルサという軽い木と草製の綱を使って長さ一五メートル、幅七・五メートルに組んで、一九四七年四月に、ヘイエルダールら六人を乗せて、ペルーのカヤオ港を出て、風と海流だけを利用して三か月後にポリネシアに着いています。可動竜骨は、海へ下ろす板の長さの長短とその位置で、水の抵抗力の強弱が変わるので、筏の方向を変えることが出来るそうです。ただし、実は、ヘイエルダールらは、このコンチキ号の可動竜骨の使い方を知らなかったので使っていません（トール・ヘイエルダール（Thor Heyerdahl）著、神宮輝夫訳、武部本一郎絵『コンチキ号（kon-tiki）漂流記』、一九七六年、偕成社）。

また、船のサイドにボードを取り付けた例として、大庭脩氏は『漂着船物語』（二〇〇一年、岩波新書）に、一七一八年頃に作成した「唐船之図」に南京船（沙船）の図を載せて、船体の左右中腹に上下動できる脇板または脇楫を着けて風下に流されないようにする設備が付いていたことを紹介しています。

現在の船は、進行方向に向かって右舷をスタボード(Starboard)左舷を(Port)と呼んでいますが、

Starboard の Star は Steering（操舵）が語源で、これは、その昔西洋で、右舷に舵を取る Board（板）を付けていたことによるそうです。なお、Port（港）は、右舷に舵取り用の板がついているので、船を港の岸壁につけるときは左舷を着けたことによるそうです。その他、舵取りオール（Steering oar）、センターボード（Centerboard）、サイドボード（Sideboard）、風下へ流されないためのリーボード（Leeboard）、という言葉がありますが、これらは船体から抵抗板を下ろして尖底の船と同じように横滑りを止める役の名残です。

ついでに申しますと、舵取りオール（櫂）は、船尾で船の方向を変えるのに使ったオールですが、その機能の変化をみますと、結果として、この柄を短くして大きくしたのが現在の舵で、推進力にも応用したのが櫓ではないかと思えます。船は、水を相手によりよい機能を求めて発展しますから、洋の東西を問わず共通性があります。

たとえ時代や場所が離れていても、水の上に出ようとする人は刳船や筏船をつくっていますし、同じように、風を利用して船を走らせるために帆を考え出しています。これらの船や帆は、地球上のどこかで発明された技術が、順次各地に広がったのではなく、どこでも考えついたことです。ですから、呉の船も帆を使っていれば、二隻横に連結した舫船の間にセンターボードを設置して船が風に流されることなく、向かい風をさかのぼることができる技術を身につけていた可能性はあります。しかしそんな記録はありません。その点を、史料をもとに検証してみます。

　前にも紹介しましたが、呉はBC五一一年から五〇六年の間に、船を使って一二〇〇キロメートルほど長江の流れをさかのぼって楚の郢へ攻め入っています。長江の流速は時速五キロメートルほどですが（注11）、船を人が漕いだときの速さは、競争でなければ時速約四〜五キロメートルほどです。ですか

（注11）長江の流は、中国湖北省の武漢で行われた長江横断水泳大会のときの関連資料で、二〇〇五年の平均流速が毎秒一・四メートル（時速五・〇四キロメートル）、二〇〇六年が毎秒一・六メートル（時速五・七六キロメートル）だそうです（中国評論新聞のホームページ）。
　また、史記の張儀列伝に「大船に兵糧をつみ、汶山（四川省成都の北北西）より船出して、長江を浮かんで下れば、楚の郢《エイ》に至るまでは三千里あまり。……一日三百里を航行できる」とあります。また、同じ『史記』の「蘇秦列伝」に「蜀のよろい武者が船に乗り組み汶江《ビンコウ》に船をうかべ、夏の増水時に長江を下れば、五日で楚の都の郢に達する」とあります。

　当時の一里は四〇〇メートルですから、「張儀列伝」の大船は、一日二四時間流れに乗っているだけで、人力や風力を利用していないとして、時速五キロメートルの早さです。「蘇秦列伝」の船は、汶江のどの位置に浮かべたのかはわかりませんが、汶江と長江との合流点にある現在の宜賓《イーピン》から郢までの距離が、地図上の直線で八〇〇キロメートルほどありますから、これも長江の曲折を入れて一二〇〇キロメートル近いと考え、この距離を五日で到達できるというのですから時速一〇キロメートルです。長江の流速は、「蘇秦列伝」の値が増水時ですから、「張儀列伝」の値は平時の流速と考えられます。そうしますと、増水時が時速一〇キロメートルで平時が五キロメートルということになります。

ら、この数字を見る限り、人力で長江の流れをさかのぼることはできそうにありません。もっとも、河の流れはどこでも同じではありませんので、流れが緩い岸辺近くの浅いところを選んで、竿を使えば、船を効率よく走らせることも出来るでしょうが、戦争に勝つためには兵力を疲れさせないことが大切ですから、一二〇〇キロメートルもの長距離を人力だけで走行したとは考えにくいことです。

　したがって、風が吹けば誰でも考え付く帆を使って走ったはずですが、いつも追い風というわけにはいきません。それでは、向かい風のときは追い手の風を待ったのでしょうか、臨戦態勢でそんな悠長なことは考えにくいことです。ということで向かい風でも、センターボードなどを工夫して、風上へ船を走らせる船体と操船術をもっていた可能性は高いと考えられます。

　また、ＢＣ四八五年に、呉の徐承《ジョショウ》は水軍を率いて海岸沿いに斉に攻め入っています。戦いには敗れていますが、斉を現在の山東半島の付け根付近とすると、その走行距離は、長江河口から大雑把に見て五〇〇キロメートルほどあります。この付近には南下する流れがありますから、基本的には流れにさかのぼることになります。その一方で、時間帯によって、流れる方向が逆転するほど強い潮流もできますから、その潮流を利用して前進することもできます。海では竿は使えませんので推進力は櫂と帆です。兵士の疲労を考えると、櫂だけでの航行は負担が大き過ぎます。ということで、この海上走行では、帆を主体に使ったと考えていいでしょう。海上では追い手の風ばかりでなく、向かい風もあります。その海上を五〇〇キロメートルも走ったということからして、向かい風にも目的地へ向けて走る技術を身に着けていたものと考えられます。

以上、長江を一二〇〇キロメートルほどさかのぼった事実と、黄海を五〇〇キロメートルほど走った事実から、呉は向かい風でも帆を使ってさかのぼれる船体と操船術、それに潮の流れをとらえて走る航行術を身に着けていたと推定できます。

二隻の船を連結させた舫船は船体を安定させる有効な手段ですが、もう一つ安心にもつながっています。少し横道にそれますが、岩波書店の『広辞苑』に、モヤイブネは舫船と書いて「互いにつなぎ合わせて泊まっている船」とあります。現在、モヤイという言葉は、船と船、あるいは、船と岸をロープで結ぶ時に使いますし、また、九州などの地方によっては、結《ユイ》と同じように、何か物や仕事などを共有・共同する場合などにも使います。

一方、モヤイブネと同じ意味でカタフネという言葉を使う地方もあります。『広辞苑』でカタフネは、片船と書いて、「漁業や航海で連れの舟どうしをいう。類船、友船、僚船」とありますし、『分類漁村語彙』（柳田国男・倉田一郎、一九三八年、国書刊行会）には、カタフネとはカタリ船すなわち僚船の義で、九州西南の海沿いで入港船がモヤウことをカタリという（注12）。隠岐

（注12）北部九州あたりでは、物事に参加することをカタルと動詞としても遣っています。

でいうカタフネヅキアイは、共同の精神にもとづく船同志のことと説明しています。

その他にも、宮本常一氏ら一五人で書いた『風土記日本・九州・沖縄篇』（一九六〇年、平凡社）に、「漁船は沖に一艘でいるものではないといわれ、たいてい二艘が互いに見えるところで働き、助け合う。こうした仲間を組むことを『片船を組む』といっているが、もとは、本当に二艘を一艘に組んでいたことを物語る言葉ではないかと思われる」と書いてあります。私が少し前に聞いた話でも、神奈川県小田原市の漁業者は、他港も含めて漁師同志で親戚づきあいしている仲間を「俺はあいつとカタフネだ」と言っていました。

また、先にも述べたように「舫は方と同じ」とあるように方船と書いても同じ意味になります。方船と書くとカタフネという読みもできますから、明言はできませんが、ことによるとモヤイブネとカタフネの関係は、語源が同じで舫船は船の形体を指し、片船は船に乗っている人間関係を示す言葉ということもできそうです。

いずれにしましても、海や河など水の上に船で出ると、危険が一杯です。もし船が転覆などの事故にあった場合、近くに仲間の船がいてくれると助かりますが、いないと命の保証はありません。ですから、無線連絡もない時代、仲間の船と一緒に行動することが、お互いの安全につながるのです。みんなで隊が組めればよりよいのでしょうが、最小二隻の船がお互いに確認できる位置で行動すれば、片方の船が浸水していわゆる水船になっても、相方の船に乗れば助かるわけです。そのためにも、それぞれの船は、二隻分の積載重量がかかっても沈まない浮力が必要です。

以上のことを総合しますと、二隻の船を連結して一組の舫船にすることは、船体の安定と安心に最良の方法だったことが理解できます。それに、二隻連結の舫船は、荒海を走って川に入ったら、一隻ずつに離して単船で行動することもできるという利点もあります。

航海の項の締めくくりとして、春秋時代に呉がもっていた一隻一五トンの船を二隻連結させた三〇トン積載できる舫刳船や舫筏船で東シナ海を渡れたのか、という問題ですが、その参考になるのが、先の「コンチキ号」の実験航海の成功例であり、また、一九七七年五月にフィリピンの北端アパリ港を出て、鹿児島まで約二三〇〇キロメートルを帆と海流を使って三三日で到達した「ヤム号」の航海があります。「ヤム号」は、直径〇・一二メートルの竹三〇〇〇本ほどを使った竹筏で、長さ一四メートル、幅四・五メートルでした（『竹筏ヤム号漂流記』、毎日新聞社、一九七七年）。結論は、この呉がもっていた舫刳船でも、舫筏船でも、帆を使い安全に東シナ海を渡って日本列島へ来ることは出来たということです。

第三章　海人の安曇族

弥生時代を理解するには、海人の安曇族の活動を調べなければなりません。言い換えると、安曇族を知ると弥生時代が理解できるのです。なぜ海人の安曇族かというと、弥生人は海を渡って日本列島へ来て弥生の産業改革を進めましたが、この海を渡ることは海人を抜きに語れませんし、その海人の代表が安曇族だからです。本章では、その海人の安曇族について調べたことと、現場や史資料から推理した結果を述べます。しかし、読者の多くは安曇族といってもなじみが薄いでしょうから、まず、安曇族のプロフィルを紹介します。プロフィルの中で、なぜそんなことが言えるのかと疑問をもたれることがあるでしょうが、それらについては本章の後の項で説明します。

プロフィル

安曇族の出自は、第一章の弥生時代の開始年代の定義のところでも説明したとおり、中国大陸の春秋時代に長江河口南域（現在の浙江省蘇州付近）を拠点としていた呉の国です。呉は、「南船北馬」の言葉に表されているように、船を使った航海や戦闘を得意とする海人を主力とする集団でした。その呉が、BC四七三年に越に亡ぼされると、呉の人たちの一部が北部九州へ渡って来ました。その中で、博多湾の入り口にある志賀島（図1）を根拠地にした海人の集団が、安曇族です。

呉と越は、一括して越族と呼ばれるように、いわば兄弟国でしたが、両国の関係は、「臥薪嘗胆」の言葉で表されているように、お互いを仇敵としていました。ですから、呉は越に亡ぼされて日本列島へ退いても越への復讐心は忘れませんから、仇討の情報収集と軍資金・兵力確保のために、海人として身につけていた漁撈・操船・航海術を使い中国大陸との間を往来して交易を始めました。

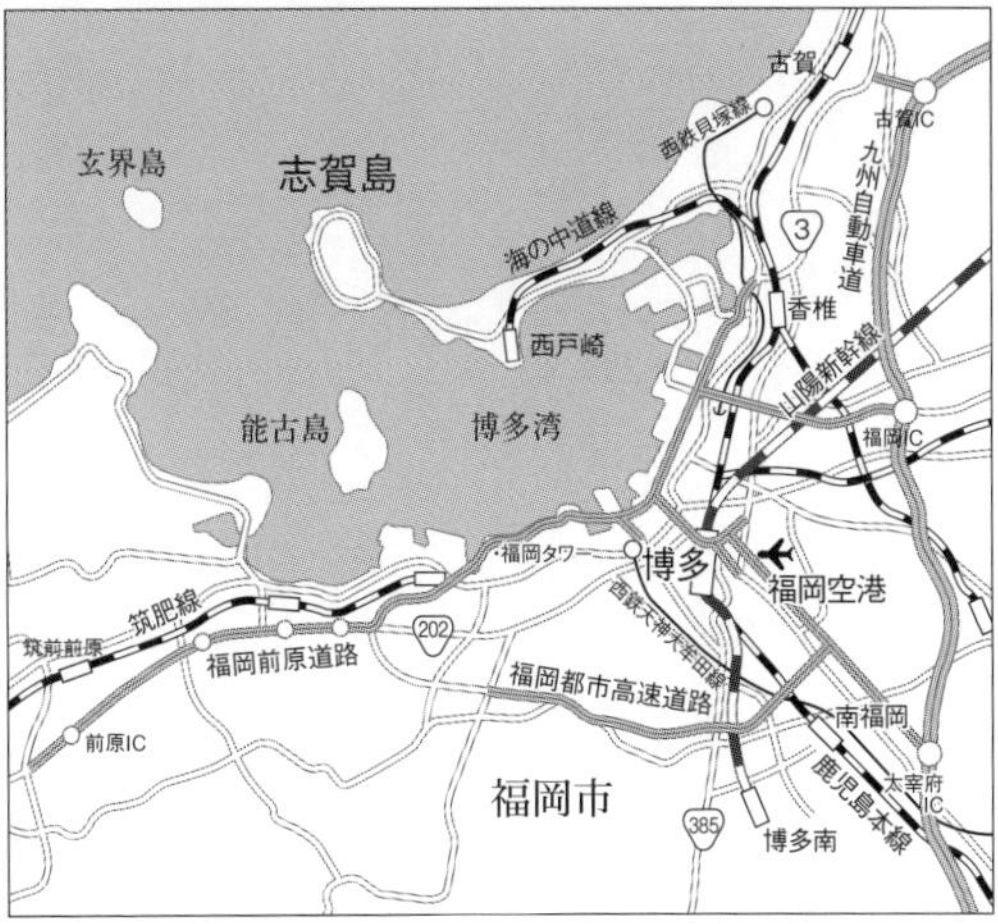

図１　現代の福岡市博多湾周辺図

時代が経過して、ＢＣ三三四年に、仇敵だった越が楚に滅ぼされると、安曇族はその目的を失いますが、それまでの交易で身につけた商人として発展します。いわば、闘争集団から経済集団へ転換し、中国大陸から日本列島への移住を望む人たちを支援しています。その一方で、水田稲作・金属器・養蚕・機織・造船・陶工などの技術を日本列島へ導入するために技術者（工人）を招いて、それらの技術を日本列島に根付かせました。その結果が弥生の産業改革です。

ＡＤ五七年に、安曇族は、現在の福岡市の早良《さわら》区・西区に当たる室見川流域を領域とする奴《な》国として後漢の光武帝に朝貢し「漢委奴國王」の金印紫綬を授かっています。これで後漢の外臣として公認され、交易をより盛んにしました。AD二二〇〜二二一年に、中国大陸では魏・蜀・呉が建国して三国時代に入ります。日本列島では、卑弥呼が率いる邪馬台国が、奴国に隣接する伊都《いと》国（現在の福岡県前原市）を窓口に魏へ朝貢するなどして、魏と結びつきます。半面、安曇族は、先の金印授受による公認交易の効力を失います。

その後、AD三〜五世紀（注1）の応神天皇の代に、日本列島各地の漁民が朝廷に従わないので、安曇族が鎮めて漁民の統率者になります。漁民は水軍も兼ねていましたから、安曇族は、日本列島の水軍の統率者になったのです。ところが、六六三年に、日本・百済の連合軍と唐・新羅の連合軍が朝鮮半島の白村江《はくすきのえ》（現在の忠清南道公州付近）で戦ったとき、安曇比羅夫《ひらふ》に率いられた安曇族は、日本の水軍として参戦し、大敗して壊滅的な痛手を受けました。このときが安曇族の絶頂期で、以降、海人としての活動は衰退していきます。

安曇族は、日本列島へいわば裸一貫で渡来して、日本を背負って立つ水軍にまで成長したわけですが、その活躍した期間は約一一〇〇年間です。その渡来から発展・絶頂までの過程にロ

（注1）『日本書紀』（宇治谷孟訳、講談社学術文庫）では三世紀、『日本史広辞典』（山川出版社）では五世紀に実在したという説があります。

ジスティック曲線を当てはめると、図２のようになり、ＡＤ五七年に、後漢の光武帝から金印を授かった年代は、線のほぼ中間点に乗ります。この曲線は、弥生時代と安曇族の発展経過の大略を示すもので、後に説明する秦の始皇帝と方士の徐福との関係、その徐福と安曇族がかかわってきたいきさつや、後漢の光武帝から奴国王が授かった金印などの史実が、弥生時代のどういう時点のことなのか、記録がない日本列島の動きを大雑把にとらえる目安になります。

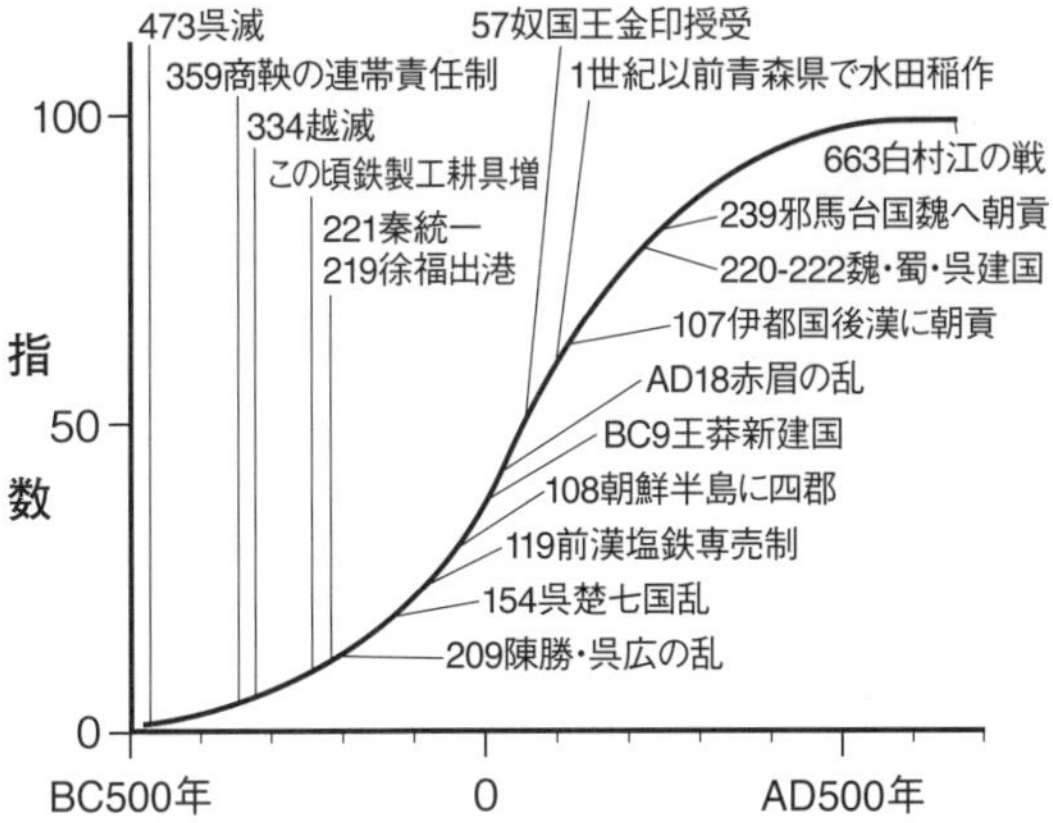

図２　安曇族の発展曲線

　また、安曇族は、海人としてだけでなく政界でも活躍しています。歴史上に登場する安曇姓を拾うと次の名前が出てきます。先の白村江の戦の将軍だった阿曇比羅夫。天智天皇が崩御されたときに、朝廷の命で筑紫に行って唐の使者郭務悰らに告げた阿曇連稲敷《むらじいなしき》。『播磨国風土記』では稲作で貢献し、『肥前国風土記』では海上の斥候役を担った阿曇連百足《むらじももたり》。内膳司の長の職を長年務めた阿曇氏などです。この内膳職をめぐって、七九二年に、政界内部で争いが起き、その結果、阿曇継成《つぐなり》が流罪になり、以後、中央の政界に安曇氏の名は現れていません。なお、本書では、この安曇族と政界とのかかわりは対象にしていません。

現在、福岡市東区の志賀島《しかのしま》は、橋も架かって、砂洲も発達して陸続きになっていますが、昭和五（一九三〇）年までは橋もなく離島でした。志賀島にある志賀海《しかうみ》神社は中世から明治維新まで代々五〇〇石を与えられ、住民の多くは安曇連の後裔と伝えられています（『角川地名大辞典』）。昭和四十六年に福岡市と合併するまでは志賀島町で、その前は村でした。合併前の村の時代から村長・町長は代々志賀海神社の宮司を勤める阿曇氏でした。今でも志賀島は安曇族の聖域なのです。その聖域は志賀海神社の宮司の阿曇氏を中心に、安曇族の後裔によって守られています。

阿曇・安曇族の由来

安曇族の族について、族という文字は、『大字典』（講談社）によれば、「本来の義は鏃《やじり》のことで、そこから矢を合わせることを意味するようになり、さらに矢が集まる様から群がる義となり、人の集まりの親族や同類に簇の文字を使うようになった」といったことが書いてあります。

また、『古代中国』（前掲）で貝塚氏たちは、「族は、家庭とか氏族というときの血縁で結ばれた集団ではなく、むしろ軍事を目的として結成された集団ではないかと考えられる。この族という文字が、旂《はた》と矢から構成される文字であることも、このことを示している」と書いていますし、『広辞苑』（岩波書店）には、「同じ祖先から分かれた血統の者。一定の範囲を形づくる同種類の仲間」など六つほどの意味が出ています。

ここでは、貝塚氏たちの考えと同じように、安曇族は必ずしも血縁で結ばれた集団でなく、呉から命をかけて、また、越への復讐を誓って、現在の福岡市の志賀島や博多湾沿岸に渡海してきた仲間集団及びその子孫だと理解しておきます。

次に安曇《あづみ》という名称の言われですが、これには諸説があって、決定的なものはありません。少し長くなりますが、それらの諸説を列記します。

歴史地理学者の吉田東伍氏は『大日本地名辞書』（一九〇七年、冨山房）に、「海人持《あまつもち》と名を負せしが、約りて阿麻都母智の麻を省き、母智を美ということ」と書いています。要するにamatumoti から atumi になった、と言っているのです。

丹羽基二氏は『姓氏の語源』（一九八一年、角川書店）に、「『あずみ』安曇、安津見、安角の字を当てる。アズミはアタツーミ、すなわち、ワターツーウミ（綿津見）で、朝鮮語のパタ（日本語ではワタ、海の意）に日本語のウミ（海）を重ねたもの。これから海族《あまぞく》の名に転じた。古代はこの海族が大活躍した。（関連姓氏）渥見、渥海、熱海、温海、安住、安曇、安海、安積、安量、握美、英積、阿住、天、安万、尼、海、海部、阿万など」と書いています。

太田亮氏は『姓氏家系大辞典』（一九三四年、姓氏家系大辞典刊行会）に、「『安曇』は『阿曇』とも記し、厚見、厚海、渥美、阿積等の文字にて書かれたるものとも通ずることあり。アマツミ（海積）の約にて、海部の長なるよりの称なるがごとし。積は、山積、出雲積、鰐積等の積と同様、原始的カバネの一にして、君、ヌシ、長、タマ等の語に比すべきものとする。発祥地は筑前国糟屋郡阿曇郷ならんと考える」と書いています。

宮崎康平氏は著書の『まぼろしの邪馬台国』（一九六七年、講談社）で、「アは大で広い意味、ツミは、ワダツミの神、オオヤマヅミの神というように、オシホミミの命などのミミ（大海の王）に対して海浜の王に冠した称号である。転じて海浜の半農半漁に従事した一族の首長を呼ぶようになり、さらにその一族を引き連れて移住していった統率者や、船団の指揮者が、ツミと呼ばれているうちに、いつしかその一族そのものを呼ぶようになったものと思われる」と書いています。

これらに対して、地名研究家の谷川健一氏は、『宗像シンポジウム—古代海人の謎』（一九九一年、海鳥ブックス）で、「阿曇の語源に、海をアマと読んでアマツミが省略されて阿曇になったという説があるが、一方に綿津見《わたつみ》という名があって、なぜアマツミという言葉が他方にあるのか。どうも合点がいかない。綿津見でいいじゃないか。そうすると、アマツミという言葉が果たしてあったかどうか、どうも疑問である」と述べています。

それでは、谷川氏自身の考えはどうかということを著書『日本の地名』（一九九七年、岩波新書）や前記のシンポジウムで述べていることから拾いだして整理しますと次のようになります。

海や川で潜ることをスムとも言う。この言葉が残っている地方は、奄美、八重山などの南島、九州一円、四国の愛媛県、高知県、日本海側では山口県から福井県辺りまである。阿曇もスムと関係があったかもしれないと思う。アはおそらく意味のない接頭語で、スムは、水に潜って魚介を捕らえる漁夫がいる入江の意味をもつ、地名のスミノエのスミと同じような意味をもっていたのではないか。

ここまでは、海、海人にかかわる説ですが、次の楠原祐介氏たちが編集した『古代地名語源辞典』（一九八一年、東京堂出版）の中では、これらを否定しています。「あづみ（安曇、阿曇）『倭名抄』信濃国安曇郡、伯耆国会見郡安曇郷、筑前国糟屋郡阿曇郷。現在、長野県の南・北安曇郡、米子市安曇（あずま）の地名が残るほか、同系の地名が各地に多数。（福岡県）糟屋郡阿曇郷は海人のアヅミ族の本拠地で、アヅとは『海』を意味するワダツミの転であり、その名により地名が起こり、移住により各地に地名が伝播した、とされているが大いに疑わしい。多くの地名の状況から見ると、やはり崖、傾斜地、自然堤防を意味するアヅ系の地名であろう」と地形との関係でとらえています。

以上の諸説を少し整理してみますと、アマまたはワタなどの言葉からの転訛とした説が三つ、言葉を分解してそれぞれの語意を組み立てたものが二つ、海と関係なく地形からきたとするものが一つで、転訛説、語意説、地形説に分類できます。

でも、これらの説の中で、丹羽氏と谷川氏が安曇をアズミとして、曇の文字をタ行のヅ du でなく、サ行のズ zu でとらえていますが、後で述べるように、曇という文字をサ行で読むことも逆にズム・スム・ズミ・スミに曇の字を当てることも無理があるでしょう。また、楠原氏たちは、一般的には地形から付いた地名が多いとして、どんなにわかりにくい地名でも、とにかく地形からとらえようとする姿勢に無理を感じます。山口恵一郎氏がいうように「地名は由来起源が不明なものが多い」(『地名を考える』、一九七七年、NHKブックス)に照らしても疑問に思えます。

次に私の考えを述べます。曇という文字をなぜヅミと読むのかと疑問に思い、『大字典』(講談社)で曇を引きました。そこには、タン(漢音)、ドン(呉音)、クモルとだけしか出ていなくて、ヅミと読むとは出ていません。

漢音と呉音について『広辞苑』(前掲)によると、「漢音は、唐代、長安地方で用いた標準的な発音を写したもの。遣唐使、留学生・音博士などによって奈良時代・平安初期に伝来した。「行」をカウ、「日」をジッとする類。呉音は、古く中国の南方系の音の伝来したもの。「行」をギャウとする類。平安時代には、後に伝わった漢音を正音としたのに対して和音ともいった」とあります。

中国語学者の森博達氏は、『古代技術の復権・漢字』（一九九四年、小学館ライブラリー）の中で、漢字について次のように述べています。

「呉音は仏教とともに入って来た。だから現在のお経の読みはすべて呉音である。日本へ呉音が入って来たルートは朝鮮半島経由というのが通説になっているが、呉音には濁音があるが、朝鮮の漢字音には濁音がない、など理解できないところがある。だから中国南朝から直接入って来たのかどうかということが問題になっている。いつ頃、呉音が日本に入って来たのは正確にはわからないが、呉音が漢音の前に入って来たことははっきりしている」。

そうしますと、中国江南との結びつきがある阿曇の「曇」は、ヅミではなく呉音のドンという中国南方の音で発音されていた呼び名に当てた文字の可能性が考えられます。

阿について、香坂順一氏は『中国語大辞典』（一九九四年、大東文化大学中国語大辞典編纂室）に「姓の前につけて○○さん、といった敬称にも使う。曇は、雲が多い意の他に姓もある」と書いています。

ところで、奈良時代初頭の七一三（和銅六）年に、次の詔がくだって、風土記の編纂がはじまっています。「畿内と七道諸国の郡・郷の名称は、好い字をえらんでつけよ、郡内に算出する金・銀・銅彩色（絵具の材料）・植物・鳥獣・魚・虫などのものは、詳しくその種類を記し、土地が肥えているか、やせているか、山・川・原野の名称のいわれ、また古老が伝承している旧聞や、異《かわ》った事がらは、史籍に記載して報告せよ」（『續日本紀』宇治谷孟・訳、一九九二年、講談社学術文庫）（注2）。

ところが、この好い字、すなわち好字についての定義はありません。『大漢和辞典』に曇の字は、「姓。梵語、dharma の音訳なる曇摩の略。法の意。因って僧の名に冠して用いる」とあるように、禅宗の始祖ダルマ大師に当てた文字ですし、曇徴（高麗の僧）、曇鸞（後魏の僧）のように高僧にも用いられているから好字なのです。また、吉野裕氏は地名を二文字で表すことも好字と解釈しています（『風土記』、二〇〇〇年、平凡社）。そうしますと、和銅六年の詔を契機に、安曇族が、「曇」という呉音のドンの字を当てて、それに阿あるいは安の字を加えた二文字にして、阿曇・安曇の好字を使い始めたと考えることができます。この考えに従うと、和銅六年以前には、安曇族は「ドンさん」と呼ばれていたので、阿曇はアヅミやアズミと読むのではなく、本来はアドン adom と読むべきでないのか、というのが私の考えです。

再び森博達氏の言葉を借りますと、「日本語のすべてが母音で終わって子音で終わるものはない。カツだとか、ハンだとか日本に漢字が入ってきてから漢字音として出来たが、もともと

(注2)『續日本紀』原文「畿内七道諸國郡郷名着好字。其郡内所生。銀銅彩色草木禽獸魚虫等物。具録色目。及土地沃□。山川原野名号所由。又古老相傳舊聞異事。載于史籍亦宜言上」。

ヤマトコトバとしては、m n ng p t k といった子音で終わるものはなかった」ということです。

ヤマトコトバが使われていた時代や地域はわかりませんが、江南地方から渡来したと考えられる安曇族が、子音で終わる呉音の言葉を使って自分たちを「ドン」と称していたとしても矛盾はしません。でも、ヤマトコトバで子音を使わないということなので、アドン adom が、アド ado あるいは adomu になったことは自然でしょう。ですから滋賀県の安曇川《あどがわ》などは adom から m が消えて ado になり、アヅミは adom→adomu→adumu→adumi へ転訛したと考えてもおかしくありません。「ド」が「ズ」に転訛する例として、記紀の崇神天皇の項の現代語訳に、木津川の旧名の挑川あるいは伊杼美川《いどみがわ》が、泉川あるいは伊豆美川《いずみがわ》に訛ったとあります(注3)。

「ン」が「む」で表現される例は、その昔、日本に「ン」の発音がなかったので、『土佐日記』の書き出しに「をとこもすなる日記というものを、をむなもしてみんとてすなり……」とあるように、「をんな」ではなく「をむな」と書いてあることからもわかります。

ついでに申しますと、ＡＤ五七年に、奴国は漢民族の首都の洛陽に出かけて、後漢の光武帝

(注3)「ズ」は本来「ヅ」です。講談社の大字典でも、豆は「ヅ」、泉は「イヅミ」となっています。

から「漢委奴國王」と刻んだ金印を授かっていますが、この「漢委奴國王」の文字は、奴国が使ったのではなく、漢側が奴という卑しい文字を一方的に使ったのでしょう。おそらく、奴国の使者は、挨拶するとき、文書でなく口頭でドンdom国から来たと言ったでしょうから、それを聞いた漢の人は、小さい音の語尾mを省いて「ドdo」とし、野蛮国のドン国に対して、漢音でドと読む卑しい奴の字を当てたと考えることができます。現在でも、中国人の中には、日本語の「ほんとう（本当）に」という言葉を「ほとに」と発音する人がいます。漢人は「ん」の発音が不得手のようです。

ところで、奴は呉音でヌと読みますから、呉から渡来した安曇族は奴を「ヌnu」と読み、ヌがナnaに転訛して、奴国がナコクとなったと考えてもつじつまは合います。すなわち、ドン→ド→奴→ヌ→ナとなり奴国がナ国と呼ばれるようになったということです。

少し蛇足を加えますと、ドンという言葉は世界に共通する用語かもしれません。辞書を見ると、英語でもスペイン語でもdomは高僧、donは男の敬称としてつけるとありますし、日本語でもドンは、西の方で「西郷どん」「丁稚どん」「おいどん」「おどん」などと使われますが、これは「殿」から出た言葉（dono→don）だとされています。でも、この殿については、donのようにnの子音で終わる言葉が本来日本になかったので、逆にドンから殿（dom→don→dono）に変化したとも考えられます。

一般的には安曇族と書きます。その本家ともいえる志賀島にある志賀海神社の宮司は阿曇と書きますが、米子市の安曇《あずま》、長野県の安曇野《あづみの》、琵琶湖に流れ込む安曇川《あどがわ》などは、安曇と安の字を使っています。これは、先述の「郡郷名に好字をつけよ」というお達しがあったとき、すでに安曇族が出入りしてアヅミの地名を使っていた地域、すなわち、いわば安曇族の息のかかった集落では、本家の志賀島との識別で阿曇のアの字に安の字を当てて識別したことも考えられます。このようなことは、現在でも本家が蔦田で分家が島田と書くように、読みは同じで文字を変えた例があることを考えると納得できます。ただ、後に徐福の項でも述べますが、現在、福岡県の大川市にある風浪宮《ふうろうぐう》で六十七代続いている宮司さんも代々阿曇姓を継承しています。

志賀島1　志賀海神社

繰り返しますが、弥生時代の記録はありません。歴史上で安曇族に関する古い記録としては、第二章の『古事記』にみる航路の項で述べたように、八世紀の初めに出された『古事記』・『日本書紀』の「神代編」に、それぞれ、阿曇連は綿津見神（海の神様）の後裔という記述があり、また、先にも触れたように、『日本書紀』巻第十「応神天皇」の項に、各地の海人が命に従わないので、阿曇連の先祖の大浜宿禰《すくね》をその鎮静に当たらせて海人の宰にしたという記述がありますが、それ以前の記録はありません。

海ノ中道より玄界灘に浮かぶ志賀島を望む

記録以前の安曇族を知る手がかりとして現場があります。一つは、安曇族の根拠地である志賀島（現在の福岡市東区）、もう一つは、日本の各地に存在する安曇族ゆかりの地です。その他に弥生時代の安曇族を知る直接的な手がかりはありません。ですから、本書では、この数少ない手がかりと、それらに関係する史資料を根拠に、弥生時代における安曇族を推理していきます。

　安曇族の現場手がかりの一つである志賀島は、博多湾の入り口にある周囲一〇キロ余り、東西二キロ、南北三・五キロ、面積六平方キロメートル、最も高いところで一六七メートルの緑に包まれた小さな島です。今は海ノ中道と呼ばれる砂洲の発達で陸続きになっていますが、昭和三十年代には、まだ、満潮時には橋の下を小船が行き来できる海で切り離されていましたから、弥生時代は完全な島でした。

志賀島勝馬地区空撮（1981年　国交省空中写真）

現在、北側にある勝馬地区では、田畑が島の内部へ食い込むように広がっていますが、その昔、この田畑はまだ海で船が出入りする自然の良港になっていました。ここへ入った船は、三方を小高い山に囲まれているので外からその姿を見られることはありません。一方、島で最も高い地点の展望台に立つと、三六〇度さえぎるものがない視界が広がり、玄界灘を遥か遠くまで一望できます。

このような地形ですから、志賀島は、船を隠すこともできれば、山の上から航行する船をいち早く見つけることもできました。自分の身を隠して、相手の姿をとらえることができる条件を備えているので要塞に適した地形です。博多湾の入り口には玄海島、湾内には能古島《のこのしま》がありますが、安曇族が志賀島を根拠にしたのは、要塞に適した島だからということと関係深いかと思います。

その上、志賀島は、黒潮や対馬海流に乗れば、未発達な船でも中国大陸や東南アジアから渡って来ることができました。第二章で書いたとおり、造船技術が進んで向かい風にも走れる船ができると、海峡を挟んだ朝鮮半島からも比較的楽に渡れるようになりました。そうしますと、志賀島を含む現在の福岡市は、それらの地から船が入ってくる玄関的な位置として、また、船を使って日本海や瀬戸内海の日本列島内に出かける基地の役割を担うことになります。したがって、海外の産物を日本列島へ輸入し、逆に日本列島の各地の産物を集めて海外へ輸出する港、すなわち、今日の横浜や神戸のようにハブ港の条件を備えていたわけです。

その志賀島の歴史を象徴するのが、海の神様である綿津見神《わたつみのかみ》を祀った志賀海神社です。志賀海神社の御由緒（注4）には次のことが書いてあります。

古来、玄界灘に臨む交通の要衝として聖域視されていた志賀島に鎮座し、「龍の都」「海の総本社」と称えられ、海の守護神として篤く信仰されている。

御祭神は、伊邪那岐命が筑紫の日向の橘の小戸の阿波岐原において禊祓《みそぎはらい》をされた際に、住吉三神と共に御出現された綿津見三神で、神裔阿曇族によって奉斎されている。

御祭神が、禊祓で御出現された神であることから不浄を特に嫌い、諸々の穢・厄・災・罪を祓い清め、また、海の主宰神であることから水と塩を支配し、私達の生活の豊凶をも左右する御神威を顕現されている。
当社の創建は明らかでないが、古来、勝馬の地に表津宮・仲津宮・沖津宮の三社で奉斎されていた。二世紀（遅くとも四世紀）に表津宮（底津綿津見神）が当地勝山に遷座、併せて仲津綿津見神・表津綿津見神が奉祀されたと伝えられている。（以下略）

志賀海神社が「龍の都」と称えられていることは、第四章の徐福の項でもとりあげます。

綿津見三神については、繰り返しになりますが、記紀に書いてあります。『古事記』の「神代編」に、伊邪那岐命《いざなぎのみこと》が水に潜って禊《みそぎ》をされたとき、「水の底に滌《すす》ぐ時に、成れる神の名は、底津綿津見神《そこつわたつみのかみ》。中に滌ぐ時に、成れる神の名は、中津綿津見神。水の上に滌ぐ時に、成れる神の名は、上津綿津見神。この三柱の綿津見神は阿曇連等の祖神《おやがみ》と以《も》ち拝《いつ》く神なり。故《かれ》、阿曇連等は、その綿津見神の子、宇都志日金拆命《うつしひがなさくのみこと》の子孫なり」（『古事記』倉野憲司校注、一九六三年、岩波

（注4）手元に志賀海神社の御由緒が二通あります。一通は一九九八年、もう一通は二〇〇七年に、それぞれ訪ねたときに頂いたものです。後者は文字数にして約二倍に増え、本書に直接かかわる事項は、安曇族の根拠地として国内・大陸との交易を行い、その国内交易の足跡が「しか」「あつみ」と称した地名にみられるという項と、勝馬から現在の勝山への遷座は、一八〇〇年ほど前に神功皇后の三韓出兵に際し遷座したとある項の二点です。本書では一九九八年版を使用。

志賀海神社

書店）とあります。

次に、志賀海神社の明らかでない創建された年代と、島北部の勝馬から、現在ある南部の勝山へ遷座した理由について考えてみましょう。

志賀海神社が創設された時代や建物はわかりませんが、おそらく、安曇族が勝馬の港を利用し始めたときから、自然発生的に、航海の無事を祈るよりどころとして神を祀ったことでしょう。当初は小さな祠をつくって始まったのでしょうから、創設は、呉から渡来してそう時間は経っていない時代、すなわち、BC五世紀と考えてもおかしくありません。その後、時代の進展とともに、その大小は別としても、祠が社となるのも自然の成り行きでしょう。現在、その社を継いだ形で勝馬の地に、志賀海神社の摂社として沖津宮と仲津宮があります。

由緒に、志賀海神社が勝馬から現在の勝山へ遷座したのは二〜四世紀とありますが、この時代を通観してみますと、中国大陸では、ＡＤ三六年に建国した後漢が二二〇年に亡びて魏が建国し、つづいて二二二年に蜀と呉が建国して三国時代が始まり、四〇年余り後の二六五年に魏が亡びて、晋の時代に移っています。日本列島では、奴国王が五七年に後漢の光武帝から金印を授かった次の時代に当たり、卑弥呼が邪馬台国を率いて魏との交流を深めていた時代です。

表津宮跡

仲津宮

沖津宮

先に示した図1（161頁）安曇族の発展曲線でみますと、安曇族の発展が最も盛んな時代に当たります。

遷座するには、その規模の大小を別に、木材ひとつをとっても、志賀島から産するものでは足りなかったでしょうから、資材入手だけでも莫大な資金が必要です。ですから、安曇族がそれらの資金をもっていたこと、また、それほどにしてまで遷座する必要性があったことを物語っています。おそらく、交易が盛んになってある程度の財をなし、それにともなって活動領域も広がったものと考えられます。

視点を変えて、現代の勝山に在る志賀海神社が向いている方向をみてみましょう。現在、博多埠頭から志賀島へ渡船が出ていますが、志賀島の船着場近くに一の鳥居があります。一の鳥居が向いている方向を手持のコンパスで見ると、ほぼ南を指します。一の鳥居から二の鳥居まで緩やかに曲がった参道を進んで、境内に入ると、樹木が茂っていて見にくいのですが、山門付近で樹木の間から見た参道の延長線上の視界に、博多湾の海岸線近くにある高さ六八メートルの小さな愛宕山が見えます。愛宕山の後ろにも山があります。見通しが利く志賀海神社の遥拝所から愛宕山方向を眺めると、愛宕山の後ろの山は、左に五九七メートルの油山、右に三九四メートルの荒平山が見えます。この二つの山は、背振山系につながっています。

志賀海神社から南へ下がる線と愛宕山を通る線に挟まれた地域は、ほぼその中央を背振山系から博多湾へ流れる室見川があります。その流域に沿って東西に平野が広がっている地域は、現在の福岡市西区と早良区《さわら》です。西区にある弥生前期末（BC二〜一世紀）の有田遺跡から細形銅戈《どうか》に付着して日本最古の平絹が出土していますし（『絹の東伝』布目順郎、一九九九年、小学館）、BC二世紀からAD三世紀の吉武遺跡群など弥生時代の古墳がたくさんあります。菅波正人氏は「吉武遺跡群が周辺の地域に比べて、青銅器を保有することで他に抜き出た地域であったことがわかります。（中略）吉武高木遺跡の被葬者は青銅器、玉類等の入手に当たって、優位な集団であったことがわかります」と述べ、また、「吉武遺跡群の集団は、漢帝国と積極的に交流を持った奴国や伊都国のようになれなかった」（福岡市博物館、美術工芸展示室No.277、二〇〇六年）とも書いて、この地域は奴国ではないとしています。奴国がどこにあったかという問題はひとまず置いておいて、地相的に志賀海神社とこの室見川流域との関係をみてみます。

中国大陸では、春秋時代より何百年も古い時代から、墓地、居住地、耕地、都市などの適地探しに使った地相、すなわち地勢や地脈といった地形を重視した風水という考えがありました。これは、星座などいろいろな要素を採り入れて占いに使い出した宋時代（九六〇〜一二七九年）以降の風水とは似て非なるものです（エルネスト・アイテル著、中野美代子・中島健訳『風水』、一九九九年、青土社）。

このいわば古代風水地相を単純化しますと、「北を玄武、東を青龍、西を白虎、南を朱雀といい、また、玄武を来龍、青龍と白虎を護衛、朱雀を対朝とも称する。来龍とは気が躍動して来ることとあたかも龍の隠顕伸縮するごときをいう。護衛は他より障害を受けざるよう、生気が風に吹き散らされざるよう防衛する。対朝は中心に対し朝貢するもの、相対するものとしての役目を果たす」（松本清張『古代探求』、一九九四年、文芸春秋）ということです。

これでもわかりにくいので、さらに単純化しますと、みなさんが両腕を前に突き出したポーズをとった場合、頭と胸の位置が北の玄武、左腕が東の青龍、右腕が西の白虎にあたり、何もない開いた方向が南の朱雀になります。朱雀は玄武に坐す神や天子へ貢物を捧げる位置、すなわち、玄武に向かって拝むのは南の朱雀の方向からということになります。

この玄武と朱雀の関係は、私たちのまわりにいろいろな形で存在します。同じ部屋の中ですと上座は北の位置になるのもそれですし、また、北面という言葉がありますが、これは、北へ向かって顔を向ける、すなわち、南に顔を向けた神や天子に対する方向関係を表しています。ですから、御所を警護する武士を「北面の武士」というのもそれ

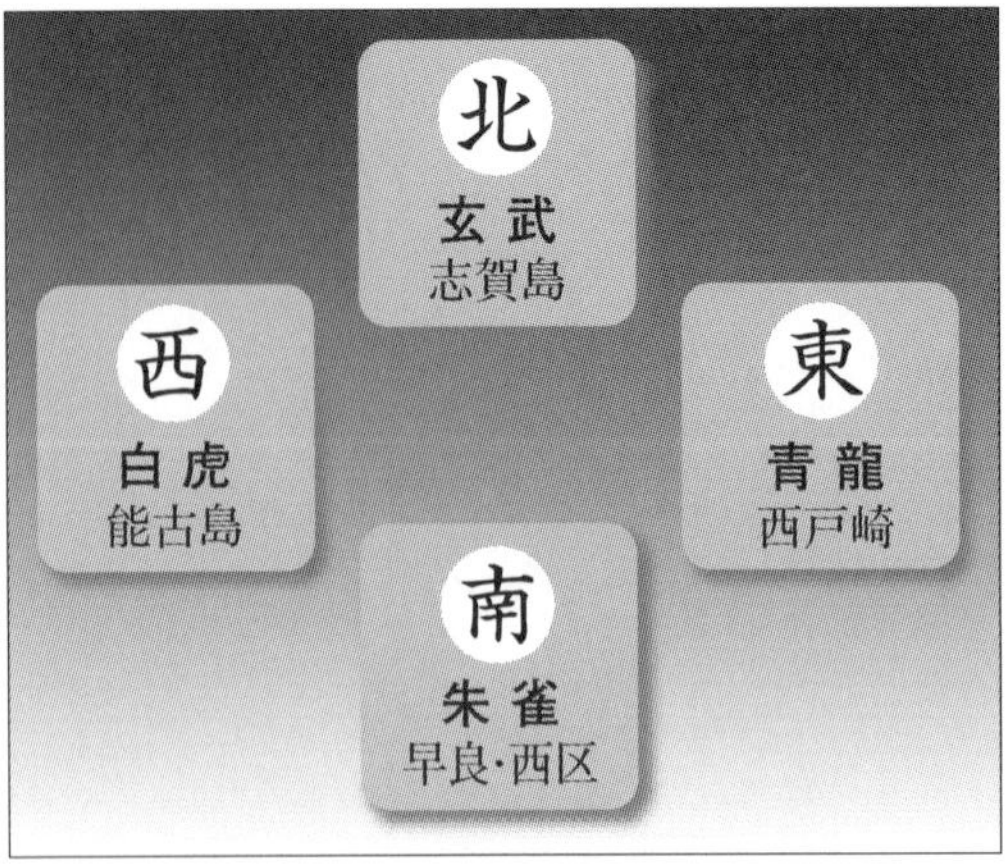

図3　風水地形

です。また、奈良の平城京や京都の平安京の大内裏、鎌倉の鶴岡八幡宮をはじめ多くの神社が北の玄武の位置にあります。その上、北の山から湧き出た水が川となって南へ流れ、その川を伝って風が吹き抜ける地相を風水というのです。

以上のことを頭に入れて、志賀島と西区・早良区地域との位置関係をみますと、北の志賀島は玄武にあたります。東の青龍の位置に大岳・西戸崎（弥生時代は島）、西の白虎の位置に能古島があります。西区・早良区地域は朱雀の位置にあたります。それに風が吹き渡る博多湾の水をあわせて考えると、志賀海神社と早良地域は風水地相に沿った位置関係にあるといえましょう。そうすると、志賀海神社が勝馬から現在の位置に遷座したということは、西区・早良区地域から綿津見神を拝めるようにしたということになります。

では次に、なぜ遷座したのか、その理由は、一言でいうと、経済活動の中心地が移動したからでしょう。言い換えると、経済活動の場のウエイトが志賀島より西区・早良地域へ移り、権力者が首都機能をそれまでいた志賀島から西区・早良地域に移したということではないでしょうか。

当時の生産活動として主なものは、漁撈、水田稲作、交易があげられます。製塩も含む漁撈は、海人の人数が増えるか、飛躍的な技術進歩がない限り生産増はあり得ないので、当時、志賀島周辺海域だけで増えたとは考えられません。その点、水田稲作は、労働者の増加や技術・道具の進歩で耕作面積が拡大されれば増えますし、また、交易は、営業範囲の拡大や取扱量・

品目の増大で増えます。

水田稲作耕地は、人、すなわち労働力が増えれば増えますし、また、粗末な農耕具を使用しての山麓地域からはじまり、金属器を使ってつくった木製農耕具や金属製の耕具の普及で、ため池などの灌漑施設ができると、飛躍的に伸びます。北部九州は、斧、鑿などの鉄製工具や砥石の数から大雑把に判断して、鉄製の工具や農耕具が、ＢＣ一世紀からＡＤ二世紀に普及していますから、この期間に、福岡市の西区・早良区地域でも水田面積が拡大したことは考えられます。

また、後に詳述する金印が、後漢との交易を公認された証しであることから考えて、奴国の交易量がＡＤ一世紀から二世紀にかけて大きく伸びたはずですし、その前のＢＣ二世紀に、漢は鋼鉄を生産していますから、鉄製の鋸や船釘を使って、風に逆らって進めるＶ字型の尖底の構造船や準構造船を造るようになったはずです。そうしますと、安曇族は、それらの船を手に入れて輸送量も増やし、前漢時代には塩・鉄・酒の専売制の間隙を縫っての密交易で、後漢時代には外臣として公認された交易で、取引量を伸ばした経済成長時代に当たります。

もう一つ、外洋走行に適したＶ字型の尖底船ができるようになると、船の停泊地の条件がかわってきました。それまで平底船を引揚げていた浜辺は尖底船になると横転するので使えません。ですから接岸岸壁あるいは桟橋をつくるか、船底が当たらない深さのところに、船を係留

フナクイムシに食われて穴があいた木片

して艀《はしけ》で陸とつなぐことになります。

しかし、当時、上下する波がある海に壊れない人工的構築物をつくるほど技術は進んでいませんし、海が荒れると波浪が出て船を停泊しておくことはむずかしいはずです。また、船を絶えず海上に浮かべておくと、木造船を食べて穴を開けるフナクイムシ（船喰虫 shipworm 二枚貝の一種）の被害や、船体には船足を落とす原因になるカキなどが付着する被害が出ます。したがって、尖底船になると、停泊地は浜辺から波がなく付着生物もいない川に移ります。しかし、志賀島には、船が入れるほど大きな川はありませんから、船の停泊地として博多湾に流れ込む室見川、御笠川、那珂川などが使われたはずです。現在、法律で禁じられている河川の岸にプレジャーボートなどを係留している光景を見ても、川が船着場に適していることがわかります。

以上のことを基に、また安曇族の発展曲線から見ても、奴国の経済が大きく成長して、その中心地が志賀島から早良地区に移ったのは、ＢＣ一世紀からＡＤ二世紀の間ということが考えられます。志賀海神社の由緒によりますと、社が勝馬の地から現在の勝山の地へ遷座したの

室見川右岸側の早良区、左岸側の西区を望む

は、AD二~四世紀と伝えられているそうですが、もっと時代をさかのぼる可能性があります。しかし、ここでは、両者が重なる期間、すなわち二世紀の早い年代としておきます。また、その当時の奴国の中心地域は、現在の福岡市の西区・早良区とします。そうしますと、先の早良区を奴国として扱っていない菅波氏の考えと違ってきます。

現在、福岡市の西区とその西にある前原市との間には、背振山山系から伸びてきた三〇〇メートルほどの飯場峠、二四〇メートルの日向峠、三四〇メートルの叶岳、一一八メートルの長垂山と博多湾岸まで峰が続いていますから、確かに前原市にあった伊都国と西区とは地形的に不連続になっています。一方、現在、早良区とその東の城南区との境界には、油山から下がってきた低い尾根が、城南区の熊添え池あたりまであります。その尾根の西に、樋井川に合流して博多湾へ注ぐ七隈川と西に室見川に合流して博多湾へ注ぐ油山川が流れていますが、両河川の間は、実際に歩いてみてもなだらかな坂があるだけで、住宅地も連続しています。たとえ弥生時代の海岸線がこの尾根に迫っていたとしても、国境になるほど地形的に区分されるものはありません。ですから、奴国は、西区・早良区から城南区・南区、那珂川町、春日市へと油山山塊の山麓地から流れ出る川沿いに西から発展して行ったと見る方が自然だと思います。

「魏志倭人伝」に出てくる奴国の位置については、いろいろな説がありますが、いずれも油山山塊の山麓から博多湾に広がる地域のどこかに納まっています。ただ、奴国王がいた中心地になると、説が分かれます。宮崎康平氏は『まぼろしの弥邪馬台国』(前掲)で、「那珂(川)町から屋形原一帯の縄文線と弥生線の間に当たる小台地にあったと思う。王は屋形原から油山にかけた東南向きの台地にいただろう。……須玖遺跡が有名で、そこから鏡や剣が発掘されたからといって、そこは墓場なのだから、中心ではない」としていますが、甕棺墓が出土した須玖岡本(現在の春日市)とする人もいますし、那珂川町の安徳だという人もいます。いずれにしても、奴国の中心地はその発展とともに移動したと考えられますが、奴国王の御在所となると、王は天子だという考えに立てば、南面する位置、すなわち志賀島、志賀海神社にあったことになります。

奴国の中心から飛び離れている志賀島ですが、奴国の聖地として、また、船の風待ち、さらに、関所的な役割をもつ港として重要な機能をもっていたと考えてよいでしょう。

少し補足しておきます。江戸時代の話になりますが、江戸湾入り口にある浦賀（現在の神奈川県横須賀市）は、江戸城から離れていますが、徳川将軍にとって、湾に出入する船に対する関所的な役割も担っていました。志賀島も博多湾に出入りする船に対して同じような役割をもっていたのでしょう。このように考えてきますと、ＡＤ五七年に後漢の光武帝から奴国王が授かった金印が志賀島で発見されたことも理解できます。

時代は下がりますが、志賀海神社の綿津見神が人々のよりどころとなっていた歌が、『万葉集』に出てきます。

「ちはやぶる　鐘の岬を過ぎぬとも　われは忘れじ　志賀のすめがみ（千磐破　金之三埼乎　過鞆　吾者不忘　牡鹿之須賣神）」（『万葉集』巻七一二三〇、作者不詳）という歌は、その現代文解釈で「航海中の難所である鐘の岬（鐘崎）を無事に過ぎたとしても、この航海を守ってくださった志賀の神様の恩を決して忘れはしません」（梶島好之『万葉の里　志賀島』、志賀公民館）、「非常な航海の難所である鐘の岬を過ぎたとしても、わたしは海路の平安をお願いしたこの志賀の神様を忘れません」（万葉歌石碑解説看板）とあります。この歌を地理的にみると、鐘ノ岬（現在、宗像神社がある宗像市）を過ぎると、それまで見えていた志賀島が見えなくなるが、それでも志賀島の綿津見神のことは忘れませんということになります。「すめがみ」は、岩波の『広辞苑』では皇神という漢字を書き「ある地域を領する神、皇祖の敬称」とあります。この歌を詠んだ人は、船の乗組員か乗客かはわかりませんが、いずれにしても、当時、いかに志賀海神社の綿津見神があがめられていたかを知ることができます。

また、『万葉集』に「筑前国の志賀の白水郎の歌十首」があります。これは、神亀年中（七二四～七二九年）に、志賀の海人、すなわち安曇族が荒雄《あらお》をリーダーとして対馬に駐屯している防人への食糧を運ぶ航海で遭難したことを悼んで詠まれたものです。残された妻子、あるいは、筑前国守山上憶良が妻子の心持ちになり代わって詠んだといわれています（久松潜一『万葉秀歌』、一九七六年、講談社）。安曇族は、六六三年の白村江《はくすきのえ》の戦いで壊滅的な被害を受けた後六〇年ほど経って、荒雄をニューリーダーとしてようやく復興の兆しが出てきた矢先の事故でした。これで安曇族は、海運界から消えてしまったとみて間違いないでしょう。

この事故にあった荒雄たちの船は、志賀島から対馬に向かうのに、五島列島の三井楽を経由する地図上の距離では三角形の二辺をたどる遠距離航路をとっています。この航路選択について、久松氏は、肥前で米を積み込んで対馬に向かったからだろう（『万葉秀歌』、前掲）、と書いていますが、櫓と帆を使う船にとっては、肥前の米に関係なく、この志賀島→五島→対馬の航路が対馬海流に逆らうことなく巧みに利用する賢明な選択なのです。その理由は、この航路ですと、第二章の弥生人の渡来航路の項で述べたように、志賀島から五島までは対馬海流の影響を受けることなく、潮の満ち引きで流向が一八〇度変わる潮汐流があるだけなのです。

ですから、風や潮時を見ながら志賀島から五島へ向かい、五島から対馬海流に乗って対馬へ向かうのが、今でいう省エネ航法です。お米などを運ぶ重たくて帆の力を利用しにくい船速が遅い船だと、対馬海流を横断することは難儀で、それに比較すると、五島経由が楽で着実な航路というわけです。第二章の対馬海峡の横断のむずかしさと東シナ海の航路で説明したように、中国大陸へ渡るにも、対馬へ渡るにも一旦五島に寄って風を待つ、これは、志賀島から五島まで対馬海流の影響を受けないからです。

志賀島2　金印「漢委奴國王」

ＡＤ五七年に、奴国は、使者を後漢（二五〜二二〇年）の都の洛陽まで送り、光武帝に朝貢して「漢委奴國王（かんのわのなのこくおう）」と刻まれた金印を授かりました。その金印は、天明四（一七八四）年に、志賀島で発見されて、現在、福岡市博物館に展示されています。金印を授かったことから安曇族の活動や弥生の産業改革に関わることが読み取れますが、まず、金印の効用や用途についての説明から入ります。

時代によって多少異なりますが、代々中国の王朝は、領域内（あるいは身内）の国を内臣とし、領域外の国を外臣として、天子と臣下の関係を結んで組織を固め、その証に印綬を授けています。これを冊封体制《さくほう》と呼びます。冊封関係が結ばれると、その国は毎年朝貢し、出兵命令があれば出動しなければならないという義務が生じますが、半面、交易が認められますし、他国に攻められるなどの危険があれば救援してもらえるということになっていました。しかし、これは表面上のことで、実際に義務をはたすこともなかったようです。この冊封体制は前漢の武帝と後漢の光武帝の時代でも変わっていません。夜郎国《やろう》（現在の貴州省）も滇国《てん》（現在の雲南省）も漢から印を授かり（注5）、朝貢する約束で冊封関係を結んでいますし、奴国王も同様です。

漢の時代の印綬には明確な序列があり、それによりますと、奴国王は光武帝に厚遇されていることがわかります。印の材質は、最高は皇帝の玉ですが、以下、現在のオリンピックのメダルと同じで上位から金・銀・銅の順になっています。また、綬すなわち組紐《くみひも》ですが、これも現在の日本でも紫綬・藍綬・黄綬褒章などで色分けされているように、当時の中国大陸では、王侯は藍綬、大将軍は紫綬、二千石以上の官吏は青綬となっています。・さらに、印をつまむところの鈕《ちゅう》も、北方民族の北狄《ほくてき》には駱駝《らくだ》・羊、東夷《とうい》や南蛮には蛇、ご本家の漢に直接仕える内

（注5）『史記』の「西南夷列伝」には、夜郎国と滇国が印を授かったとはありますが、金印とは書いてありません。ところが、一九五六年に雲南省の石寨山《せきさいざん》から「滇王之印」と刻まれた金印が発見されました。この金印は『史記』の記載に対応するものとみられています。したがって、ここでは夜郎国と滇国が金印を授かったとしました。

臣には亀となっています（主に荻野忠行『金印』、二〇〇一年、不知火書房による）。これにしたがうと、奴国王の金印は、漢の大将軍クラスの外臣という格付けになります。

金印を授ける条件として、大谷光男氏は、『後漢書』に記載されている（漢から見ての）外蛮（北狄・東夷・南蛮・西戎《せいじゅう》）に金印を授けた条件を整理して、

一、遠方の国が朝貢した場合
二、漢帝国に帰属した場合
三、軍事面で功労のあった場合
四、大軍を率いて降服した場合

の四つの条件の何れかに当てはまれば、金印紫綬を授けられた可能性があるとしています（『日本古代史研究と金印―漢委奴國王金印展―』、一九八四年、福岡市立歴史資料館）。その具体的な例として、AD二三八年に、邪馬台国の卑弥呼が魏の天子に朝貢して金印を授かったとき、魏王は、「汝がある所踰《はる》かに遠きも、乃ち遣わして貢献す。これ忠孝、我れ甚だ汝を哀れむ。今汝を以て親魏倭王となし、金印紫綬を仮し、……」（「魏志倭人伝」）と、遠方から朝貢したことを評して金印を授けたことを挙げて、奴国王の場合も遠方からの朝献に対しての金印紫綬の授受だろ

金印「漢委奴國王」印面（福岡市博物館所蔵）

金印「漢委奴國王」全景（福岡市博物館所蔵）

うとしています。
　しかし、『史記』の「西南夷列伝」や「大宛列伝」から、前漢がBC一〇九年に夜郎と滇に金印を授けた経緯を読み取りますと、必ずしも大谷氏が示した条件だけではなさそうです。漢の中華思想に照らして周りに住んでいる野蛮人、すなわち、北狄・東夷・南蛮・西戎に対する統制や、国益を考えていることがわかります。それだけに、奴国が金印を授かった条件は複雑で、大谷氏が示した一番目の遠方の国からの朝貢と二番目の漢に帰属するという条件だけで授かることは難しいのです。
　夜郎は、当初、漢に抗する南越（現在のベトナム）を頼りにして漢へ入朝（朝貢）しなかったのですが、その南越が漢に亡ぼされると入朝することを承諾しています。また、滇も、当初は同族の労浸《ろうしん》・靡莫《ひばく》と協調して漢への入朝を聞き入れなかったのですが、労浸と靡莫が亡ぼされると降伏して入朝しています。

『史記』「西南夷列伝」に、「西南夷には部族が百を単位として数えるほどいるが、ただ夜郎と滇だけが王の印を授けられた。滇は領地が小さかったが、いちばん目をかけられた（小川環樹他訳、一九七五年、岩波文庫）」とあります。すなわち、たくさんの国が漢に武力で平定され、夜郎も滇も同じように平定されたにもかかわらず、BC一〇九年に、この二国だけが外臣として武帝から印を授かっているのです。これには次の背景があります。

BC一三五年に、漢の武帝（BC一四一～BC八七年）は唐蒙《とうもう》を南越に派遣しました。唐蒙は、蜀（現在の四川省）にしか産しない枸醤《くしょう》という食べ物を南越で食べて、その輸送経路に夜郎があることを知り、夜郎に漢の武力と贈り物攻勢をかけて、漢の官吏を置くことを無理に約束させます。そのとき夜郎としては、漢との交通路がけわしいからいつまでも漢が夜郎を臣下にしておくことは不可能だと考えて約束を承諾したのです。しかし、唐蒙は、巴と蜀の兵卒を使って、夜郎への道をつくればよいと武帝に報告し、実際に道路をつくったので（前出『史記』「西南夷列伝」）、夜郎のもくろみは、はずれています。

また、BC一二二年に、武帝は張騫《ちょうけん》に西域を調査させています。張騫は大夏《たいか》（バクトリア）で、商人が身毒《しんどく》（現在のインド）に行って蜀（現在の四川省）の産物を買ってきたことを知り、蜀から身毒へ通じるルートを探りますが、途中の部族に妨害されて失敗に終わります。そのルート探索の過程で滇の存在と、蜀から密かに滇まで行っている商人がいることも知りました。そのときの滇は漢に協力的で、一年がかりで身毒までの使節団を出してくれましたが、途中、昆明に邪魔されて身毒と連絡がとれませんでした。でも、張騫は、滇と密接な関係をもつ価値があることを武帝に報告し、承知されています（前出『史記』「西南夷列伝」・「大宛列伝」）。

こうやってみますと、夜郎国と滇国が漢にとって南越や身毒の珍しい産物を手に入れるために必要な交易の要に当たると評価していたことが理解できます。ですから、漢としては、遠く離れている両国を亡ぼして直轄支配するよりも、冊封して勢力圏を広め、珍しい産物を朝貢させる方が国益に結びつく得策と判断したのです。しかも、その要の国は一国あればよいとして、対ベトナム産物の入手は夜郎国だけ、インド産物の入手は滇国だけに絞っています。

その点、日本列島でも奴国一国に絞られています。奴国が金印を授かった同じ後漢時代のAD一〇七年に、伊都国も朝貢して生口一六〇人を献上していますが、印を授かったとは記録されていません。これは、おそらく後漢の政策として、匈奴のように漢を脅かす存在に対しては、その周辺国とも君臣関係を結んで冊封し、お互いを牽制させて戦力を消耗させていますが、当時の日本列島は、後漢を脅かす存在ではないので、奴国だけに絞って冊封して印を授けていれば、その他の国と冊封を結ぶ必要はないと判断したのでしょう。ところが、漢が亡びて三国時代に入ると、魏は、奴国を倭の代表扱いにしないで、邪馬台国の卑弥呼を倭王と認め印を授けていません。奴国は冊封されていないのです。

印についてこのようにみてくると、印を授ける条件が、単に遠隔地であることや帰属したというだけではなく、大国の漢としては、珍しい産物を入手できることは国益の一つと考えていたのです。ですから、この国益の対象になる国も印綬を授ける条件の一つに加えておくべきです。

そのことを承知した上で、前漢の武帝（BC一四一〜八七年）から一六六年経った後漢の光武帝（AD二三〜五七年）までの時代変化も考慮しながら、奴国王が後漢の光武帝から金印を授かった背景を、漢の国益という視点をからませて検討してみます。

当時の現実を考えますと、漢から海を挟んで遠く離れている奴国に出兵命令を出すことも、それに応えて出動できる距離でもありませんし、「魏志倭人伝」にある奴国の戸数二万戸の数字からみてもそれほど兵力があったとは考えにくいのです。一方、朝貢交易という言葉があるように、漢は大国の威厳を示すためにも朝貢に対し、献上物以上の価値がある物を返していますから、奴国としては朝貢することが不利益になるとは考えられません。AD五七年に洛陽まで行った実績を考えれば、その気があれば、毎年の朝貢もできたでしょうが、金印を授かった奴国がその後も朝貢したという記録はありません。

では、なぜAD五七年に、奴国は遠路危険を冒してまで朝賀（朝貢）し、後漢は金印紫綬を授けて厚遇したのでしょうか。まず、漢の側に立ってみますと、遠いところに住む蛮族が朝貢に来たことは、それだけ漢の勢力圏が広くなるから、偉大なる帝国を自認している漢としては喜ばしいはずです。したがって、海を渡って来た遠い奴国が朝貢してきたことを歓迎したでしょう。しかし、国益を考える漢が、それだけで奴国に厚遇の金印紫綬を授けたとは考え難いのです。奴国も、夜郎国や滇国と同じように、国益に結びつく何かをもっていたと考えた方が素直です。光武帝が交易を重視していたことを考え合わせると、奴国の産物が漢の国益に結びつくと見込んでの金印紫綬だった可能性が考えられます。その産物については、第二章で触れた生理的必需品の塩、珍品類の干しアワビ、真珠・ヒスイ、貴重品の絹織物などでしょう。

次に奴国の側からみると、わざわざ洛陽まで朝貢に出かけたのは、ただの物珍しさだけではないはずですし、また、金印紫綬を授かっただけで満足したとも考えられません。しっかりした目的があったとみるべきです。後に魏の使者が往来する時代になって、邪馬台国が魏に日本列島内の紛争の救援を依頼したとありますが、中国史にも、漢の人が日本列島へきた記録がないAD五七年当時の奴国が、漢に救援を頼ることは考えにくいことです。そうしますと、奴国の目的は、漢との間の交易を公認してもらうことではないでしょうか。

前漢の時代は、鉄器や鉄製武器を禁輸品として厳しく管理していましたが、匈奴などの北方民族との間に密貿易（交易）があったと推測されるそうですし（前出　影山）、蜀の商人が禁令を犯して滇と密輸していた（前出『史記』「大宛列伝」）、ということですから、遠隔地の国との間には、密交易があったと見ていいでしょう。そうしますと、奴国が、中国大陸へ行って密交易をしていたとしても不思議ではありません。ただし、密交易といってもBC一一九年に前漢で塩・鉄・酒の専売制が施行されて以降からのことで、それ以前は、密交易という規則も概念もなかったでしょう。ところが、後漢になると光武帝が交易を奨励したので、奴国としては、この際、一七〇余年ほどつづけていた密交易から脱却して、公認してもらい堂々と交易をしたいと願うのも当然です。要するに、金印を授けた後漢にも、授かった奴国にも利益に結びつく目的があって、それがお互いかなえられたということです。

次に金印の具体的な使い方について説明します。印璽は、現代の市長印や会社社長印と基本的には変わりません。王として決裁したときに押印します。奴国王の印は、文字を彫りこんだ凹型の陰刻で、現在私たちが使っている文字の周りを彫りこんだ凸型の陽刻ではありません。ですから、布などに押印するのではなく、粘土に押して文字が浮き上がる封泥《ふうでい》として使われていたと考えられています。竹片・木片に書いた書簡や荷物を束ねた結び目に粘土をつけて押印して封じておけば、確かに奴国王からの書簡・物品だとわかるのです。

また、現代の国会議員は、選挙結果の当落をバッジを着けるか外すかで表現しますが、印璽も似ています。体に着けるか外すかでその人の職が決まるのです。『史記列伝』にその場面が出ていますので、参考のため三例挙げておきます。趙の宰相は、腰につけていた印を外して辞職の意思を表わしました（「范睢・蔡沢列伝」）。秦の趙高は、二世皇帝を自殺させると皇帝の象徴である玉璽を奪って自分の体に帯びて皇帝になったとアピールしますが、この場合は、皆が認めていません（「李斯列伝」）。陳余が将軍を辞めるとき、印とその紐をはずし、張耳が着けて将軍になる場面があります（「張耳・陳余列伝」）。

以上のことから、奴国王の印は、王自身が執務中は体に帯びて押印したと考えられますが、印は首からぶら下げて、相手に自分の肩書を示すものだ、と考えている人もいます。会談の場合にはそれも考えられますが、奴国が漢と交易する場合には、現代の市長印や社長印を職員がもち歩かないのと同じで、使者が印をもって行くとは考えられません。

志賀島3　金印を読む

奴国王の金印紫綬に関する中国史料と実物から安曇族にかかわるところを読みとることができます。一つは、第一章で説明したとおり、奴国の使者が後漢の光武帝に朝貢したときの口上の中から弥生時代の開始年代が推理できたことです。もう一つは、安曇族と中国大陸との交易にかかわることが推理できます。交易の内容については後ほど説明しますが、なぜ安曇族と金印紫綬が結びつくのかを説明します。

まず、奴国王と安曇族との関係はどうなっているのでしょうか。結論を申しますと、安曇族の首領が後漢の表現で奴国王となったのです。本章の安曇族の由来の項で、使者が「ドンからきました」と口で挨拶したら、漢はドンのンを省略して奴の字を当てたということを述べましたが、その洛陽へ行った使者の海上輸送を受けもったのは、航海術に優れた海人以外には考えられません。奴国の海人は安曇族です。安曇族は、洛陽を訪れたＡＤ五七年以前から、東シナ海を自由に航行して中国大陸と交易をしていました。また、プロフィルで述べたとおり、『日本書紀』によると、応神三年、応神天皇の命に従わない各地の海人を安曇族が鎮静して、日本列島の海人の統率者になったとあります。全国的な海人の統率者である安曇族の首長をさておいて、同じ奴国内に別の首領が存在したとは考えにくいのです。この二つの理由から、奴国王は安曇族の首領が奴国王だったということです。

　金印紫綬の収受についての記録は、日本の書にはありませんが、中国正史の『後漢書』（范曄《はんよう》、三九八～四四五年編集）に、「建武中元二年（五七年）、倭の奴国、奉貢朝賀す。使人自ら大夫と称す。倭国の極南界なり。光武、賜うに印綬を以てす」とありますし、『翰苑《かんえん》』（張楚金、六六〇年撰）の倭国の項に「中元之際紫綬之榮」と明記されています。このことから、ＡＤ五七年に後漢の光武帝から奴国王へ紫綬がついた印が授けられたのは確かですが、それが金印だという記録はありません。しかし、一七八四年に志賀島から出土した印が金印ですから、授かったのは金印紫綬だったのです。

後漢に朝献した奴国の使者は、光武帝に太伯の後裔であることや大夫という役職だと話したのですから、当時の中国語が話せたわけです。三世紀に出た「魏志倭人伝」によると、倭は百余国あってその中で話が通じる国が三〇か国ある、といったことが書かれてありますから、いわゆる日常会話は中国語を使っていなかったのでしょう。このことは、日本列島では大野晋氏の「日本語の起源」説に照らしても、中国語は日本列島の日常会話に使われていなかったといえます。すなわち、一世紀の日本列島では、すでに現在の日本語に近い形の言葉を使っていたと考えて間違いないようです。日頃から全然中国語を使っていなければ話せないはずの奴国の使者が、漢の人たちがわかる言葉で自分は太伯の後裔と挨拶できたのは、当時、中国大陸と交流していたことの裏づけでもあります。交流といっても、現在の観光旅行とは考えられないので、交易をしていた可能性が高いのです。

交易をしていたことを別の角度から検証してみます。奴国の使者が洛陽まで行ったのは記録にある史実です。洛陽に行くには、洛陽の位置、冊封制度などを含めて漢に関する情報を事前にもっていないことには行けませんから、情報を持っていたことも間違いないわけです。では、一体どうやってその情報を入手していたのでしょうか。その答えは、光武帝に朝貢する以前から、奴国は中国大陸と行き来していた。すなわち、交易をしていたからです。それ以外には考えられません。

そうはいっても、ＡＤ五七年に、奴国の使者が予告無しで洛陽へ行って、光武帝にお目通りできたとは考えられません。前もって下話が通じていたはずです。その下話はどうやってなされたのでしょうか。前漢時代から長年中国大陸と密交易をしていると、特定の業者と結びつくのは当然です。その業者が、奴国の代理店的な役目をもったとしても、また、交易で財をなしたとしても不思議ではありません。

前漢と後漢の政治経済での大きな違いは、前漢が重農抑商策をとったのに対し、後漢の創建者光武帝は、挙兵の当初から商業資本と結び、政権の基礎に、官僚・地主勢力のほか、商業資本の勢力を加えた（常石茂『新十八史略』、第三巻、一九八一年、河出書房新社）、というのです。すなわち、同じ漢とはいっても、商業を抑えた前漢の武帝と商業を奨励した後漢の光武帝では政策が大きく変わっているのです。後漢は、財をなした商人を利用しています。ですから、奴国の代理店と政府との関係が密接になっていたこともあり得たのです。この政商的な代理店を通じて奴国に関する情報が政府に伝わり、政府の情報が奴国にもたらされて、奴国の朝貢が実現したことが考えられます。

そうすると、奴国の使者は直接洛陽まで行ったということになります。そこで、この光武帝に朝貢するまでのルートと段取りを考えてみましょう。日本列島から後漢や魏の首都洛陽まで行って朝貢した記録は、奴国・伊都国・邪馬台国の三例あります。そのルートとしては、ＡＤ

二三九年に邪馬台国が朝鮮半島の楽浪郡を経由して朝貢したと記録にあることから（『魏志倭人伝』）、奴国も同じルートをたどったと考えている人もいます。しかし、それは違います。なぜならば、これまで述べてきたように、奴国はＡＤ五七年に朝貢する以前から中国大陸と往来していた可能性が高いことと、楽浪郡の状況が違います。ＢＣ一〇八年に、前漢の武帝は朝鮮半島に楽浪郡を置いて治めていましたが、「後漢になると、ＡＤ三〇年に、豪族の王調《おうちょう》が反乱を起こし、後漢の郡吏が王調の命令に従わなければならないほどになったが、後漢は朝鮮半島にほとんど関心を示さず、楽浪郡の組織も在地の豪族を主体としたものであった」（井上秀雄『古代朝鮮』、二〇〇四年、講談社）、とあるように、奴国が朝貢したＡＤ五七年当時は、楽浪郡には後漢の郡県制の機能は及んでいなかったのです。ですから、奴国の使者は、楽浪郡に寄らずに中国大陸までは直接船で行き、それから先、洛陽までのルートには代理店の世話で道案内を付けたと考える方が素直です。

なお、奴国の朝貢は、ＡＤ五七年の正月で、光武帝は、その一か月ほど後の二月に亡くなっています。もちろん偶然の可能性もありますが、商業政策を執り始めた光武帝の存命中に何としてでも金印紫綬を授かりたいと、商人資本の代理店と話して駆け込む形になっていることも傍証として挙げておきます。以上のことから、安曇族がＡＤ五七年以前から中国大陸と交易をしていたことが金印から読み取ることができるのです。

志賀島４　金印発光位置

繰り返しますが、ＡＤ五七年に光武帝から授かった金印が、一七八四（天明四）年に、現在の福岡市東区志賀島で百姓の甚兵衛さんによって偶然発見されました。その発見された経緯が甚兵衛さんの口上書として残されています。金印が出土した位置は、口上書などをもとに、中山平次郎氏が推定して、大正十一年に「漢委奴國王金印発光之處」の石碑を建て、現在金印公園となっています。しかし、その後の調査結果でも、金印公園付近から金印が出土した証拠がみつからなくて、発見場所が疑問視され、ひいては、金印偽物説まで出ています。岡本顕實氏は「謎とミステリーだらけ志賀島の金印」（郷土歴史シリーズVol.１・２）で、誰が、どこで、いつ発見したのか正確なところはわからない、と書いています。本書は金印とかかわりが大きいので、発見した場所について、これまでとは違った視点から、現地と甚兵衛さんの口上書を基に検証してみます。

「漢委奴國王金印発光之處」碑

　まず、なぜ金印が志賀島から出土したのかを考えてみます。三国時代の魏は、奴国王が後漢の光武帝から金印を授かったことを知っていたはずです。魏にとって、冊封していない奴国が金印をもっていること自体が問題だったでしょう。ですから、魏がその返還を求めたこともあり得たことです。奴国王としては、前漢が亡びたとき、王莽が新（ＡＤ九〜二三年）を興したが、一〇年余りの短期間で再度後漢に取って代わられた事実を知っていますから、同じように魏が短期間で亡びて漢が再度復活する可能性もあると判断すれば、交易が公認されている金印を返上したくないでしょう。ところが、「魏志倭人伝」に、「女王国より以北には、特に一大率《いちだいそつ》を置き、諸国を検察せしむ。諸国これを畏憚す。常に伊都国に治す」とあるように、奴国の隣の伊都国に魏の権力をもった査察者が常駐しています。奴国（安曇族）としては、魏の査察者が奴国の聖地である志賀島に目をつけて捜査に入ることを恐れ、金印を見つからない場所に隠したとしてもおかしくありません。ただ、その後、漢は復活しませんでしたから、隠した金印も使い道がなく、時代の経過とともに忘れられてしまった可能性があります。

では、どんなところに隠したのでしょうか。隠す側に立って考えてみます。金印は、王（首領）の分身ですから、志賀海神社と同じように奴国の人が住む位置から拝めて、また、室見川などから船出する時にも拝める場所に置いたことが考えられます。かといって、志賀海神社の中に置いていたのでは、魏によって見出される危険性があります。また、隠し場所が魏に洩れるとまずいので、多くの奴国の人にその場所を知らせるわけにもいきません。みんなに教えないでみんなが拝めるところ、それは、志賀海神社と同じように志賀島の中で、風水地形に沿って、北に玄武とする山を背負い、奴国に南面した位置ということになります。

かといって、隠し場所は、特定の人だけには正確にわかるようにしていなければ再度使用できるようになったときに困ります。でも、査察者のことを考えると、その位置を地図に描いてもっているわけにもいきませんから、正確な位置を簡単に口で伝える方法を採ったでしょう。その方法は、むずかしいものではありません。現在でも漁業者が海上で船の位置を出す方法、すなわち、山合わせ（山立て）です。その山合わせを簡単に説明します。

たとえば、船で海上に出て魚がよく釣れたとき、その場所を覚えておきたいなら、陸上を見て前後に重なる目標物を探しそれをAラインとし、次に、そのラインから直角に近い方向で、同じように二つの重なる目標物を探してBラインとすれば、AB二本のラインの交点が船の位置ということになります。この二本のラインの目標物を覚えておけば、後日間違うことなく同じ場所に行くことができるわけです。実際には、山合わせに使う格好の目標物が見つからなかったり、直角方向に陸上がなかったりと、その場所の環境によって複雑になりますが、基本は変わりません。ただし、目標物は、短期間でしたら木でも建物でも構いませんが、長年となりますと、山・岬・島など動かないものでないと使えません。

陸上で金印を隠す場合、動かないものを目標物にしますが、甲岬と指一本右で乙山と重なるなどという込み入った表現ではわかりにくいし、間違えやすいので、岬や山がピタッと重なる目標物を使って位置を出すでしょう。以上のことを頭に置いて、志賀島の金印公園に立ってみました。大雑把に見ると、この位置は、北に山を背負い、奴国に南面していますから金印隠蔽の適地といえますが、山合わせに格好の目標物は見あたりません。そこで、金印公園周辺を歩いて山合わせできる目標物を探すと、金印公園から志賀島渡船場方向へ向かって小さな岬を曲がったところに、能古島の西側にある大波戸崎と福岡市西区にある一一八メートルの長垂山が重なる、図4に示したように長垂山ラインがありました（注6）。ここから、このライン上を辿って、山合わせに使えるもう一本のラインを別途探せばいいのですが、現場は、崖で登ることができませんでした。

ただ、海ノ中道の南側の博多湾に浮かぶ小さな端島は山合わせの格好の目標物として使ったことは考えられます。地図上で端島後方の目標物を探しますと、端島と宇美町にある二三六メートルの井野山とを結ぶラインがありました（注7）。このラインは、高さ七〇メートル付近にある小道の上で長垂山ラインと交差します。その位置は北に一二八メートルの山を背負い南面していますので、風水地相に照らしても、金印隠蔽の位置候補に上げられます。しかし、これはあくまでも地図上

（注6）弥生時代の長垂山は周りが海で島でした。実際には、大波戸崎の手前にある岬も一緒に重なります。

（注7）端島・井野山ラインは現場に立った日の視界が悪く、井野山が確認できず地図上で出したラインです。

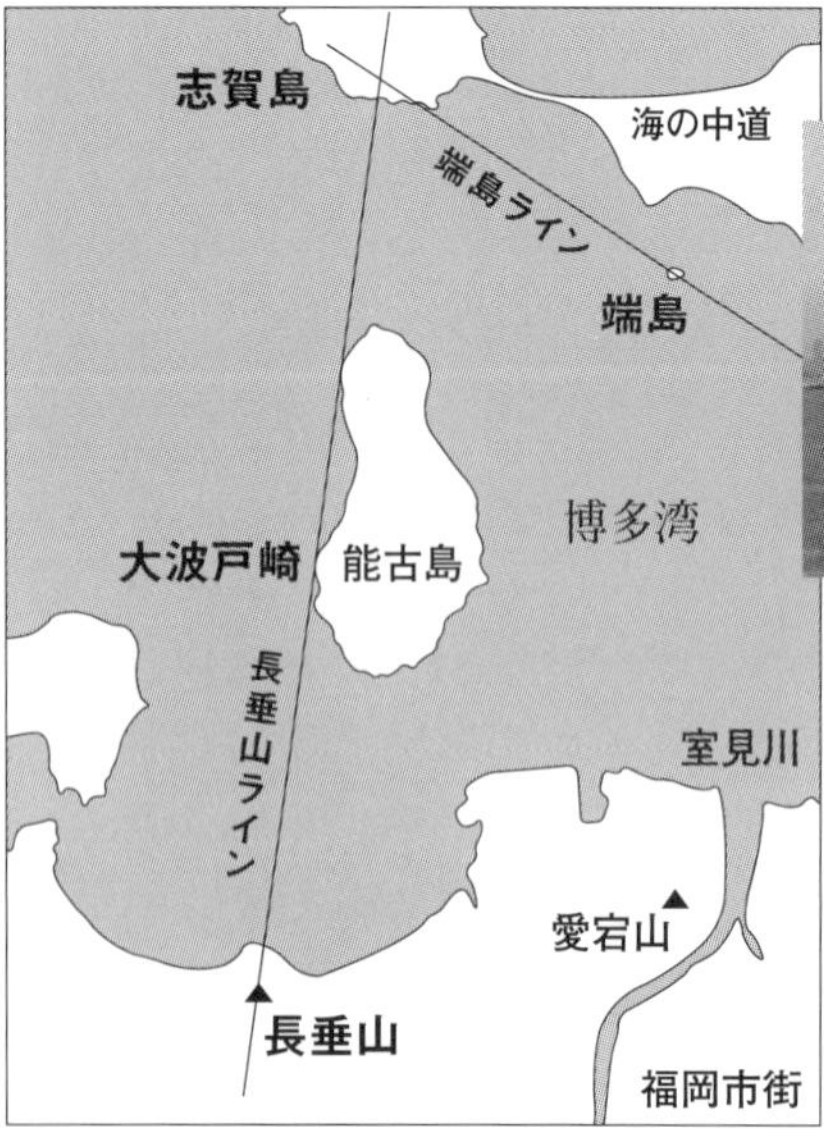

図４　山合わせ（２本の線の交点）　左：能古島大波戸崎と長垂山線　右：志賀島の岬と端島（右上小島）線

のことです。

後日、この二本のラインの交点付近へ、地元の志賀島歴史研究会のメンバーに案内していただきました。そこは、日当たりの良い南に面した傾斜地で、車一台が通れる道路を挟んで上下ともビワ畑でした。ビワ畑には柵があって入れませんでしたが、道路上から覗くように眺めたところ、眼下に博多湾、その向こうに福岡市街が見渡せる絶景の地で、図4の長垂山ラインが通っています。もう一本の端島ライン（図4）は、地図上で目標物にした後方の井野山は見えませんでしたが、志賀島の尾根つづきの小さな岬が端島を結ぶラインの目標になりそうでした。確認はできませんでしたが、ビワ畑付近に、山合わせに絶好の地点があることは間違いないでしょう。

なお、この山合わせで決めた位置だと、大波戸崎・長垂山と端島・岬などと目標物だけを伝えれば、海人だったら誰でも間違えることなく、隠し場所に立てるわけで、奴国の特定の人だけが知っている秘密の場所になります。半面、海人の位置出し方法を知らない陸上生活者の魏人に見出されることもないわけです。

実際に金印を隠した場所、すなわち、金印が出土した位置については、塩屋勝利氏が「金印出土状況の再検討」（『福岡市立歴史資料館研究報告』第九集、一九八五年）で、関係資料を基に整理し、その結論は、「金印発見者の甚兵衛さんの口上書は一級資料で、発見状況までは信用できるが、その後の届け出までの経緯は信用しがたい。中山平次郎氏が金印出土地と推定した現在石碑が建っている地点は適当である。金印出土遺構は積石を有する箱式石棺墓に類する可能性が強い」としています。それでも、金印出土の現場確認ができていないという不完全さは拭いきれないのです。そこで、甚兵衛さんの口上書を検証してみます。口上書は岡本氏の書からの転載です。

私の所有地、叶の崎という所の、田んぼの境の溝の水はけが悪かったので、先月二十三日、溝の形を修理しようと岸を切り落としていたところ、小さい石がだんだん出て来て、そのうち二人持ちほどの石にぶつかりました。この石をかなてこで取り除いたら、石の間に光るものがあり、取り上げて水ですすぎ洗いしてみたところ、金の印判のようなものでした。

（以下略）」（注8）。

まず、口上書にある「二人持ちの石」ですが、その重さは大雑把にみて、一〇〇キロぐらいかと思います。そうすると、大きさは、縦横厚さ四〇×三〇×二〇センチの石で比重が四だと九六キロ、比重が五だと一二〇キロですから、それほど大きなものではありません。正確な形状はわかりませんが、厚さが一〇センチ以下でしたら、縦横の面積が倍以上に広がりますから、かなてこを使わなくても、一人で片方を持ち上げてひっくり返すことができるでしょう。かなてこを使ったことから考えると、どちらかといえばずんぐりした形状が想定されます。そのような形状の石でしたら、現在でも、金印公園の近くの磯に転がっています。それらの中から用途にかなった形状の石を選んで運んできたことはあり得ます。

次に、「石の間から光るもの」とありますが、金印の大きさは、縦横もつまみの鈕を入れた高さもそれぞれ約二・三センチです。要するに二・三センチの立方体です。そうしますと、これも大雑把にみて、五～七センチ立方の角柱形か円柱形の空間があれば金印は納まるということです。後漢が亡びた三世紀には鋼鉄もありましたから、石にこのくらいの穴を開けることは、そうむずか

（注8）「水はけ」は原文「水行き」。「修理」は原文「仕直し」。かなてこ（金梃子）はバール。

しくありません。あるいは、海辺にある穿孔貝が開けた穴を大きくするなどもできたでしょうし、自然の力で石が石に穴を開けてできるストーンホールのある石を使ったかもしれません。口上書の「石の間」を水平にとらえれば、左右あるいは前後の石の間のことになり、石棺なども想定されるのでしょうが、垂直にとらえれば、上と下の石の間になりますから、金印を納める小さな空間がある石の上に先の二人持ちの石を乗せた構造が考えられます。この場合、下の石の方が、二人抱えの石より少し大きい石でしょう。

口上書で「光るものを取り上げて水で洗ったら金印」ということですから、金印には、腐食した包装材か泥でもついていたのでしょう。現在、福岡市博物館に展示されている金印を見ても、多少擦り傷はありますが、石で強く傷つけた跡も、石で潰された傷もありません。傷をつけないようにするには、前述のように金印を納める空間がある石に、紫綬の紐も含めて絹などの布で丁寧に包んで納める方法が最適かと考えます。もっとも、金印と一緒に他のものも出てきたのであれば、金印だけを納める空間では狭すぎますが、口上書には、その他のものがありませんから、金印だけが埋められていたという条件付きの話です。

この金印埋蔵に関して、塩屋氏は「金印出土遺構の構造は、平面方形の箱形構造に一枚の蓋石を置き、それを小石（礫石）で覆った形式、あるいは平面長方形の石組構造に複数の蓋石を置き、それを複数の小石（礫石）で覆う形式であったと把握できる」として、積み石を有する箱式石棺墓に類する可能性が強いと考えています。しかし、金印だけが出てきて他に一緒に出てきたものはないということであれば、小さな金印だけを埋蔵するのにそれほど複雑な構造にする必要はないでしょう。また、金印を納めた空間が広ければそれだけ崩れやすいのではないでしょうか。

甚兵衛さんは、溝の岸を切り落としていたということですが、掘ったのではなく切り落とすという表現から判断すると、鍬かスコップ状の耕具の刃を土に垂直に打ち込んで溝をつくっていたのです。その一打ち一打ちの作業で、小石が段々出てきて、その後大石が出たというのですから、塩屋氏が書いているように、大石の上に小石があったのでなく、溝を掘り進んで行く過程で、大石の手前に小石があったということになります。なお、小石の大きさは口上書にありませんが、二人持ちの大石に比しての小さな石でしょう。

そこで、具体的な埋蔵方法を考えてみますと、縦横深さ一米《メートル》弱の穴を掘り、こぶし大の石を敷き詰めて軽く突き固め、その上に金印を納める穴が空いた下石を置き、その穴に金印を布などで包んで入れ、さらにその上に二人持ちの石を置き、その上下二段の大石が横にずれ動かないように周りの空間にこぶし大の石を詰めて、上から土を被せて踏み固めて完成です（図5参照）。これだと構造はシンプルですが金印が潰れたり傷ついたりする危険性は小さいでしょう。それに、二人持ちの大石も、金印を納める石も、こぶし大の石も近くの海辺の磯に現在でもありますから、資材入手に問題はありませんし、三人ほどの人手と一日あればできる作業です。

口上書は、甚兵衛さんが話したことを整理したのでしょう。作業工程は具体的で良くわかりますが、作業現場との関連になると今ひとつしっくりいきません。「田境の水行き悪く」ですが、志賀島のこの地は、傾斜地で、いわば棚田ですから水は高低差で下の田へ落ちます。ですから、排水は畔の高さや下の田へ落ちる畔の切り口の巾で調節できるので、「水行き悪く」は、排水でなく水を引き込む注水の具合が悪いということになります。我田引水という言葉があるように、自分の水田に如何に有利に水を注ぐことが出来るかが、甚兵衛さんにとっても重要課題だったのではないでしょうか。それまで自分の田に水を引いていた溝の水量だけでは心もとないので、より多くの水が欲しいと考えての作業だったとも考えられます。

現在の金印発光地付近にある磯と石

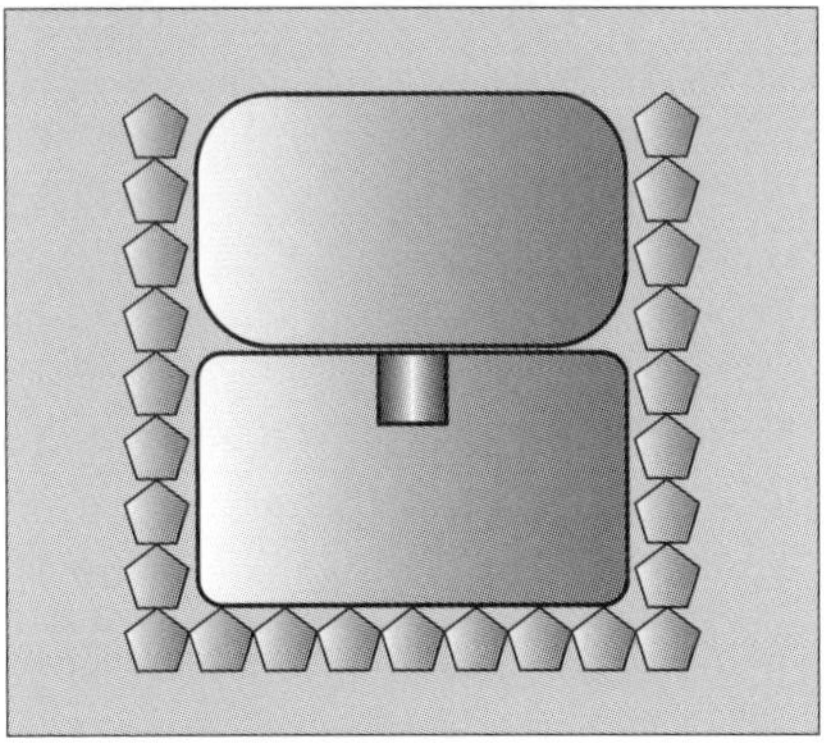

図５　金印埋蔵収納石想定図

田境というのは、他人の田との境ということでしょう。そうしますと、その相手も水が欲しいわけですから、話し合って一緒に溝の改修作業はやるべきです。その場に二人以上いたのであれば、石を二人で抱えたでしょうが、口上書に、「二人持ちの石をかなてこで動かした」とありますから、甚兵衛さんは一人で作業していた可能性があります（注9）。また、かなてこを持って来ていたことは、木の根を掘ったり石を除いたりの開墾作業を想定していたのではないでしょうか。田境に木の根や石があることも不自然に思えます。

水は、斜面の高いところから筋状に流れ出て、何本かまとまって溝になります。それらの溝がそれぞれの低地へ向かって流れ、棚状の田を潤すわけですから、自分の田に水を多く注ぐように確保するには、高いところで隣の低地へ流れ込む水を自分の溝に流れるようにバイパスのような導水溝を新たにつくることです。工事をした旧暦二月二十三日は、現在の暦では四月中旬ですから、まだ田に水を張るまでには少し間がありますし、溝を修理しても、すぐに草木の繁茂で工事跡は見え難くなる時期でもあります。

一方、金印を埋蔵した人たちは、水が流れ込むようなところを選ばないでしょう。できるだ

（注9）博多の仙厓和尚（一七五〇～一八三七年）が一八三〇年ごろ書いたとされる「志賀島小幅」に、「志賀島の農民秀治と喜平が叶崎から掘り出す」とあるが、発掘後四五年ほど経っていることと書いた基の資料が不明です。口上書では、甚兵衛さんだけです。

け水を避ける位置を選んだはずです。そこは、同じ傾斜地であっても、左右に水の流れが分かれる緩やかな尾根の頂上か馬の背のような地形のところが考えられます。埋蔵した時と、掘り出した時では一五〇〇年ほどの隔たりがありますが、大きな地殻変動がなければ、地形は基本的には変わらないはずです。したがって、金印埋蔵地は、隣接する溝と溝の間で少し盛り上がった地形のところを選んだものと考えます。そうすると、甚兵衛さんの作業現場は、口上書にある田境ではなく、自分の田から離れた傾斜地の上の方だったのではないでしょうか。

口上書を読んで、甚兵衛さんの作業状況は、現場を見ているようによくわかりますが、それだけに、作業現場になると歯切れの悪さを感じます。金印発見の功労者の甚兵衛さんに対し申し訳ないのですが、作業現場は甚兵衛さんにとって後ろめたい場所だったのではないでしょうか。そんな疑いをもつと、埋蔵場所が先に述べた山合わせの位置に近づいてきます。

ところで、金印については疑問が多く、そもそも出土がなぜ志賀島なのか、その位置は本当に、現在「漢倭奴國王金印発光之處」と書かれた石碑が建っている金印公園の所なのか、さらに、金印そのものが偽物ではないかと考える人もいます。しかし、これらのことは、現代人の生活に直接影響しないから、疑問視した話題を市民に提供して学問的に楽しんでいる節もあります。

一七世紀の哲学者ルネ・デカルトが「吾思うゆえに吾あり」と言ったそうです。研究は疑うところから始まるという考え方もあり、これは確かに研究姿勢の一面をとらえていますが、半面、研究は信じることも大切です。特に証人がいない古代史は、たとえ記録があっても証明できないものがほとんどですから、疑えば際限がありません。著名人の考えだからと鵜呑みに信じることは慎まねばなりませんが、たとえ無名人でも首肯できる理論構成がされていれば信じるという姿勢が大切でしょう。史料についても同じことです。言い換えると、古代史の解明は、この疑問と信用の選択です。ですから、理論立てした考えをより多く提示して、選択肢を広げておくべきだと思います。

これまで、金印の出土地に関しては、一九五八年・一九五九年に志賀島の全島調査、一九七三年に金印公園建設予定地の発掘調査などが実施されています。前者は、森貞次郎・乙益重隆・渡辺正気氏が、「福岡県志賀島の弥生遺跡」（『考古学雑誌』第四六巻第二号、一九六〇年）に報告しています。この調査は、全島といっても弥生の遺跡に主眼が置かれています。金印埋蔵地はいわば聖域ですから、当時の人々の生活と離れた場所で、弥生時代の遺跡とほとんどかかわりがないところだったことも考えてもいいでしょう。ところで、志賀島から金印が出土したことを疑問視する人もいるわけですから、疑問を解くには、先に述べた、山合わせから求めた位置と甚兵衛さんが、かなてこで掘り起こした石や、その下で金印が収められていた石を探すことです。

ゆかりの地1「海人の陸上がり」は誤解

安曇族を知るもう一つの現場手がかりである安曇族ゆかりの地は、『倭名類聚抄《わみようるいじゆしよう》』（以下『倭名抄』）に、「信濃の安曇郡、美濃の厚見郡はみな安曇連が居る所」といった表現で出ています。たとえば、愛知県の渥美郡、長野県の安曇野、新潟県関川村の安角、石川県志賀町の安津見、鳥取県米子市の上・下安曇、滋賀県の安曇川町《あどがわちよう》などがそれです。また、『倭名抄』に載っていなくても、全国にアヅミあるいはアツミなどと呼ばれている地名はあります。

それらの地名を『日本分県地図地名総覧』（一九七六年、人文社）と郵便番号簿から拾い出して、その中で、明治時代以降や近年の団地開発で付けた地名を除きますと、次の一六か所となりました。

① 山形県西田川郡温海《あつみ》町温海川（現鶴岡市温海・温海川）
❷ 〃 飽海《あくみ》郡
❸ 福島県郡山市熱海《あたみ》町熱海
❹ 静岡県熱海市熱海
⑤ 新潟県岩船郡関川村安角《あずみ》

❻ 富山県富山市安住《あずみ》町
⑦ 石川県羽咋郡志賀町安津見《あづみ》
⑧ 山梨県富士吉田市小明見《あすみ》・大明見
⑨ 長野県北安曇郡（現安曇野市を含む）
⑩ 〃 南安曇郡安曇村（現松本市安曇）
⑪ 岐阜県岐阜市厚見（地名消滅）
⑫ 愛知県渥美郡渥美町（現田原市）
⑬ 滋賀県高島郡安曇《あど》川《がわ》町（現高島市安曇川町）
⑭ 〃 伊香郡高月町阿閉《あつじ》
⑮ 兵庫県宍粟郡一宮町安積（現宍粟市一宮町安積）
⑯ 鳥取県米子市上安曇《あずま》・下安曇

さらに、『角川地名大辞典』『大日本地名辞典』『日本歴史地名大系』で、その由来

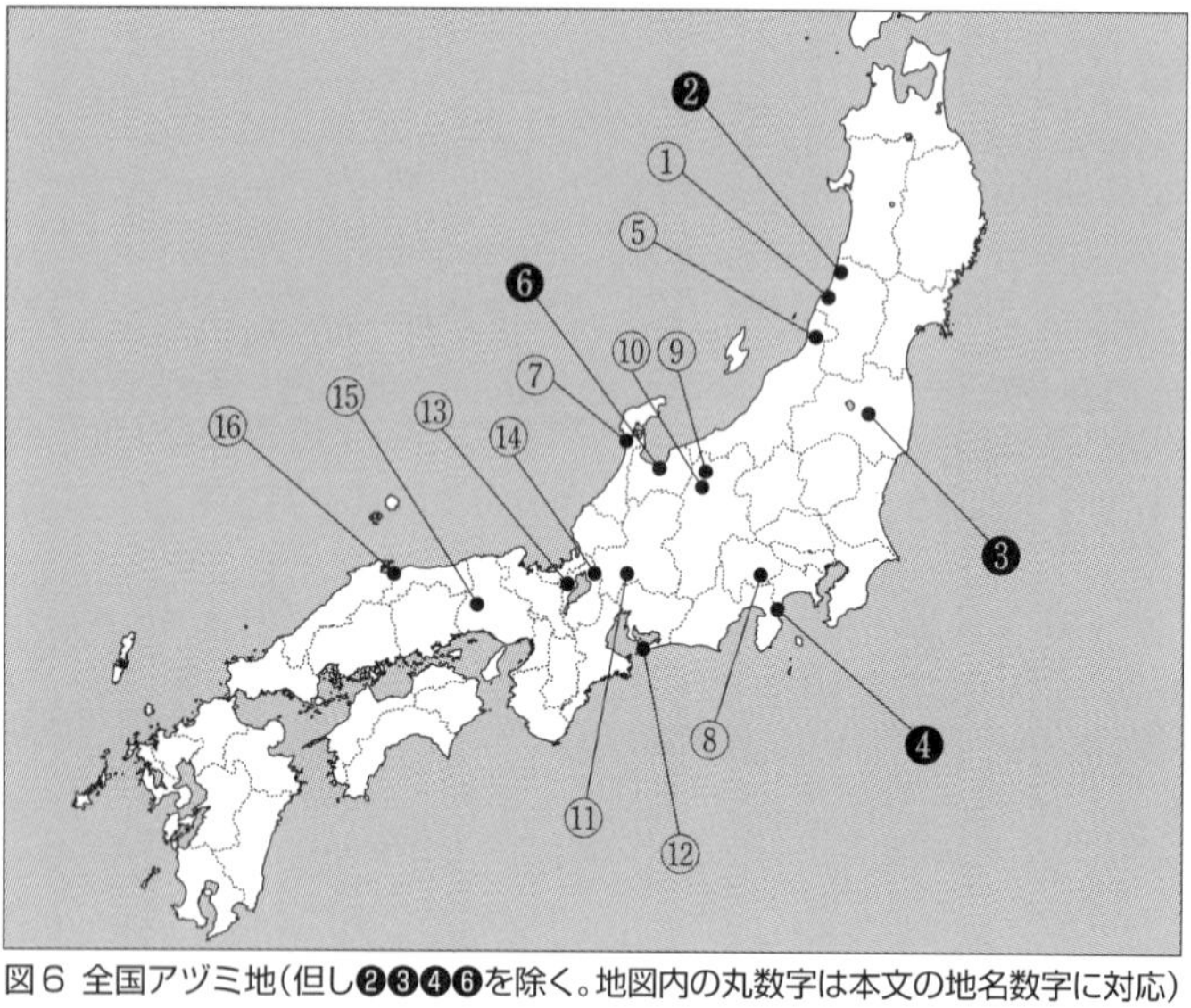

図6 全国アヅミ地（但し❷❸❹❻を除く。地図内の丸数字は本文の地名数字に対応）

を調べ、これまで安曇族との関係が認められていない❷の山形県飽海郡、❸の福島県郡山市熱海、❹の静岡県熱海市の三か所を除くと、一三か所になりますが、❻の富山市の安住町は（注10）、弥生時代の水田稲作との関係がなさそうなので、これもはずすと一二か所が残りました。この一二か所を本書では一括してアヅミ地と称することにします。なお、『倭名抄』などで安曇族ゆかりの地とされていても、現在、特定できないか、特定できても市街化している奈良県の安曇田庄、大阪府の安曇江、福岡県糟屋郡安曇郷なども本書ではアヅミ地からはずしています。

安曇族の手がかりをつかむために、岐阜市の厚見を除くアヅミ地の現地をそれぞれ訪ねました。その各現地の現状については、拙著『安曇族』（二〇〇四年、郁朋社）に紹介していますが、現地で得た結論を先に申しますと、海人の安曇族が、アヅミ地へ入植したのではなくて、水田稲作農耕民の入植を斡旋し、その地にアヅミの地名がついたのです。

しかし、これまでの説はそうではありません。アヅミ地の長野県の安曇野には、海人の安曇

（注10）安住町は富山県庁の近くにあり、町名由来は、『日本地名大辞典』に「安曇族が住んでいたといわれ、また、富山城のことを古くは安住城といったことにちなんでつけられた」とあり、『富山大百科辞典』には「富山城の始まりは安住城で、天文一（一五三二）年に築城された」とあります。以上のことから安曇族に関係していることは確かですが、現在の安住町は昭和六（一九三一）年に埋め立てられた土地です。

族が入植して農耕にたずさわった、すなわち、漁撈民が農耕民に転化した例とする説がありま
す。この説は「海人の陸上《おか》がり」というキャッチフレーズで知られ、ひいては、日本列島は、漁撈の民が陸に上がって、狩猟採集文化から農耕文化に発展したと理解している人もいます。
しかし、これは誤解です。この誤解を正しておかないと、すべてのアヅミ地が「海人の陸上がり」現象として片付けられてしまいます。ですから、アヅミ地の説明に入る前に、なぜ誤解が生じたのかを説明します。

まず、具体的に「海人の陸上がり」説を疑うことなく使った例を示しておきます。藤田富士夫氏は『古代の日本海文化』（一九九〇年、中公新書）の中で、五世紀中ごろから六世紀に、九州にあった割石の石室が飛騨に伝播したルートと、それに海人がかかわったという話を次のとおり書いています。「（石室の伝播ルートは）日本海の富山湾から神通川をさかのぼったものとみたい。その主体は、海人集団であったことは言うまでもないだろう。海人集団の陸上がり現象の一例と解釈する」。

この藤田氏の文章を分析してみます。九州にあった割石の石室が飛騨にもあったのは事実、九州から飛騨へ伝播したのだろうと推理、その伝播に海人が関わっただろうと推理、そのルートは神通川をさかのぼったのだろうと推理、ここまでの事実と推理には問題ありません。しかし、これらの推理を海人集団の陸上がり現象の一例と結んで、海人が陸に上がったということ

を既成の法則か定説のように使っています。

ここでは、この藤田氏の考えの成否を採り上げるのではなく、海で生活していた漁撈民が海を離れて農耕民になることが法則か定説として扱われるようになった根源をつきとめて、その是非を検証することが目的です。その根源を探ると、安曇野に安曇族が入植したという仮説を出した大場磐雄氏の論文「信濃國安曇族の考古学的一考察」(『信濃』第一巻第一号、一九五〇年、信濃郷土研究会)と、宮本常一氏の「瀬戸内海文化の基盤」(『民族学研究』二六巻四号、一九六二年)に行き着きます。

『倭名抄』に安曇野が安曇族ゆかりの地と紹介されていることも、穂高神社の由来にも安曇族との結びつきが書いてあることも間違いではありません。ではどこから誤解が生じたかというと、まず、考古学の大家の大場磐雄氏が、「安曇族は、日本海の糸魚川から姫川沿いに安曇野に入った」(『信濃』、前掲)と発表し、結果的に、それを受けた形で、民俗学の大家の宮本常一氏が、『日本の海洋民』(一九七四年、未来社)に、「漁民をひきいていた安曇氏は、若狭から近江に入り、また糸魚川(注11)を遡って信濃に入っています」と書いています。この両大家の考えは、問題提起を含めて書かれた仮説ですから本来は問題ないのですが、二人の影響力が強

(注11) 糸魚川は地名で川の名前ではありませんから、ことによると、姫川河口にある糸魚川と姫川とを取り違えたのかもしれません。なお、これらの入植した根拠は示されていません。

穂高神社

いこともあって、これを検証することもなく使っているところに問題があります。
そこで、まず、大場氏の論文を検証してみます。
いつからという具体的な年代は示されていませんが、中世以降の文献に安曇姓の人物が出てくることから信濃国内に古くから安曇族がいたとして、その安曇族が集団で安曇野へ入植したルートを探っています。その方法として、安曇族が安曇野に入った経路を周囲の地形などの情勢から、①糸魚川から姫川を遡る経路、②直江津から荒川（現在関川）を遡るか、信濃川を遡る経路、③尾張から美濃に出て木曽川を遡って伊那谷を通る経路、④三河から天竜川を遡り伊那谷を通る経路、すなわち、日本海から二経路、太平洋側から二経路の都合四経路を想定しています。次に、太平洋側から伊那谷を通って諏訪に出る経路は、諏訪地域がすでに諏訪族の勢力圏だったから、ここは避けただろうし、安曇郡と更級郡から安曇族に深いかかわりをもつ銅戈と銅剣が出土しているが、この銅戈と銅剣は日本海側に多く分布していることから、太平洋側との結びつきは薄いとして、太平洋側の木曽川と天竜川から入ったとする二経路を消去しています。

さらに、銅剣が更級郡から出土しているけれども、更級郡には安曇族に関係する地名がほとんど存在しないという理由で、信濃川からの経路を消去して、最後に残った姫川を遡った経路は、糸魚川から安曇野までの距離が近いこと、姫川の河口の海辺に安曇族とかかわりがある青海町と磯部村という地名があることの二つを根拠にあげて、姫川を遡って安曇野に入ってきたとしています。なぜ姫川を遡ったかという理由については、なんら手がかりを見ない、としながら、暗示を与えるものとして、姫川のヒスイを求めて上流の小滝近くに遡上し、そこから安曇野まではわずかの距離だから小谷《おたり》地方に出て青木湖・木崎湖付近にたどりついたのであろうとして、糸魚川市から姫川沿いに安曇野に入ったという結論を出しているのです。

ところが、現場に行けば一目でわかりますが、姫川は急流です。このことは姫川沿いの国道一四八号線を車で走ってもわかります。姫川の源泉がある白馬《はくば》村から日本海へ注ぐ河口の糸魚川市まで、急勾配の下り坂が五五キロほどつづいています。車のギヤはほとんどセカンドに入れて下ります。姫川の源泉地に建てられた石碑に、「姫川は、全長五八キロ、平均勾配は一千分の一三という急流であり小谷の峡谷では、一千分の一七を越す所もある。（以下省略）」とありま

石ころだらけの姫川

姫川源流湧水の碑

す。ところで、富岡儀八氏の『塩の道を探る』（一九八三年、岩波新書）には、川の傾斜勾配四〇〇分の一が船の積載限界とあります。計算しますと、姫川の傾斜勾配は、平均で積載限界の五倍以上もあります。それに、姫川の河床には大きな石がゴロゴロ転がっています。ですから、船の航行はまず無理です。このことは、その昔、糸魚川から松本までボッカと呼ばれる塩を運んだ人たちの経路が、山道を使い船と姫川を使っていないことをみてもわかります。

陸路が未発達の時代の人の移動は水路です。船を足にして活動していた海人の安曇族が、船を乗り捨てて、船の航行できない川に沿って陸上を歩いて安曇野へ入植することは考えにくいことです。それに、安曇野に入植するとなれば、その前に安曇野に関する情報をもっていなければならないはずです。では、その情報をどうやって入手したのでしょうか。先に斥候役が下見に入ったのでしょうか。それとも、安曇野に先住民がいて、その先住民が海人へ情報を持ち込んだのでしょうか。いずれも、当時の時代背景に照らして考えてみると現実的でないでしょう。その点、現代の地図上では距離的には遠くても、船が使える信濃川水系の水路を使った方が現実的だと考えられます。

それに、当時は地図がありませんから、時間が短い方が距離も近いという感覚だったはずです。大場氏が最初に想定した四経路の中で、水路だけを使って安曇野に入れるのは信濃川水系しかありません。また、一旦入植した人たちは、そこで閉鎖社会を築いたのではないでしょう。その後、安曇野が発展した事実は、技術情報や進歩した農耕具などを得る外部と接触があったからでしょう。その外部との交流は人が直接行き来する通路が必要ですが、陸路が未発達で、しかもオオカミなどの野獣の危険性がある陸上よりも、多くの物が輸送できて安全な通路は水路です。

しかし、この糸魚川市から安曇野へ入ったという南下説を検証することなく支持している研究者もいます。地名研究者として著名な谷川健一氏の著書、『日本の地名』（一九九七年、岩波新書）を読むと、谷川氏は現地に行って姫川が急流であることを承知しているはずですが、「信濃国安曇郡は糸魚川から南下した安曇族が開拓したと伝えられ……」と、安曇族が糸魚川から安曇野へ入ったことを「言い伝え」によるとして、出所を示さないまま、結果的には大場説を支持しています。

次に海で生活していた安曇族が、海を離れて安曇野に入植して農耕民になったという宮本氏の仮説を検証してみます。宮本氏の仮説は、いつの時代を対象にしたのかがわかりにくいのですが、『宮本常一著作集』二〇巻『海の民』（一九七五年、未来社）の中に二か所出てきます。

一つは、「海人の中には、採取経済時代から海岸に住んでいてだんだん海へ（注12）依存する比重のつよくなっていった者と、いま一つ農耕民とは別に海上を漂泊して移動している者との二通りがあったのではないかと思われる」とありますが、ここでは、「魏志倭人伝」が書かれたころより少し後れた時代と書いてありますから、三世紀後半から四世紀を想定しているものと思います。

もう一つは、「安曇連の一族はこれらの海部の民（農耕も兼ねていた海人）をつれて漸次、内陸への移住をはじめていた。そして農民化をはかったのである。近江（滋賀県）の琵琶湖西岸の安曇や長野県北端の安曇郡はそうした陸上がりした人々の新しい故里であった」で、ここでは、八四四年に、瀬戸内海で海人の集団が陸上を襲った事件の前だと書いていますから、八～

（注12）文脈から判断すると、この「海へ」は、「陸へ」の間違いかと思いますが、原本は「海へ」になっています。

九世紀ということになります。

その海人が農民化したという根拠は、『播磨風土記』に「安曇連百足が、孝徳天皇（六四五〜六五四年）に野を開いて田をつくることを命じられた」とあることを挙げているだけです。風土記の記述内容は編纂の過程で、それ以前にあったことも朝廷の命によるとする粉飾的な表現は多々ありますから、物事によっては風土記が根拠になり得ないことも生じます。実際、孝徳天皇の時代よりずっと以前から、この地で水田稲作は行われています。また、安曇野への定着は『穂高神社史』によると一世紀ごろとする考えもあり（『豊科町の土地に刻まれた歴史』、一九九一年、長野県南安曇郡豊科町教育委員会）、時代を基にして判断しますと、宮本氏の仮説の根拠がゆらぎます。それに、第二章の日本列島への渡来条件の項に書いたように、人が移住する時には動機があるものですが、その動機も示されていません。

本章冒頭のプロフィルの項で、安曇族の発展曲線（161頁図2）で示したとおり、安曇族は六六三年に、阿曇比羅夫を大将とする水軍として白村江の戦いまでは発展途上にあります。言い換えると、この間は、日本の水軍として兵力を増強している時代にあたります。また、白村江の敗戦で、安曇族の人数が大幅に減少しているはずです。その後は、『万葉集』の荒雄の歌（八世紀）で知られるように、安曇族は、荒雄をニューリーダーとして再興しようとした矢先、対馬に駐屯している防人への食糧輸送中に遭難しています。ここでBC五世紀以来、一一〇〇年ほどすぐれた航海術を継承してきた安曇族は、壊滅状態になりました。このような背景を考えると、AD三～四世紀や八～九世紀に、安曇族が人口増によって生まれた余剰労働力を海から陸へ移すという動機は考えられません。

以上のことを考え合わせますと、安曇連が海人集団を引き連れて安曇野に入植したとする説は成り立ちません。それに、先に示した全国全てのアヅミ地が海人の農耕民化による地域とは考えにくいことです。さらに、弥生人のすべてが海人であったわけではありません。農耕民の方が多かったはずです。ともかく、安曇連が引き連れて安曇野へ入植したのは、海人集団でなく、農耕民集団だと考えた方がよいでしょう。

この宮本氏の海人の陸上がり仮説に、当の宮本氏自身が、『海の民』（前掲）のあとがきで「私が漁民に二系統（農耕も兼ねる海人と海だけで生活する海人）があるのではないかということを推定して書いたのは『海と日本人』（一九七三年、八坂書房）（注13）が最初である。思考がかたまっていなくて未熟であるが、これは今後多くの人に考えてもらいたい問題を提起していると考えている。それが日本へ稲作をもたらした人たちの二つの道を示すものだと考えたからである」と

（注13）『海と日本人』は、近畿日本ツーリスト株式会社、同協定旅館連盟が昭和四〇年から年一冊のシリーズで発行してきた『旅の民俗と歴史』（宮本常一編集・執筆、全一〇巻）の第七巻（一九七三年）です。一九八七年に、八坂書房から冊子として再刊されています。

述べています。

余談になりますが、『海と日本人』を宮本氏と共に執筆した田村善次郎氏が、そのあとがきで、宮本氏は海人に二系統あると書いたのは一九七三年が最初としているが、一九六二年の『民族学研究』二六巻四号にも書いていると種明かしをしています。確かに、その『民族学研究』の中で、宮本氏は、「海人に二つの系統があったのではないかと考えられる」として、海人郷を形成して海だけでなく陸の生産にも頼る海人と、陸の生産にはほとんど関係をもたない海人の二つを挙げています。

少しややこしくなりましたが、それらを総合しますと、宮本氏は、「海人の陸上がり」という現象に深い関心をもっていたが、なかなか宮本氏の考えが固まる根拠が出てこないので、仮説として提案し、検証されることを望んでいたのではないでしょうか。

このように問題提起として仮説を示した宮本氏が編集した『日本の海洋民』（宮本常一・川添登編、一九七四年、未来社）の海民の陸上がりという項の中で、北見俊夫氏は、安曇族が安曇野に入植した経緯に触れて、「わが国は四周環海の自然環境からも知られるように、人々の往来や定住は海岸からなされた海洋民族を出自とする。琵琶湖西岸の安曇や海士・海府・海部・海保・余戸（例外もある）などの地名も海人の来往を地名にとどめた記念碑というべきものである。海民が沿岸各地から、多くは大河に沿って渓谷を遡上し、内陸の湖沼周辺地帯を根拠にして、しばらくはかれらの故地（海辺）での生活を再演していたであろう。しかし周辺に広がる陸地は開拓して陸化し、もはや海民の痕跡をとどめなくなったものがほとんどである」と書いています。これは、根拠を示さないまま、また、宮本氏の仮説を検証することもなく、ただ踏襲したにすぎません。

このように、宮本氏が仮説を出して問題提起したにもかかわらず、その仮説を検証することもなく、海人集団の陸上がり現象、あるいは、「海人の陸上がり」として定説扱いにするのは、宮本氏本人にとっても不本意でしょうし、大袈裟に言えば日本の歴史観の過ちを犯すことになりかねません。以上のことを頭に置いて、次のアヅミ地の現場を訪ねた結果を考え合わせると、「海人の陸上がり」は誤解だということが理解いただけるかと思います。

ゆかりの地2　アヅミ地

アヅミ地にはいくつかの共通点があります。まず、地図の上にアヅミ地を落とすと、全てが内陸部にあります。次に、現地を訪ねると、滋賀県高月町東阿閉（注14）を除いて、山麓に沿って集落があり、湧き水が豊かで、その水が小川になり、小川の上を風が通り、小川は大川に流れ込み、その先は海につながっています。また、国土交通省がインターネットで提供している空中写真で、上空から見ると、山の間に伸び出た樹枝のような沢田・谷田があります。

これらアヅミ地の共通点を整理すると次の五点になります。

一　日本列島の内陸部にある。（海辺ではない）
二　湧き水が豊かな山麓にある。（天水田の造成可）
三　風が通りやすい。（稲・桑の生育場適地）
四　小川で海とつながっている。（水路で外部と接続）
五　沢田・谷田（棚田）がある。（初期水田適地）

第二章の弥生時代の初期の水田適地の項で説明したとおり、弥生の産業改革の初期水田開発は、洪水の被害が少なくて、生産が安定している山麓に沢田や谷田をつくることから始まっています。この初期水田の条件に、アヅミ地の共通点が重なります。これはどういうことを意味するかというと、安曇族にかかわりのあるアヅミ地が、弥生時代の初期水田に適した地域にあ

（注14）『倭名抄』や『日本歴史地名体系』に、近江の阿閉は、アヅミが訛ってアッジと読むとあります。したがって安曇族とかかわりのある地ですが、現地は、水田の中に集落をつくり山麓から離れており、他のアヅミ地とは全く異なった地相にあります。弥生時代の貧弱な農耕具を使った初期水田には見えません。灌漑設備や河川の治水技術が発展した後に、他所から集団移転してきたとも考えられます。

るということです。すなわち、粗末な農耕具の時代に入植しても水田稲作ができたのです。繰り返しになりますが、滝や急流がなく船が航行できる川が海までつながっている山麓地域は、弥生時代の初期水田開発地に適した入植地域だった可能性が高いのです。

では、具体的にどうやって入植したのかという問題が出てきます。結論は、安曇族が関与したということですが、少々ややこしくなりますので、第二章で述べたことを少し繰り返しながらの説明になります。

佐藤洋一郎氏の研究結果では、水田稲作に適している温帯ジャポニカが日本列島へ渡って来たルートは、長江北側からの直接ルートと、朝鮮半島経由の間接ルートの二つが考えられるそうですが、いずれにしても、海を渡って来たことは事実です。その海の渡り方は、海の流れで説明したとおり、流れに乗れば、たとえ漂着状態でも日本列島へ着きますが、日本列島へ着いたとしても、その日から生きていく食糧の確保が必要ですし、仮住まい、永住地、働くところなどを順次確保しなければなりません。その点、狩猟採集での食糧確保を基本とする漁業者はまだしも、農耕民は、稲などの種を携えて渡来したとしても、水田稲作適地を探さねばなりませんし、探せたとしても開墾・種蒔から収穫までの数か月間をどう食いつなぐかという問題があります。

これらの人たちにとっては、安曇族など先達者の手助けが必要だったはずです。後の交易に関するところでも出てきますが、安曇族が日本列島への先達者であり、また、日本列島内での交易活動で、海と河川を使って内陸部に入っていたので、初期水田適地の情報ももっていました。ですから、安曇族が、中国大陸から日本列島への移住を希望する農耕民に、渡航から初期水田適地までの入植を世話し、移住者が独り立ちして生活ができるまで面倒をみていたことが考えられるのです。

もっとも、これだけでは水田稲作農耕民が入植した年代がわかりませんから、はたして安曇族が活動していた時代と重なるのか、という問題が出てきます。その入植した時代について明確な史実記録はありませんが、関係する資料を基に少し考えてみます。

一九八三年に、青森県田舎館村の垂柳遺跡と隣接している高樋遺跡で弥生時代中期末（AD一世紀頃）の水田跡が出土しました。この水田跡がみつかった田舎館村は、現在の地図で、十三湖から津軽平野を五五キロほど内陸部へ入ったところにあり、東の八甲田山と西の岩木山に挟まれています。両遺跡は、八甲田山から噴出した土石が洪水のときに水田を埋め尽くしたから、そのまま残ったのだろうとされています。水田がつくられてどのくらい年数使われて埋没したのかはわかりませんが、AD一世紀頃の水田遺跡は、それより前に造成されたということになります。

この垂柳・高樋の両遺跡で特記される事項の一つは、アヅミ地のように、天水田の沢田・谷田と違って、灌漑設備を備えており、両遺跡の周りは、アヅミ地のように山麓でなく平地で、今も水田に囲まれているということです。現在、その平地を流れる小川は、八甲田山塊から流れてくる浅瀬石川に通じ、さらに、岩木川に合流して十三湖、日本海へとつながっています。津軽平野は、勾配が緩やかでそれだけに排水が悪く、水は豊かでも洪水が起きやすい地形になっているので、先に示した初期水田の条件には適していないはずですが、現実に水田遺跡があるのです。

この両遺跡の水田は、中野正實氏が『命の水』（一九八三年、長野県豊科町教育委員会）に書いている山麓につくる初期水田（沢田・谷田）の次の段階に進んだ沼地につくる水辺水田に当たります。しかし、現在の地図で垂柳遺跡から最も近いところにある沢田・谷田は、浅瀬石川を挟んで黒石市の山麓にあり、そこまでは七キロほど離れています。当時、この七キロの間に水田があったのか、なかったのかはわかりません。この排水が悪くて洪水が起きやすい地形だけをとりあげますと、排水工事で水田づくりをする中国大陸や朝鮮半島の農業治水と似ています。したがって、日本列島には珍しく、山麓水田を経ることなく造成されたことも考えられます。また、八甲田山は五〇〇〇年の間に七回噴火（注15）しているそうですから、遺跡周辺の地形は変わったでしょうが、当時の海岸線の位置もわかりません。このようにわからないことが多いのですが、第二章で紹介したとおり佐藤洋一郎氏の炭化米のDNA研究で、このAD一世紀以前に、本州の北の地の水田で温帯ジャポニカのDNAをもった稲が栽培されていたことはわかっています。ということは、少なくともAD一世紀前に、温帯ジャポニカの遺伝子をもつ稲をもって、弥生人が垂柳・高樋地域に入植していたのです。

ところで日本海へ流れ込む河川から内陸部へ入ったと考えられるアヅミ地は、鳥取県米子市の上・下安曇、石川県志賀町の安津見、長野県の安曇野、新潟県関川村の安角があります。これらはみな青森県田舎館村の垂柳・高樋地域より南にあり、また、対馬海流の上流に位置しています。熱帯ジャポニカにしろ、温帯ジャポニカにしろ、暖かい地域に適した稲であることを考えますと、弥生人は、初期水田適地のこれらのアヅミ地を飛び越えて北の田舎館へいきなり入ったと考えるより、南から各河川を順次さかのぼって上流の水田稲作適地に入植し、その結

（注15）八甲田山の噴火について、気象庁のホームページに次のとおり掲示されています。「最近五〇〇〇年間に七回の噴火活動があり、水蒸気爆発やブルカノ式噴火が発生した。七回の活動のうち、最初の四回は大岳山頂部（一部は、井戸岳の可能性あり）からの噴火であり、残りの三回は大岳西麓の地獄沼での噴火である。地獄沼からの噴火は、九一五年の十和田a火山灰（To-a）の堆積以降では、一三～一四世紀に一回、一五～一七世紀に二回、水蒸気爆発が発生している。（工藤・奥野：一九九八）」。ただし、国立天文台編纂の『理科年表平成二〇年』（二〇〇七年、丸善株式会社）には、「噴火記録なし、時々地震群発」とあります。

果、北の田舎館にも入植したと考える方が素直です。そうしますと、アヅミ地への入植は、垂柳・高樋遺跡とほぼ同じかそれ以前、すなわち、AD一世紀より前の可能性が高いということになります。これは、先に紹介した安曇野への定着がAD一世紀とする『穂高神社史』と矛盾していません。AD五七年に奴国王が後漢の光武帝から金印を授かった年代の前後か、それ以前になります。すなわち安曇族の発展曲線の中頃で、もっとも発展していた年代に当たります。

次に入植者は、海人か、農耕民か、ということを考えてみます。弥生人は、BC五世紀以降の弥生時代に中国大陸や朝鮮半島から渡って来た人と、第一章で定義しました。そうしますと、BC五世紀以降AD一世紀の間に、アヅミ地や青森県田舎館村に入植した弥生人は、中国大陸あるいは朝鮮半島の故郷を捨てて渡って来たということになります。また、第二章で弥生人の渡来には故郷をすてる動機として押し出す力が必要とも述べました。また、BC五世紀以降AD一世紀の間に、その押し出す力があったのは中国大陸で、朝鮮半島には見あたらないと述べました（第二章「日本列島への渡来条件」）。そうしますと、AD一世紀以前に日本列島へ渡来した弥生人は、中国大陸から海を渡って来た人たちだということになります。

先に中国大陸から渡来する動機について、総論的に管子や孔子にまつわる話を紹介しましたが、その背景や具体的な年代を説明していません。背景にあたる部分は、貝塚茂樹・伊藤道治氏の著書『古代中国』(二〇〇二年、講談社学術文庫)にかなりのページを割いて説明されています。それを私なりに要約しますと次のようになります。

中国大陸で農地は、長らく王などの領主から貸与された公有地で私有地ではなかった。したがって、貸与地以外の農地は公田で、農耕民は地代として公田を共同で耕作して収穫物を領主に納める税は労働力の提供でよかった。ところが、春秋・戦国時代になると、各国では、より広い農地を確保するためと、農耕民に農地の開発を競わせるために農地を私有地化させたので、税は収穫物の物納に変わった。その一方で、商業が発達して貨幣が広く通用するようになると、不作などで納税できない農耕民は高利子で借金して税を納め、その利子が農耕民の生活を圧迫していった。そのことが私有地の売買を誘い、大地主と農地を持たない農耕民という貧富の差につながった。

半面、戦国時代の国は、いわばお互いが対立した独立国ですから、生活に困窮した農耕民は、他国へ逃げ込み、借金から逃れるという反抗手段をとることもあった。こういう逃亡を防ぐ策として、秦の商鞅(BC三三八年没)は、五戸あるいは一〇戸を一組にしてお互いを監視させ、その中の誰かが罪を犯したとき、その罪を訴えない者は腰斬の刑にし、訴えた者には敵の首をとったのと同じ賞を与え、かくまえば敵に降参したのと同じ罰を課すなど、賞罰と連帯責任制の法をつくって民を縛った。

以上が中国大陸で農耕民が追い詰められて故郷を捨てるに到る背景です。しかし中国正史には具体的に故郷を捨てた記録はありません。ですが、大雑把にみると農耕民が政治経済の犠牲を強いられる時、すなわち、政治が腐敗し経済が乱れると、農耕民の犠牲は究極に達し、暴動や逃亡・亡命への具体的行動となります。したがって、農耕民を巻き込んだ国乱を拾い出せば、日本列島への渡来年代が、大雑把ではありますが見えてきます。以下、時代を追って中国大陸における国乱を拾い出してみます。

一　連帯責任制で農耕民の逃亡を防いだ秦に、宰相の商鞅がいた時代、BC四世紀です。

二　秦の時代（BC二二一～二〇六年）に、苛酷な税と賦役の圧制に耐えかねた農民が陳勝・呉広の乱（BC二〇九年）を起こし、これが引き金になって各地で不満をもつ人々が蜂起してやがて前漢に収斂した。BC三世紀末です。

三　前漢の時代には、武帝（BC一四〇～BC八七年）が執った領土拡大策で財政は窮乏し、その財源として塩・鉄・酒の専売制を採るなどの政策で農耕民に犠牲を強いた。BC一世紀です。

四　前漢に取って代わって新を建国した王莽の専制と苛酷な税で農耕民を追い詰め、堪りかねた農耕民が各地で一揆を起こします。山東省でAD一八年に蜂起した赤眉の乱、そのように疲弊・混乱した。AD一世紀です。

以上が、BC四世紀～AD一世紀の間に、追い詰められた農耕民に起因する逃亡や乱が起きた具体的な時代を中国史から拾い出したものです。第二章でも述べましたが、孔子の言葉に、「道行われず、桴に乗りて海に浮かばん。我に従う者はそれ由か」とあるように、春秋時代から海外逃亡の考えはあったわけですから、いつの時代にも農耕民が逃げ出したくなる条件があったのでしょうが、全国を平定した秦の時代には、「全国を三六郡に分け、その下に約四〇キロ四方、戸数一万前後の地区をめやすに県をおいた。この郡県それぞれに軍事官と行政官を置いて統治にあたらせた。県の下に、さらに郷という単位がおかれた。これは、人民に相互監察的役割をはたらかせる隣保制度である」（稲田孝『新十八史略二』、一九八一年、河出文庫）という厳しい監視と縛りがあったので、そう簡単に日本列島へ渡ることはできなかったでしょう。

ですから、日本列島への渡航は、それほど逃亡を厳しく取り締まっていなかったBC四世紀、逃亡が連帯責任制で厳しくなると、一揆や乱が起きた社会が混乱したどさくさに乗じて逃亡したBC三および一世紀とAD一世紀ですから、逃亡の機会は都合四回あったことになります。そうしますと、先に述べたように、アヅミ地や青森県の田舎館村へ水田稲作農民が入植したのは、AD一世紀以前ですから、年代としては整合しています（356頁安曇族関係年表参照）。

日本列島へは、船をもたない人はもちろん、たとえもっていたとしても、航路や操船術を考えると、農耕民あるいは半農半漁の人たちだけで海を渡ることは不可能に近いむずかしさがあります。ですから、その行き先が日本列島であれ、近隣の朝鮮半島や台湾・東南アジアであれ、そこには渡航を手助けする人が要ります。日本列島への渡航手助けを安曇族が行ったのですが、その根拠は交易の項で説明します。この具体的な渡航は後回しとして、AD一世紀以前に中国大陸から日本列島へ農耕民が渡って来る動機があったことは理解いただけたかと思います。

次に、同じように海人の渡来の可能性を考えてみますが、中国正史に海人のことは触れてありません。その点、後世の日本における海人の行動が参考になります。船はもっているが耕地をほとんどもたない海人は、生活基盤の土地に縛られて動きにくい農耕民と違って、移動力をもっています。

この移動力について、羽原又吉氏が『漂海民』（一九六三年、岩波新書）で、泉州や紀州の漁民がイワシやカツオを追って房州や五島に出漁して、その地に移り住むようになった例や、鎖国令の厳しい江戸時代に、紀州の漁民がオーストラリアまで真珠を採りに出かけ、仲買を通じて中国人に売っていた例などを書いています。この日本の海人の行動は、時代や船の性能は違っていても、海人がもつ移動力の本質を示しています。ですから、これを紀元前の中国大陸の海人に当てはめると、苛酷な政治で生活が苦しくなれば、自分たちの目に見える近隣の朝鮮半島や台湾・東南アジアへ移り住むことが出来ます。たとえ厳しい統制の下でも、それは可能なのです。

羽原氏は、先の著書で次のような中国の話も紹介しています。「後漢の桓帝（一五九～一六六年）の頃、合浦の太守が悪政をしいたため、南方中国第一といわれた真珠の名産地から、真珠とりがいなくなってしまった。ところが孟嘗が太守になって政治を正すと、異邦に逸していた真珠とりが再び合浦に帰り、市が栄えたという」

これは「孟嘗還珠」という話で、事実か作り話かわかりませんが、海人の移動性が高い側面を示しています。操船できる海人は自分の力で、一時退避も含めて、近隣の朝鮮半島や台湾・東南アジアへ逃亡することができます。しかし、視界の外にある日本列島へ渡航する場合には、たとえ操船はできても航路を知らなければ渡れないし、それに沿岸だけで漁撈している人が使う船は小さいでしょうから、沖で遭難して漂流し、日本列島へ漂着することはあっても、自分たちだけで日本列島を目指すことは少なかったものと考えていいでしょう。

では、ＡＤ一世紀以前に、中国大陸から日本列島へ海人が渡来したことは考えられないのでしょうか。先に、ＢＣ五世紀に呉の海人が日本列島へ渡来して安曇族はその代表だと説明したとおり、海人の渡来もあります。ただし、呉は水軍として戦った人たちで、沿岸海域で漁撈だけを営んでいる海人とは、その行動力や行動範囲が違います。呉の人たちと同じような条件をもっていたのは、呉と同じ越族の越人です。越は、BC四七三年に呉を亡ぼすと、呉の勢力圏を踏襲して覇者となり、BC四六八年に、現在の山東半島にある青島の西の琅邪に首都を移しましたが、BC三七九年には勢力が弱まって蘇州へ戻り、BC三三四年に楚に亡ぼされています（貝塚茂樹・伊藤道治『古代中国』、二〇〇二年、講談社学術文庫）。この越人が楚の残党狩りを逃れて日本列島へ渡った可能性は考えられます。

宮本常一氏も『塩の道』（一九八五年、講談社）で、越人が日本列島へ渡来した可能性を「越の最後の都は、山東半島の付け根のところにあった琅邪だったから、越人はそこまで来ていたが、亡ぼされ、難民として逃げ出した。その逃げ出した先が日本列島だったのではないだろうか」と書いています。越は、亡びる前に首都を琅邪から蘇州へ撤退していますから誤解もあるようですが、考え方としては不自然ではありません。しかし、肝心の日本列島へ渡った裏づけが見つからない弱点があります。また、渡来した越人が住んだところが現在の福井・石川・富山・新潟県の越前・越中・越後だという考えもあります。確かに、対馬海流に流されて日本海に入ると、これらの地に漂着する可能性はありますが、これも裏づけがありませんから、現時点では、想像の域を脱していないのです。

以上、中国大陸から日本列島へ農耕民と海人が渡来して、アヅミ地や青森県田舎館村に入植した可能性を検討してきました。年代としては、どちらにもその可能性はありますが、両者は土地の確保という点で条件が大きく違っています。農耕民は、生活基盤を土地に置いているだけに移住に関しての自由度が小さく、土地を離れるには、その代替地を探さなければならないし、一旦離れた元の地の環境が改善されて戻れたとしても、元の自分の耕作地を所有できる保証はありません。ですから、追い詰められると亡命に結びつきます。その点、海人は、自由度が大きくて、住みにくくなれば離れ、環境が改善されれば戻って来て以前と同じ生活をすることもできます。それに、農耕民が渡来当初、安曇族などの先達者に食糧や農耕地案内などの手助けを必要とするのに対し、海人の場合は漁撈ですから、魚介類を食糧にできたと考えれば、それが要らないのですが、それだけ亡命の必要性も小さいのです。

そうしますと、AD一世紀以前に、中国大陸から日本列島へ渡来した弥生人は、海人が集団で渡来したと考えるより、農耕民が集団で渡来したと考えた方がよさそうです。たとえ、どんなに少なく見積もっても、海人を上まわる農耕民が渡ってきたことは確かだといえます。ですから、その農耕民の弥生人たちが、生活の場を求めて安曇族の世話で、現在のアヅミ地や青森県田舎館村に入植した可能性は十分あるのです。

ところで、初期水田適地はアヅミ地に限ることなく、全国にたくさんあります。安曇族の世話で入植してもアヅミという地名を使っていない地がたくさんあると考えていいでしょう。それらの地も加えて弥生人が入植した初期水田適地を拠点に、多点分散型で、拠点の周辺の縄文系弥生人の間にも水田稲作と養蚕が広まり、やがて日本列島を覆い尽くすほどになったのが、水田稲作からみた「弥生の産業改革」です。

次に、これらアヅミ地への入植者と安曇族との間にどんな関係が保たれていたのかについて、全国のアヅミ地の中で規模がもっとも大きい信州（長野県）のアヅミ地をとりあげて考えてみます。

ゆかりの地3・信州アヅミ地

信州のアヅミ地は、現在（二〇〇九年）の安曇野市周辺を指していますが、この地域の地名には、安曇平、安曇野、松本平、松本盆地などいくつかの呼称があります。このように複数の呼称があるのは、古くから地元で呼んでいた呼称に行政上の地名が加わり、それらが年代によって変わるからです。

たとえば、長野県には、本来、「平」がついた地名は二六四か所もある（市川健夫『長野』一五二号、一九九〇年、長野郷土史研究会機関誌）そうですが、代表する四つの平として、善光寺平、佐久平、松本平、伊那平があげられた場合、安曇平は松本平の中に組み込まれます。しかし、その一方で、松本盆地には松本平と安曇平がある、といった表現もされます。また、元々、地元に安曇平と安曇野という二つの呼称があったが、臼井吉見氏の小説『安曇野』が有名になると、外部の人が安曇野と呼ぶことも手伝ってか、地元でも安曇野という呼称が多くなってきたといった具合です。安曇野の範囲について、松本盆地の中にあって、現在の安曇野市を中心に広がる地域などといわれますが、具体的に安曇野がどこからどこまでかは、わかりづらいのです。ということで、信州のアヅミ地の説明に当たって、本書は本書なりに整理してみました。一九五二年に、文部省と建設省による地名表記の統一がなされて、安曇平（野）は松本盆地に改称された（小林計一郎『長野』一五二号）、そうです。本書では便宜上、この国の定めに準じて、松本盆地をおおよその平坦地で示すと、図7の白抜きの範囲になります。次に、降った雨や雪が松本盆地に流れ込む分水嶺を点線で結びました。

この分水嶺線に囲まれた範囲を信州アヅミ地と称することにしました（図7では分水嶺線の一部欠如）。その理由は、全国的にみても、アヅミ地は何も、盆地や平野だけでなく、山麓などの傾斜地も含めた地域が対象になっているからです。信州アヅミ地の範囲を現在の市町村で表しますと、北から大町市、松川村、池田町、安曇野市、松本市、波田町、山形村、朝日村、塩尻市になります。

このアヅミ地を具体的に説明しますと、西側に、地元の人が西山と呼んでいる飛騨山脈（北アルプス、以降一般化している北アルプスと称す）、東側に、地元の人が東山と呼んでいる美ヶ原からつながっている八ヶ岳火山群と西頸城・筑摩山地があります。東西からこれらの高い山並みに挟まれ、南北端も山並みで閉ざされています。松本盆地の大きさは、縦の南北の距離が五〇キロメートル余り、横の東西が広いところで一二～一三キロメートル、平均約八キロメートルです。松本盆地と呼ぶから、形状は、丸いお盆をイメージしやすいかもしれませんが、信州アヅミ地は、どちらかといえば、舟形に近い地形をしています。舟底が松本盆地に当たります。

図７　信州アヅミ地の初期水田適地と分水嶺

奈良井川水系
①鎖川上流大尾沢（朝日村）
②鎖川中流内山沢（朝日村）
③小曽部川（塩尻市）
④尾沢川（塩尻市）
⑤田川上流西（塩尻市）
⑥田川上流東（塩尻市）
⑦牛伏寺川（松本市）
⑧薄川下流（松本市）
⑨薄川上流（松本市）
⑩女鳥羽川（松本市）

犀川水系
⑪会田川支流保福寺川上流（松本市）
⑫会田川支流矢久川・水上川（松本市）
⑬会田川支流穴沢川（松本市）
⑭会田川中流呂口・中尾付近（松本市）

この舟底の松本盆地に集まった降水の出口は犀川だけです。すなわち、平坦面で外部と通じるのは、犀川沿いだけで、その他は山を越すか、トンネルを抜けるかしないと盆地の外へは出られない地形です。現在、南端の塩尻市から岡谷市に抜けるには、国道二〇号線で標高九九九メートルの塩尻峠を越えるか、長野自動車道路やJRの中央本線を使って、それぞれの塩嶺トンネルをくぐることになりますし、また、北端の大町市から白馬村に出るには、国道一四八号線で新佐野トンネルをくぐるか、標高八〇〇～九〇〇メートルの山間を縫って走るJR大糸線を使うことになります。

少し横道に入りますと、このアヅミ地にある「日光泉小太郎」という伝説が、松本盆地の地形の特徴を言い表しています。伝説は穂高神社の石碑に刻んでありますが、長いので要約しますと、「その昔、安曇野（松本盆地）は大きな湖だった。湖の底に住む犀龍（女性）と東高梨の池に住む日龍王との間に、日光泉小太郎が生まれ、成長した小太郎と母親の犀龍が力を合わせて、大岩や岩山を切り開いて湖の水が外へ流れ出る水路をつくったので、人が住める土地ができました。それが安曇郡と筑摩郡で、以来、この水路を犀川と呼ぶそうです。なお、小太郎の父親の日龍王は綿津見神で、母親の犀龍は穂高見命の化身と言われています」ということです。

小太郎は、この地を開発した安曇族という考えもありますが、本書ではそれについては触れません。ただ、現地で山並みに囲まれた松本盆地を眺めると、もし犀川が塞がれていたら、この地は大きな湖だと思う人は多いことでしょう。松本盆地とその周辺の山並みの地形が、小太郎伝説を生む素地になっていると思えます。

ついでに蛇足をつけますと、中国には禹の治水の話があります。これは、舜の時代（ＢＣ二三世紀）に、禹が九つの河を使って、長年の課題だった洪水を治めた話です（『孟子』「滕文公篇」）。第二章の温帯ジャポニカの伝来のところでも述べましたが、中国大陸では、いかに排水するかの治水工事が土地造成につながるのです。この土地造成という点で小太郎伝説と禹の治水の話は一脈通ずるところがあるようにも思えます。この小太郎伝説も禹の治水伝説も、貯まっている水の排水工事ですが、逆に貯まった水を利用する工事の実話も紹介しておきます。

一六七〇年に、現在の静岡県裾野市深良の名主が、当時、芦ノ湖の水利権をもっていた箱根権現の許可を得て、灌漑用に芦ノ湖の水を使うためのトンネルを掘って用水路（深良用水）をつくりました。明治になって、芦ノ湖は神奈川県にありますから、水の利用で神奈川県と静岡県が裁判で争った結果、芦ノ湖の水利権は静岡県がもつことに決まり、現在にいたっています。このように、太古以来、人々は湖などに貯まっている水に対して、排水・利水にかかわらず、農業振興という視点でとらえていたのでしょう。そこに伝説が生まれる背景があるのです。

本論に戻ります。本論は、この信州アヅミ地のどこから水田稲作が始まったのか、それはいつの時代からか、安曇族とアヅミ地との関係はどうなっているのかといった課題になります。

まず、信州アヅミ地が安曇族ゆかりの地である根拠は、九三一～九三八年に編纂された『倭名抄』に、信濃国の郡名として安曇郡が記載されていることによります。『倭名抄』の安曇郡の中に、高家《たきべ》、八原《やはら》、前科《さきしな》、村上《むらかみ》の四つの郷（里）が出ています。この四郷は、小穴芳實氏の『豊科町の土地に刻まれた歴史』（一九九一年、豊科町教育委員会）によりますと、中央に八原郷があって、その南に高家郷、北に前科郷、さらにその北に村上郷があったそうです。

八原は、その後、矢原になって、現在、JR大糸線の穂高駅と柏矢町駅の間で犀川寄りにその地名がありますし、高家も、JR篠ノ井線田沢駅の南方向で犀川の左岸にあります。前科は、現在の安曇野市の明科から北安曇郡池田町にかけての地だそうです。村上は、小穴氏の考えでは前科の北だそうですから、現在の北安曇郡松川村や大町市地域に当たります。以上のことから、『倭名抄』に出ている安曇郡は、現在の安曇野市とその周辺域だということがわかります。

次に、信州アヅミ地のどこから水田稲作がはじまったのか、という課題ですが、これを本項の前の「ゆかりの地2」で示したアヅミ地の五つの条件に照らしてみますと、内陸部にあって川で海とつながっていることも、その川を伝って風が通り易いことも、豊かな湧水も、そのとおり合致しています。ですから、残りの初期水田適地の棚田である沢田・谷田がどこにあるのかを示せば、アヅミ地の条件を満たすことになります。

実は、アヅミ地に入って沢田・谷田を探すことに、少々てこずりました。なぜかと申しますと、現在、松本盆地では、犀川から北アルプス山麓に向けて水田が広がっています。そこで、北アルプスの山麓沿いに沢田・谷田があって、工耕具の進歩にともなって下へ水田が広がってきたと考えて探したのですが、見つかりません。中野正實氏が（『命の水』、一九八三年、豊科町教育委員会）、「初期水田は西山（北アルプス）山麓から始まったが、現在は水田改良と用水路の発達でほとんど見られない」と書いています。しかし、どこかにその痕跡はあるだろうと、中野氏が図示している弥生時代の遺跡や遺物の出土地を手がかりに、現地を訪ねまわったのですが（注16）、やはり見あたりませんでした。結論は、元々、西側の北アルプス山麓に沢田・谷田が存在しなかったのです。その理由については、後ほど説明することとして、その前に、初期水田適地の沢田・谷田が東側の山麓にたくさんある話をします。

先ほどの図7をご覧ください。丸で囲んだ数字の①から⑭までは、国土交通省がインターネットで資料提供している国土画像情報（カラー空中写真）から探し出した沢田・谷田がある地域を示しています。これらの初期水田適地は、奈良井川水系の小河川と犀川の右岸に流れ込んでいる会田川の水源地付近にあります。その他では、現在、ＪＲ篠ノ井線田沢駅の北から犀川右岸に流

（注16）北アルプス山麓の旧三郷村北小倉、旧堀金村岩原、烏川上流、旧穂高町牧、同山崎、松川村鼠穴を探したが、牧で、数面の小水田を見た以外、沢田・谷田の痕跡らしきものはなかった。

れ込む田沢川沿いに上の写真のような水田が連なっています。

田沢川大口沢付近　沢沿いに広がる水田

次頁上の写真をご覧ください。この細く山間に樹の枝のように伸びているのが沢田・谷田です。この写真に円でマークしたところの現場付近の地上写真が下写真です。これらの写真で示したようにアヅミ地の初期水田適地は、奈良井川の上流の川や沢と犀川の右岸に流れ込む川の上流の全てに存在しています。ですから、朝日村から塩尻市を経て、松本盆地の東側の標高八〇〇《メートル》前後から九〇〇《メートル》余りの山麓一帯で水が湧き出るところと、その下流域の全てが初期水田適地なのです。これらの地は、現在、穂高神社があるところの標高が五四〇《メートル》ほどですから、松本盆地より三〇〇～四〇〇《メートル》ほど高い位置になります。この東側山麓一帯から信州アヅミ地の初期水田は始まったと考えられるのです。

ついでに、どのくらいの農耕民を包容できるかということを試算してみますと、大雑把に見積もって、①から⑭までの各地域に三～五集落（注17）入れそうですから、中をとって四集落

（注17）松本市の公表資料によると、保福寺川と会田川沿いに三〇集落散在している。なお、この地域は、図7の⑪～⑭に当たる。

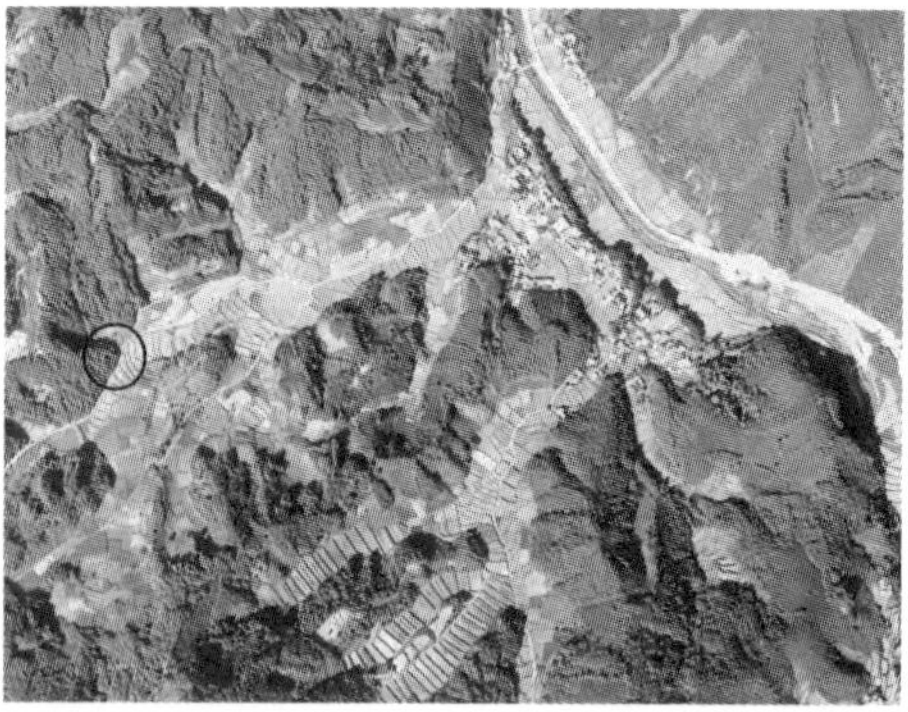
山間部へ入り込んだ沢田・谷田（松本市女鳥羽川上流）（1975 年　国土交通省空中写真より）

上写真の○印付近の沢田

としますと、信州アヅミ地全体で五六集落できる余地があることになります。一集落入植集団は、中国大陸で五戸単位の連帯責任制の下で統一行動をとった集団が亡命できたとすると、信州アヅミ地全体で二八〇戸ほど受け入れることができたという数値が出てきます。一戸七～一〇人として、一九六〇～二八〇〇人という数値になります。こんな仮定の上塗りのような数値はあまり意味がないかもしれませんが、信州アヅミ地が、地域規模といい、集団の収容量といい、全国のアヅミ地の中で大きいことだけは理解できます。

では、なぜアヅミ地の初期水田適地が西側でなくて、東側にあるのかを説明します。結論を申しますと、犀川の左岸と右岸では地質が違うからです。信州アヅミ地の地質は、日本列島を地質上二分するフォッサマグナが走っているだけに複雑で、現在でも全てがわかっているわけではありません。研究者の間で議論がつづいている状態で、まだ素人が入り込む余地はないようです。ですから、本書では、細かいことは抜きにして、わかっていることを基に、信州アヅミ地の地質を大づかみにしてみました。

西側の北アルプスは一四〇万年前から七〇万年前に隆起し、東側の美ヶ原一帯は七〇万年前から現在まで上昇しているそうです（原山智『みどりのこえ』二〇〇七年35号、長野県環境保全研究所）（注18）。その北アルプスから流れ出る複数の河川から土石が運ばれて堆積し、扇状地をつくりました。これは、複数の河川がつくる扇状地が重なり合ったので複合扇状地と呼ばれていま す。ところが、この堆積した土石は花崗岩が砕けてできた砂礫が主ですから、盆地に降った水も山から流れてきた水も、扇状地の地下へ透過しやすい地質なのです。

この地質の透水性は、常念岳と蝶ヶ岳から流れ出ている烏川が松本盆地に出ると水量を大幅に減らして、水無川になる現象を見ればよくわかります。では、地下に潜った水はどうなっているのでしょうか。この地下水を使っているのが、穂高神社から二キロメートルほど東でわさびを栽培しているわさび田です。ここでは、豊かな湧水を利用していますし、側を滔々と流れる川は、

（注18）同誌に北アルプスは二三〇～八〇万年前に隆起したともあるが、どちらの年代でも、桁外れに遠い昔で、本書には影響しないので、検証しない。

地底で濾過されて湧き出たきれいな水で、北アルプスの山並みとともに安曇野の山紫水明を醸し出しています。このわさび田の標高は約五二〇メートルですが、烏川の渓谷近くの標高六七五メートルのところにある国営アルプスあづみの公園（安曇野市堀金）で使っている井戸は一九〇メートルの地底から汲み上げているそうです。これらのことから、砂礫の地を透過した地下水は、標高約五〇〇メートル付近の地下を流れていることがわかります。

ところで、この北アルプスから発せられた砂礫でできた扇状地の縁辺は、梓川流域、犀川左岸、高瀬川右岸に及んでいますから、これらの河川を境に西と東では地質が大きく違うのです。また、そもそも沢田・谷田の棚田は、緩やかな傾斜地の山麓に発達して、急峻な山麓にはできにくいのです。それらの点で、緩やかな傾斜地の東側の山麓には沢田・谷田ができるのです。以上のことから、アヅミ地の西の北アルプス山麓で沢田・谷田を探しても見つからなかったことが理解できました。

しかし、現在、安曇野に広がる水田は水に満たされ、音を立てて水が流れています。これは、長い時間をかけて一般的な灌漑工事では類を見ない苦労を重ねた結果、近年になってようやく得た施設なのです。写真は、国営アルプスあづみの公園にある昔の水路が立体交差している跡です。烏川の水が地下に浸透する前に、田へ水を引く施設でした。左右に走る石橋の上の水路跡は、現在歩道として利用していますが、これらの水路は、ダムをつくって別の水路から水を田へ供給するようになってから使わなくなったのです。だから、この水路跡も苦労してつくった灌漑用水路のひとつですが、その昔、水を確保するために血の汗がにじむ思いをした苦労話は、先の中野氏の『命の水』や『水土の礎』（社団法人農業農村整備情報総合センターのホームページ）に出ています。それは、読んでいて涙が出てくるほどです（http://suido-ishizue.jp/nihon/06/index00.html）。

上下に立体交差した水路跡（国営アルプスあづみの公園内）

この苦労をさかのぼると、おそらく、『倭名抄』に安曇郡が記された時代より遥か前になり、それらの苦労が小太郎伝説に凝縮されているのでしょう。この先人たちの苦労がなければ、信州アヅミ地は、東山山麓にある初期水田の沢田・谷田から犀川へ向かって平坦地の広がりがないので、水田稲作の生産量も伸びなかったはずです。今日の桃源郷を思わせる安曇野の風景は、厳しい自然環境に海人と水田稲作農耕民を合わせた広義の安曇族が一体となって拓いてきた共同作品なのです。

次に、信州アヅミ地へ水田稲作農耕民が最初に入植した年代ですが、これは、前項ゆかりの地2で、青森県田舎館村の高樋遺跡から考えて、ＡＤ一世紀より前で、中国大陸の政治経済が乱れ、農耕民が土地を捨てて逃げ出したくなるような国乱が起きた年代、すなわち、BC四世紀・三世紀・一世紀・AD一世紀と書きました。これを安曇族のプロフィルで示した安曇族の発展曲線を参考に、もう少し絞ってみます。

安曇族の発展は、交易取扱量の増大と関係深いわけですから、ほぼ横ばい状態で来た161頁の発展曲線が、右肩上がりに立ち上がる前に取扱量が増える素地が育っていたはずです。もう少し具体的にいうと、日本列島内で農耕民が増えて、生産量が上がったということです。アヅミ地の大手である信州アヅミ地は、北部九州に比べると、稲作に厳しい条件の北に位置しますから、その分遅れて入植が始まったと考えていいでしょう。そうしますと、発展曲線の右肩が大きく立ち上がり始める年代で、中国大陸で国乱が起きていた年代は、BC二二一年に秦の始皇帝が統一する前後から、BC二〇二年に前漢が治める頃までのBC三世紀末ですが、もう少し巾をみて、領土拡大策で重税を課した前漢の武帝の時代（BC一四一～BC八七年）までとしますと、信州アヅミ地への農耕民入植開始は、秦の始皇帝の時代から前漢の武帝の時代まで一五〇年ほどの間になります。

この推理の検証は、信州アヅミ地の初期水田推定地付近から、実年代がわかる遺跡が発掘されて、そこから温帯ジャポニカのプラントオパールが見つかればできるわけです。ただ、この検証できる遺跡がいつ出土するかがわかりませんので、勝手ながら、後世に期待を託させてもらいます。

次にアヅミ地と安曇族との関係を、信州アヅミ地を基に考えてみます。その方法としては、人が生きていくために欠かせない生活面と、よりよい生活を望む向上心を合わせた経済面に視点を置きます。

前に、安曇族は、中国大陸から水田稲作農耕民の亡命希望者を信州アヅミ地へ入植させ、入植者の生活が軌道に乗るまで支援してきた、と述べました。そうしますと、東シナ海の渡航から入植までと、入植後の支援に要する費用はどうしたのでしょうか。また、入植者は無償で信州アヅミ地での生活を得たのでしょうか。

この経費にまつわる問題は、現代にも通じることです。安曇族が交易などで膨大な利益を上げていたのであれば、慈善事業としてできたでしょうが、その考えは現実的ではありません。やはり、入植者が事前か事後に、その代償は支払ったと考えるのが素直でしょう。亡命希望者は、祖国での生活が困窮したことが、故郷を捨てる押し出す力になったのですから、事前支払いの余裕はないでしょう。事後、代償を払ったと考えた方が自然です。

支払い方法としては、本章の前項ゆかりの地2でも触れた中国大陸の王や領主が税を集めた方法と同じで、入植者集団の水田に安曇族所有の田を定めて、そこを耕作して収穫物を納める労働力提供か、集落全体の収穫物から一定量か、一定率で納める物納が考えられます。いわば、アヅミ地の株をもった株主への利益配分か、統治者としての課税です。いずれにしても、安曇族としては、その納められた物を次の入植者への資金に当てることで、営業範囲を広げ、安曇族の発展曲線のように取扱量や売り上げが伸びてきたのです。

見方を変えると、ある集団を入植させて、彼らの生活が軌道に乗るまでは投資です。その投資を回収するのにどのくらいの期間がかかったのかは、いろいろなケースを仮定して計算すれば、それなりの結果は出ますが、あまり意味がありません。確かなことは、その間に要した経費は、数年かかって回収できて、その後から利益が出て、次の投資に備えることができたということです。ここで肝心なのは、入植者から収穫物を集めるために、輸送も含めて、事務的処理や取り立ての業務が生じるということです。

もう一つ、肝心なことは、弥生時代以降、信州アヅミ地をはじめ、日本列島が発展してきた事実があります。これは、新しい技術や鉄製の工耕具が広まったということでもあります。では、それらの技術や工耕具を誰が信州アヅミ地へ持ち込んだのでしょうか。信州アヅミ地の農耕民が鉄製品を求めて中国大陸まで出かけたとは考えられません。海や川の水路を現代の道路と同じように利用して、信州アヅミ地へ出入りする業務を担っていた人がいたはずです。このように、アヅミ地に対する必要業務を考えますと、それらのことができたのは、船を操って日本列島内や中国大陸との間の海や川の水路を動き回ることができた海人の安曇族です。

見方を変えると、安曇族にとって、入植を世話した水田稲作農耕民は、配当もしくは税を払うわけですから、お得意様になります。そのお得意様が少ない地域は、営業マンが、年数回立ち寄るだけでいいかもしれませんが、信州アヅミ地のようにお得意様が多い地域には、常駐の担当者が必要ということになります。これは、現代の会社にも通じるところです。信州アヅミ地には、ある程度の人数を常駐させ、いわば本社がある志賀島の安曇族と連絡を密にとりながら運営する支社を置いた方が効率も良いわけです。その他に、アヅミ地ではありませんが、安曇族の支社的存在と思われるのは、次のシカ地に出てくる名古屋市にある綿神社と、第四章の徐福の項で出てくる福岡県大川市にある風浪宮があります。

そこで、現代社会に当てはめて、安曇族の具体的な役割をみますと、投資家であり、利益配分にあずかる株主であり、税を集める役所であり、力をもった統治者であり、新製品を持ち込む商社マンであり、輸送会社であり、情報提供者であり、技術指導者であり、災難から守り安心を与える祭礼者であり、といった多機能をもった機関が考えられるのです。

さらに、信州アヅミ地で、その支社を置く位置を考えますと、これも現代に通じることで、交通の便が良いところです。当時の交通路は水路ですから、主要水路である犀川と高瀬川の合流地点の近くで、河川氾濫の影響を受けにくい微高地になります。時代によって河川の流路も変わるでしょうが、現代の地形でみますと、周辺より二〇《メートル》ほど高くなっている現在穂高神社がある位置あたりが適地です。そのように考えてきますと、穂高神社かその前身の機関が、諸々の役割を担っていた可能性が高くなります。つけ加えますと、六六三年の白村江での戦いで壊滅的な打撃を受けた安曇族の本社は、それまでの機能を失い、それ以降、支社の信州アヅミ地は独立せざるを得なかったことでしょう。

穂高神社が安曇族に関係していたことは、八一五(弘仁六)年に編纂された『新撰姓氏録』に、穂高見命は、綿津見神の子どもで、安曇連は穂高見命の後裔とあることからもわかります。ただ、この解釈にあたっては、いろいろ議論されていますが、『新撰姓氏録』の編纂は、系列として関係者を結び付けるという作業です。七一二年に編纂された『古事記』にない穂高見命が『新撰姓氏録』に記載されていることは、大和朝廷の二つの書に対する編纂方式の違いか、あるいは信州アヅミ地の情報を『古事記』の編纂後に入手したというだけであって、安曇族が信州アヅミ地に入った年代と二つの書が編纂された年代とは関係ないことは、明白です。

ゆかりの地4　シカ地

弥生時代から安曇族の根拠地であり、志賀海神社がある福岡市東区の志賀島と同じ志賀の地名がついたところが、現在、全国にあります。滋賀県のように志賀とは違った文字で書かれていても、シカ、あるいは、シガと読める地名がついた地を含めてアヅミ地と同じ方法で探し出したのが次に示す地名です。これらの地を本書では「シカ地」と称することにします。

① 青森県南津軽郡平賀町志賀坊（現平川市）
② 宮城県岩沼市志賀
③ 〃 遠田郡小牛田町青生字志賀堂（現遠田郡美里町）
④ 埼玉県比企郡嵐山町志賀
⑤ 長野県佐久市志賀
⑥ 愛知県名古屋市北区志賀町・西志賀町・元志賀町・西区西志賀町
⑦ 〃 豊田市松平志賀・志賀
⑧ 滋賀県大津市滋賀里町・南志賀・南滋賀町
⑨ 〃 米原市（旧山東町）志賀谷
⑩ 〃 滋賀郡志賀町（現大津市）
⑪ 京都府綾部市志賀郷町
⑫ 奈良県吉野郡吉野町志賀
⑬ 和歌山県伊都郡かつらぎ町志賀
⑭ 〃 海草郡野上町志賀野（小学校名として残る　現海草郡紀美野町）

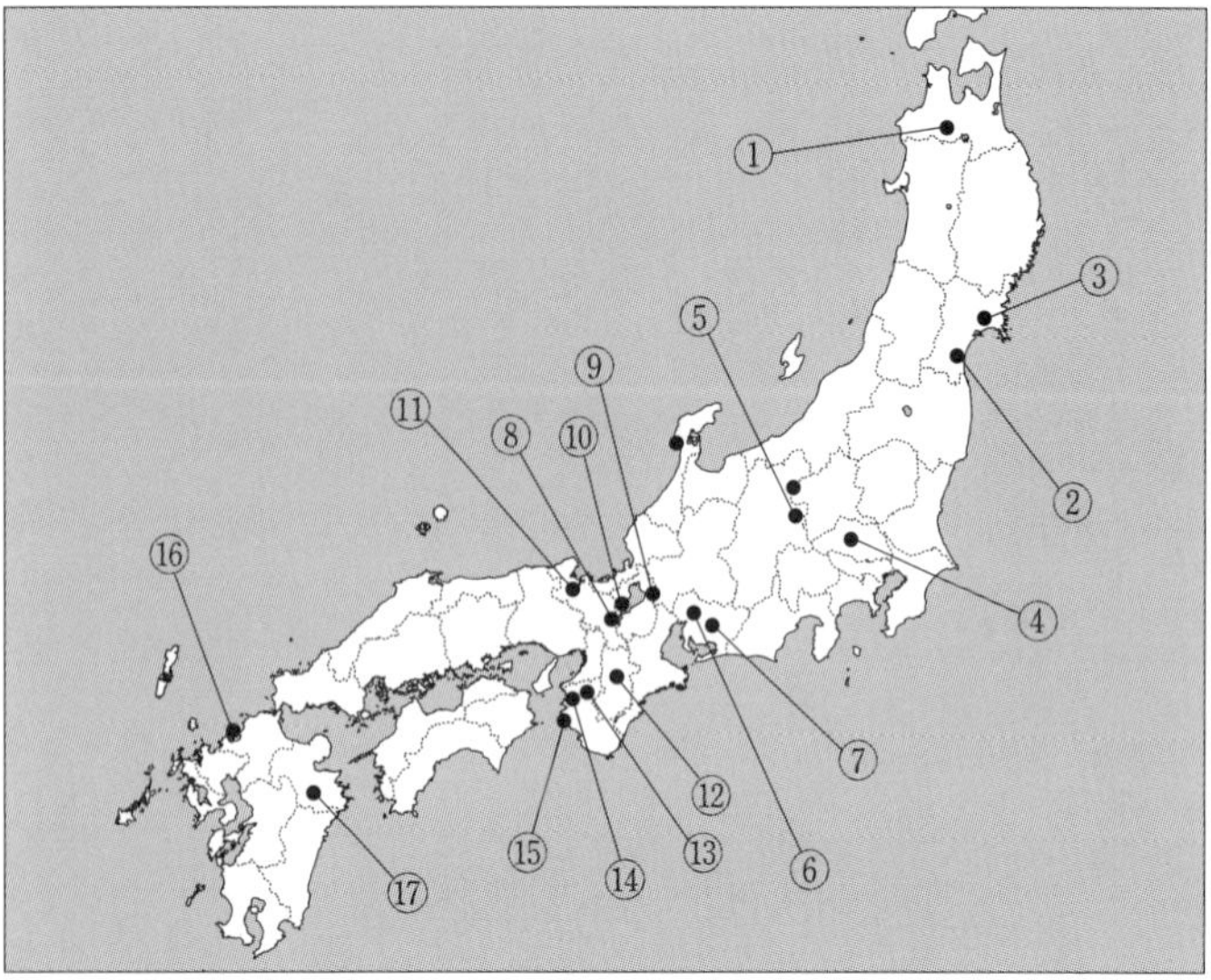

図８　全国のシカ地（地図内の丸数字は本文の地名数字に対応）

⑮　〃　日高郡日高町志賀
⑯　福岡県福岡市東区志賀島
⑰　大分県大野郡緒方町志賀（現豊後大野市）

ここに掲げたシカ地は一七か所ですが、青森県平賀町志賀坊を除く一六か所の現地をアヅミ地と併行して訪ねました。アヅミ地については、『倭名抄』にも安曇族と関係があると出ていますが、シカ地には、そういった資料がありません。それなのになぜシカ地を安曇族ゆかりの地に扱ったかというと、全国に散在している志賀がつく地名と安曇族の根拠地がある志賀島の志賀との間に何か関係があるのでは、と素朴に思ったことと、菅田正昭氏が『漁村の文化』（一九九七年、漁村文化懇話会）で、滋賀県と安曇川、志賀高原と安曇野など、アヅミ地とシカ地がセットになっている、と述べた

綿神社（名古屋市）

ことをなるほどと思い、他のシカ地も当たってみました。石川県の志賀町と安津見、少し範囲を広げると、豊田市の志賀と渥美半島の渥美、名古屋市の志賀町（西区と北区）と岐阜市の厚見もセットといえばいえなくもない地域があります。そのセット説を別にして、志賀島と関係がある、あるいは、関係があるかもしれないといわれているシカ地がありました。

関係があると伝わっている地域は、名古屋市のシカ地です。ここは、北区の志賀町・西志賀町・元志賀町、西区の西志賀町と分かれていますが、これは区割や町割で分けられているだけで、お互い隣接した一つの地域です。その中に玉依比売命《たまよりひめのみこと》を主祭神とする綿《わた》神社があり、由緒に次のとおり志賀島の志賀海神社との結びつきが記されています。

綿神社の創建は大変古く、文字の使用もなかった弥生前期に、九州の弥生人が此の地に定住し、稲作農耕文化を東海以東に拡めた基となった。其の中核は、九州『志賀』の阿曇族であろう。即ち故郷九州『志賀』には、祖神海神の裔『玉依比売命』を祀り海神社と称し、此の新天地も亦『志賀』を偲び名し、同じく『玉依比売命』を祀って海神社と称した。既に、『延喜式』にも『尾張の山田郡綿神社は筑前志賀の海神社と同例の社なり』と記され、本国帳にも従三位綿天神とある。（中略）綿は海の仮字……。

その他、関係があるかもしれないといわれている地域は二つあり、その一つは長野県佐久市の志賀で、「志賀島から漁民が移住してきたという伝承があり、箱崎諏訪神社の資料で証明できた」という郷土史研究結果が出たそうですが（二〇〇三年、インターネット資料）、『角川地名大辞典』には、魚をとることを「しか」と称しており、地名はこれに因むものかと思われる、ともあります。

もう一つは石川県志賀町で、郷土の歴史を調べていくと「志賀島とのつながりが出てきた」そうです（町職員からの電話聞き取り）。同町内には、安曇族とかかわりがある安津見地域がありますが、『角川地名大辞典』には、土田荘・堀松荘・甘田荘・大阪保の四荘保をまとめて四か所になり、それが志賀になったとあります。ですから、長野県佐久市の志賀も石川県志賀町も、以上の情報だけの現時点では、安曇族との関係の有無を断定できないのです。

また、志賀島とシカ地との関係を調べていく中で、志賀神社の存在が出てきました。佐賀県の川副町にある志賀神社は、由緒に志賀海神社から分霊されたとありますが、地名として志賀はないので、シカ地として扱っていません。一方、滋賀県米原市（旧山東町）の志賀谷、愛知県の豊田市志賀、埼玉県の嵐山町志賀はシカ地で、それぞれ志賀神社がありますが、志賀島の志賀海神社との関係は伝えられていないようです。

その他、シカ地の地名由来を『角川地名大辞典』、『大日本地名辞典』、『日本歴史地名大系』、『古代地名語源辞典』で調べますと、人の名前からとった、四地域が合併したときにつけた、須賀・州処《すか》が訛ったなどとありますが、いずれも根拠らしい根拠が示されていません。いわば本家の志賀島でさえ、神功皇后が朝鮮半島へ出兵する際、夜になって寄港地を探したら近くに島があったので、その島に近い島と名づけられ、それが訛って志賀島になった（『倭名抄』）とあります。しかし、これを楠原祐介氏らは、『古代地名語源辞典』（一九八一年、東京堂出版）で、志賀島の由来について、「近い島」や「鹿のいる島」という説もあるが付会にすぎないとしています。ただ、楠原氏らは、シカはスカの転で州処《すか》、つまり砂州や砂丘のあるところの意であろう、としていますが、これも次の理由で納得できません。志賀島は、現在、確かに海ノ中道という砂州の発達で陸続きになっていますが、その昔は、海ノ中道にある西戸崎もまだ島でしたし、そこより沖に位置する志賀島も島でした。そもそも砂州は島から発達するものではなく、陸から伸びてくるものです。ですから、志賀島と島がついていることから考えても、志賀島という名前がついたころは、まだ砂州は発達していない時代だったはずです。

神功皇后などによる地名については、吉野裕氏が『風土記』（二〇〇二年、平凡社）の解説文で書いているように、天皇が国々を巡幸して歩き、そのとき発せられた言葉を基に地名がつけられたとする地名縁起説話の一つと理解していいでしょう。この地名縁起説話は、実際に天皇が巡幸されたわけでなく、大和朝廷の勢力が全国に浸透する中で、各地の首長たちが大和朝廷に屈服・順応する形をとる儀礼としてつくりだされたもので、それらの話をつなぐと、天皇の巡幸伝説が出来上がっていく、とされているものです。

だからでしょうか、神功皇后にまつわる地名には、かなり無理してこじつけたような話もあり、信じにくいのです。たとえば、『日本書紀』に肥前国松浦県で神功皇后が食事をされたとき鮎を釣って「珍しい魚だ」といわれたので梅豆羅国《めずらのくに》と名づけられ、それが訛って松浦になったといった話などがそれです。ですから、同じような志賀島の近島説も素直に信じるわけにはいきません。それに、たとえ神功皇后が巡幸されたとしても、その前から土地の人たちは、島に名前をつけて呼んでいたはずです。その名前が志賀島だったとする方が理にかなっています。

このように個々のシカ地の地名由来をたどっても、名古屋市のシカ地以外は、志賀島との関係がわかりそうにありません。そこで、シカ地を個々に当たるのではなく束ねて全体としてとらえ、そこにある共通項目を探しました。と言ってもわかりにくいでしょうが、要するに、中学か高校で学んだ数学の因数分解に共通項でくるというのがありましたが、それと同じ考えで、シカ地に共通する項目を探し出して、その項目と志賀島との関係をとらえようとするものです。結果は、次の四つの共通項目を探し出しました。ただし、シカ地の全てが志賀島と関係があるとは考えられませんから、多くのシカ地に共通する項目が見出せるのに、それがないシカ地は、その項目では対象からはずして考えることにしました。

一番目にアヅミ地とシカ地を比較してみます。現地を訪問してわかっていることは、広い安曇野を除くと、アヅミ地が一つの集落を単位とした狭い山麓にスポット状であるのに対し、シカ地は複数の集落がある広い山麓にエリア状になっているという両者の違いでした。また、アヅミ地の特徴である内陸部の山麓にあって川で海とつながっていることや風通しがよく沢田・谷田がある環境は、シカ地でも備えていますが、アヅミ地の湧水が豊かという特徴は、必ずしも持ち合わせていないようです。以上がアヅミ地との比較から得られたシカ地の共通項ですが、この共通項には、山麓に位置しない宮城県の小牛田町青生字志賀堂と、海辺にある石川県の志賀町が該当していません。

二番目は、大雑把に見てシカ地はニホンジカの生息分布域に重なるという共通項がありま す。いきなりニホンジカを出しましたが、なぜニホンジカとの関係を見たかというと、志賀島

志賀海神社に奉納されている１万本以上といわれる鹿の角

の志賀海神社には、御神宝として一万本以上の鹿角が奉納されています。また、毎年四月には、盛り上げた砂にご神木のスダジイの枝を立てて鹿をあしらい、その砂の鹿に向かって神官が「志賀大神の力をもって、一匹たりとも逃しはせぬ」といって矢を射る山誉種蒔漁猟祭《やまほめたねまきかりすなどりのまつり》の儀式（福岡県無形民俗文化財）が行われています。儀式は、古く神功皇后のときから続いていると伝えられていますから、古くからの志賀海神社の伝統と鹿との関係を物語っています。この鹿角と儀式から、志賀海神社が鹿と関係が深いことが読み取れます。ですから、ニホンジカとシカ地との関係を調べたのです。

ニホンジカは、亜種を入れると、ロシア沿海南部から東南アジアのベトナム付近まで広く分布しています。日本列島では一九世紀後半から二〇世紀前半にかけて過度の狩猟で激減しましたが、戦後、捕獲禁止などの保護政策で復活し、その生息域は、一九七八年には国土の二五%、二〇〇四年には四〇%に達し（小泉透『哺乳類科学46（1）』二〇〇六年）、各地で鹿の食害が深刻な問題になるほどその生息数が増えています。

ニホンジカの生息分布図は、環境省生物多様性センターが、一九七八年と二〇〇三年に調査した結果から出しています。それに財団法人日本野生生物研究センターの『第二回自然環境保全基礎調査－動物分布調査報告書（一九八一年）』の資料を加えたニホンジカ生息分布域にシカ地を落とすと、シカ地は、ニホンジカの生息域に重なっています。ただし、市街地にある宮城県小牛田町（現遠田郡美里町）青生字志賀堂は重なりません。

　ニホンジカの生息は積雪の強い制限を受け、五〇センチメートル以上の積雪が年間五〇日以上ある豪雪地域では、死亡が多発するそうです（調査報告書、前掲）。その豪雪地域面積が県土の五〇％以上に及ぶ県は、秋田・山形・新潟県の三県で、これらの県にはシカ地はありません。豪雪面積が三〇％以上になると青森・富山県も入りますが、この二県でシカ地は、青森県平賀町志賀坊だけで、富山県にはありません。シカ地の地名が付けられた時代と現代とではニホンジカの生息域も違っているでしょうが、日本海側の北部に積雪が多いことはそう大きく変わらないでしょうし、生息域が雪に影響を受けることも変わらないでしょうから、現在の生息域とシカ地が重なるのは、ニホンジカとの間に共通項があるといっていいでしょう。

　三番目に鹿と志賀の文字に注目します。鹿はニホンジカのことです。鹿は、中国では呉音でも漢音でもロクですが、日本ではカあるいはシカと読みます。シカのシは、イノシシの例のように、シシと重ねても使われますが、特に食用の獣肉（『広辞苑』）のことです。カは皮という説もありますが、鹿の鳴き声から（『広辞苑』）、タミル語のカタマ kat-ama から（大野晋『日本語の起源』、一九九四年、岩波新書）という説もあります。ですから、シカの意味がわかるように漢字で表すと肉鹿という文字になります。牛の前に肉や乳を付けると肉牛や乳牛となり、その用途を表す名詞になっています。これにしたがうと、肉鹿は、肉を食べる食用の鹿ということになります。一方、鹿を神の使いとして崇めている鹿島神宮や春日大社では殺したり食べたりしません。そうしますと、同じ鹿でも、カは非食用の鹿、シカは食用の鹿と呼び方で分けていたと考えられます。

では、ニホンジカに対して、カとシカのどちらが先に呼ばれていた名称かというと、シカより単純な呼称のカの方が先でしょう。縄文時代の遺跡から鹿角や骨が出土していますから、縄文人が鹿肉を食べていたことは間違いありません。先人はカを食べていたのです。その後から鹿を神使として殺さない人たちが現れて、用途で区別するため、それまでの呼称のカに肉のシを付けてシカという複合名詞の呼称が生まれたと考えるのです。新しい信仰あるいは宗派が生まれると新しい神使の動物が出現するのです。このことは、兎（住吉大社）・猿（日吉大社）・鳩（八幡宮）などの特定の動物を神使として扱っていますし、牛を殺さないヒンズー教徒は、牛を殺すことを禁じていなかったバラモン教から生まれ、そのときから牛を神聖化している、などを考えても理解できるかと思います。こう考えてきますと、志賀海神社は、鹿を食用とするから先述の山誉種蒔漁猟祭の儀式が残っているのでシカですし、鹿島神宮は食用にしないからカです。

古くからの土地にある地名の起源を特定する法則を見出すことは不可能に近いむずかしさがありますが、その点、山口恵一郎氏は（『地名を考える』、一九七七年、日本放送出版協会）、南極のようなさら地から、人が初期に地名をつけるメカニズムが察知できる、と言っています。その山口氏が紹介している南極の地名命名を見ると、多いのが地形、人名・船名、その他関係組織名、生息生物名などを挙げています。生息生物ではクジラがいたからクジラ湾といったものですが、これは、少し解釈を広げると、その土地の産物を地名にする例でもあります。生物ではありませんが、たとえば、丹生《にう》という地名や河川名がたくさんあります。これらは水銀の産地に付けられた例でしょう。

ところで、地名の志賀という文字はそれ自体が意味を表しているのでなく、漢字の成り立ちの六書で言えば仮借《かしゃ》で、シカという音に志賀という文字を当てています。では、なぜ、シカ地は志賀を用いるようになったのでしょうか。思い当たるのは、度々書いていますが、『続日本紀』に和銅六（七一三）年に朝廷から「郡・郷の名称は好字を選んでつけよ」という命が下ったことです。ただ好字の定義がないので具体的にどういう文字が好字かわかりにくいのですが、吉野裕氏は地名を二文字で表すことも好字と解釈しています（『風土記』、前掲）。それに、賀は、祝賀・慶賀と使われるように素人にもおめでたい文字だとわかります。ですから志賀は好字です。

でも、シカに好字を当てると、どうして全てが志賀を当てるようになるのでしょうか。シカ地は志賀という地名の地域を抽出したのですから当然志賀ですが、志賀の文字以外を使ったシカと呼ぶ地名は、わずかに四ケや四賀がある程度で、その他はほとんど見あたりません。その一方で、志賀島のシカには和歌や文章で、磯鹿・資珂・志加・志珂・思香・斯香・鹿・然・近・志賀などを当てた文字が使われています。これだけシカという当て字があるのに、シカ地のシカが志賀を選んで使っているのは、ただの偶然とは考えにくいのです。

志賀の文字はシカ地の共通項ですが、当時の日本列島に点在するシカ地間に横の交流があったとは考えられません。そこで、考えられるのは、先の南極の地名命名に沿うと、ニホンジカを食用とするシカの生産地にシカという地名を付けたとしてもおかしくありません。しかし、当て字で好字はたくさんある中で、志賀の文字を当てた点で理解できないのです。シカ地は文字になじみが薄い縄文系弥生人です。その点、文字に接していた中国大陸から来た安曇族やアヅミ地の弥生人との違いがあります。ですから、縄文系弥生人に地名を好字で書け、といわれた時、その地へ出入りしていた安曇族が、根拠地の志賀島に因んで志賀という好字を付けた可能性はあります。その結果、安曇族が絡んでいた日本列島の各シカ地に、現在、志賀の地名が存在すると考えると理解できます。しかし、別途、シカ地に安曇族が関与していたことを立証しなければなりません。そこには、内陸部の鹿角産地と海辺の塩産地との間に入って交易してきた安曇族が深く関わっていたのです。

四番目にその鹿の角について検討してみます。シカは肉を食用とするだけでなく、縄文人にとって、皮も角も生活に欠かせない素材でした。皮は、腐食するから遺跡から出土しませんが、素材を活かして防寒・防護のための衣類に利用したことは確かでしょう。角は、紀元前八〜七世紀の神奈川県横須賀市の夏島貝塚から鹿の角を削ってつくった小型の釣針が出土しているように、釣針・釣鉤・離頭銛・固定銛・簎《やす》などの漁具や装飾品に使われています。楠本政助氏は（『縄文人の知恵にいどむ』、一九七六年、筑摩書房）、これらの漁具を縄文人と同じように鹿角を素材に石器具を使って、実際につくって使ってみて、鹿角が漁具として使われていたことを実証しました。

漁業で現在使われている漁具も、針（釣）・銛（突）・網（掬）が基本です。縄文・弥生時代も同じですが、当時の総漁獲量割合を考えますと、網を用いる掬は、網素材の繊維技術が未発達ですから、マイナーで、メジャーは釣・突漁業だったはずです。ですから、漁具素材として鹿角は、当時の漁業に欠かせない必需品です。この鹿角製漁具は、金属器が広く普及して取って代わるまで使われていたわけですから、縄文・弥生時代の漁業は鹿角に頼っていたということになります。当時、鹿角は漁業向けの価値が高い商品だったのです。

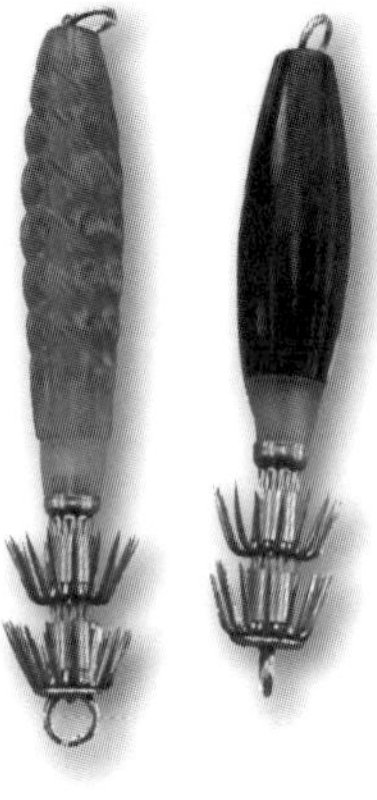

現在のイカ釣鉤　近年までプラスチックの部分が鹿角だった

なお、付け加えますと、現在、イカを釣るには、写真のようなプラスチック製の鉤《かぎ》を使っていますが、このイカ釣鉤を今でも「イカ角《つの》」と称していますし、トローリングで使う釣鉤も「引き角《つの》」と称しています。これらの釣鉤は数十年前まで実際に鹿角を使っていましたが、鹿角が少ないことや、コストがかさむこともあって、プラスチックが代替品となっているだけで、鹿角製を使いたい人は今でもいます。考えれば、鹿角は縄文時代から現代までつづく漁具素材なのです。

この鹿角を採る季節は限られています。角は大人の雄にだけ生え、それも毎年春先になると自然に落ちて、また新しい軟らかい角が生え始めます。九月ごろまでは軟らかくて枝分かれも未熟なので漁具素材には向きません。その後、角にカルシウムが沈着して硬くなってから採集するのです。ですから、採集時期は十月以降の短期間に限られます。

鹿角を効率よく採る方法が巻き狩りです。巻き狩りの作業工程を単純化しますと、鹿の糞・足跡・鳴声などを基に、あらかじめ鹿の居場所をつかんで、狩猟の日時と場所を決め、勢子と呼ばれる人たちが山の中に入って音などで脅しながら鹿を追い立てて、だんだん包囲網を狭めて平地の囲いへ追い込み、囲いの中で右往左往する鹿に向かって弓矢を射るのです。要するに追い込み猟です。そうしますと、人が比較的容易に入れる鹿の住む山林があって、その麓に平らな空間がある地形が巻き狩りに適した地形ということになります。その猟に必要な山林面積は、年により鹿の生息場も変わるでしょうから、広範囲になるでしょう。勢子の人数や鹿の生息密度にもよりますが、その集落にとって、毎年確保したい鹿の捕獲頭数目標があるでしょうから、それに見合った広さの山林面積が必要ということになります。こう考えると、先に述べたシカ地がアヅミ地に比べて、その地域面積が広かったということも納得できます。

一回の巻き狩りで何頭ぐらい鹿を獲ったかは記録がありませんが、根崎光男氏の論文に（「近世農民の害鳥獣駆除と鳥獣観」、二〇〇一年、法政大学学術機関リポジット）、下総国小金原で徳川将軍が行った鹿狩りの捕獲数があり、一七二五年が八〇〇余頭、翌一七二六年が四七〇頭、一七九五年が一一二頭です。この数値には、勢子の人数も対象面積もありませんが、『房総のシカ調査会平成一〇年度報告書』（一九九九年、千葉県環境部自然保護課）から、近年で最も生息数が多かった一九九一年の一平方キロメートル当たり頭数を計算すると、小湊地区で三〇頭、天津地区で四三頭でした。この頭数が多いか少ないかわかりませんが、マグロ延縄《はえなわ》漁で、東京から熱海辺りまでの一〇〇キロメートル近くマグロをとる縄を入れて、四トン（八〇キログラムのマグロですと五〇匹）で大漁というのに比較すると、鹿の生息量は多いと思います。

ところで、現在でも鹿の巻き狩りは、金華山で行われていますが、ここでは神使の鹿ですから、鹿を押さえつけて殺すことなく角だけを鋸で切りとっています。しかし、現代のような鋸がなかった縄文・弥生時代には、堅い角を切ること自体が大変な作業ですから、おそらく殺した後に採っていたでしょう。そうしますと、一時に入った貴重な動物性たんぱく源であり、衣類素材である肉や皮の保存を腐敗する前に処理しなければなりません。これらの処理方法の基本は、弥生時代の技術を考えると塩蔵しかありません。そうすると、鹿の巻き狩りには、塩が欠かせないのです。したがって、内陸部のシカ地の人たちは、海辺に住む海人が生産した塩を入手しなければなりません。ここにも、先の鹿角を必需品とする海辺の海人と内陸の猟師の間に、交易が生じた背景があります。

以上の四つの共通項目を長短書きましたが、それらから志賀島との関係を整理しますと、次のような結論になります。シカ地は、海から離れた内陸部にあって、ニホンジカの生息地とほぼ重なっていることと、鹿を山から平坦地へ追い込む巻き狩りの適地であることから、縄文・弥生時代から漁具素材として欠かせなかった鹿角の産地であったことがわかりました。一方、内陸部に在るシカ地は、生理的必需品であり、鹿肉の保存にも欠かせない塩の入手が困難な地です。ですから、海辺の漁撈民が必要とする鹿角と鹿角産地の民が必要とする塩は、両地域にとって貴重な交易商品だったはずです。その交易を安曇族が担っていたことは考えられます。

海人商人の交易

日本列島には弥生の産業改革が進む前の縄文時代にも、生理的必需品の塩を海に求める内陸部の人たちと、船材の大木・漁具材の鹿角・燃料の薪を山に求める海辺の人たちとの間に交流がありました。また、石鏃《せきぞく》や石ナイフの材料などとして使われた黒曜石が、原産地の長野県中部や神津島などから二〇〇キロ以上離れた遺跡で出土している例をみても、縄文時代にも商人といえる人たちがいたことがうかがえます。この縄文商人の商圏は、黒曜石の出土などからみると、一部朝鮮半島にも及んでいたらしいのですが、そのほとんどは日本列島内です。それに対して、弥生時代の交易は、日本列島だけでなく中国大陸にまで及んでいますから、その商圏という点で、縄文時代と大きく違っています。

日本列島から中国大陸へ交易に行くには、その間にある東シナ海を渡らなければなりません。第二章の海流の項で述べたように、中国大陸から日本列島への渡海は、風や海流の利用や、遭難しての漂着でも渡れますから、そう難しくありませんが、逆に日本列島から目で見えない中国大陸へ、海の流れにさからいながら渡ることは簡単ではありません。それに大きな危険が伴います。ですから、中国大陸の存在を知っている人たちが、命に換えてでも中国大陸へ渡らねばならないという強い使命感とエネルギーをもち、すぐれた操船術を駆使して臨まないと、日本列島から中国大陸への航海はできません。

この使命感とエネルギーに注目して、東シナ海の航路を開発した人たちを中国史から探しますと、BC四七三年に、越に亡ぼされて北部九州へ渡って来た呉の人たち以外には見あたりません。前にも述べましたが、呉と越の間には、「臥薪嘗胆」の言葉からわかるように、この恨みは必ず晴らすというものすごい敵討ちの精神があります。呉の人たちは、仕返しのためなら命を棄てることも恐れない強い意志とエネルギーをもっていたのです。この呉の人たちの代表格の安曇族が、何とか仇敵の越に復讐しようとするエネルギーで、危険をも顧みず越の情報をとるために中国大陸に行く航路を開発したと推察できるのです。

その航路開発には、幾度となく失敗を重ねたことでしょう。志賀島から、当時の推進力が小さい船で西へ向かいますと、対馬海流に流されて日本海に運ばれます。おそらく、その都度、対馬海流の上流に行って挑戦したことでしょう。その失敗の繰り返しから第二章の海流の項で説明したように、いったん、志賀島から五島列島へ渡って、東よりの風をとらえて山東半島の斉《せい》の琅邪《ろうや》（現在の青島に近い海岸地）へ行き交易をして、さらに、そこから大陸沿いに南下しながら交易をつづけ、長江河口から帰路として真東へ向かって黒潮や対馬海流をとらえて志賀島へ帰ってくる航路が開発されたものと推測されます。

ところで、斉の琅邪に行った理由はいくつかあります。黄海暖流に乗ると楽に行けることもありますし、BC四八五年に、呉が斉を海から攻めた経験から、安曇族は、山東半島南の黄海に関する知識をもっていたという理由もありますが、その他にも大きな理由としては次の三つをあげることができます。

一つは、BC四八二年に、呉王の夫差が、黄池（河南省杞県）へ諸侯が集まった会盟に四万の主力軍を率いて参加した留守をついて、越が呉に攻め込み、大きなダメージを与えました。その後、越が優位に立ちBC四七三年に呉を亡ぼしたのですが、そのときの越の上将軍は范蠡《はんれい》です。呉にとって許せない憎い范蠡は、呉を亡ぼした後、越を去って商人になり、「名も姓も改めて、斉へ行っては鴟夷子皮《しいしひ》と称し、陶《とう》へ行っては朱公《しゅこう》と称した。（中略）一九年のあいだに、千金をえたこと三度」と『史記』の「貨殖列伝」にありますとおり、敵将の范蠡が斉にいたのです。

もう一つは、范蠡の行き先の斉は「ちっぽけな国で海辺にあるため、貿易をひろめ財産をつみ、国を富ませ兵を強くし、大衆と欲望を同じくした」（『史記』「管・晏列伝」）、また、「（斉の首都）臨淄《りんし》（現在の山東省淄博市の一部）という都市は、春秋のころから絹織物業や製塩・製鉄業が比較的盛んで、斉国は、一般に商工業が盛んな国であった」（前出『古代中国』）とあります。ただ、この記述で内陸部にある臨淄で製塩業が盛んだったとは理解しにくいのですが、斉が絹・塩・鉄の製品を扱う商工業で成り立った国であったことは間違いないという理由から、交易の対象とするにふさわしい国だと考えられるのです。

三つ目は、仇敵の越が、呉を亡ぼした後、勢力圏を広めて、ＢＣ四六八年に、琅邪に首都機能を移した（『古代中国』、前掲）ことが挙げられます。

したがって、安曇族としては、仇敵の范蠡をつけ狙うにも、軍を強くするための軍資金を稼ぐにも、また、越の情報を入手するにも、最良の地が山東半島の琅邪だったのです。一方、兵力増強のための人数確保も欠かせませんので、交易と併行して、琅邪から岸沿いに長江河口辺りまで下がって、中国大陸の乱世を避けて日本列島への移住を望む農耕民を日本列島へ輸送した可能性も考えられます。そのように考えますと、日本列島と中国大陸との交易は、弥生時代に入ってすぐ、すなわち、紀元前五世紀に始まったということになります。

ここで、本章のプロフィルで掲げた安曇族の発展曲線（161頁）を思い起こしてください。安曇族の業績は、ＢＣ五世紀から横ばい状態を経て、右肩上がりで伸びてきました。業績が伸びていることは、取扱量・品目が増えたことを意味します。安曇族だけで生産量を増やすには限度があります。それでも伸びているのは、安曇族が日本列島で経済的傘下、あるいは、商圏という営業範囲を広げたのです。そうしますと、縄文商人の後裔に当たる縄文系弥生人と安曇族が同じ商圏内で競合する形が生じたことでしょう。この両者の関係は、いわば前者が個人商店的存在であるのに対し、後者は会社組織の商社的存在ですから大きな差があります。安曇族は、志賀島を根拠地にして、お国の再興という大きな目標を掲げて、得意とする船を使って日本列島沿岸の津々浦々を回り、河川をさかのぼって山間部まで足を伸ばして営業範囲を少しずつ広げていったでしょう。

その営業内容を単純化しますと、津々浦々の海人集落から、生活必需品の塩を手に入れて、山麓のシカ地などの狩猟者集落へ行き、釣鉤や銛などに使う漁具素材の鹿角や塩づくりに必要な薪と交換して、海人集落へもってきて塩を手に入れる。同じように、アヅミ地へ独り立ちできるよう支援したり、独り立ちしたアヅミ地から米や繭玉などの産物を支援の見返りとして徴収したり、塩をもって行って産物と交換したり、その間に得た利益として手に入れた塩をもって、中国大陸へ行く。こんな図式が考えられます。こういった地道な商売で、安曇族は縄文系弥生人の商人に競り勝ち、商圏を少しずつ広げていったのです。

現在、日本列島の沿岸に、大掛かりな網を張って魚が入るのを待ち受ける定置網という漁法があります。その全国の定置網漁場現場を回りながら魚網を売っているセールスマンが、当の定置網漁場の関係者や研究者よりも、定置網に関する技術情報を多くもっています。ですから、定置網漁場にとって、網を購入すると同時に全国の情報をもらい、あるときは技術指導までしてもらえるから重宝なセールスマンなのです。この現場を回るセールスが、情報網の未発達な世界での営業方式です。安曇族の営業マンも定置網のセールスマンと同じように、アヅミ

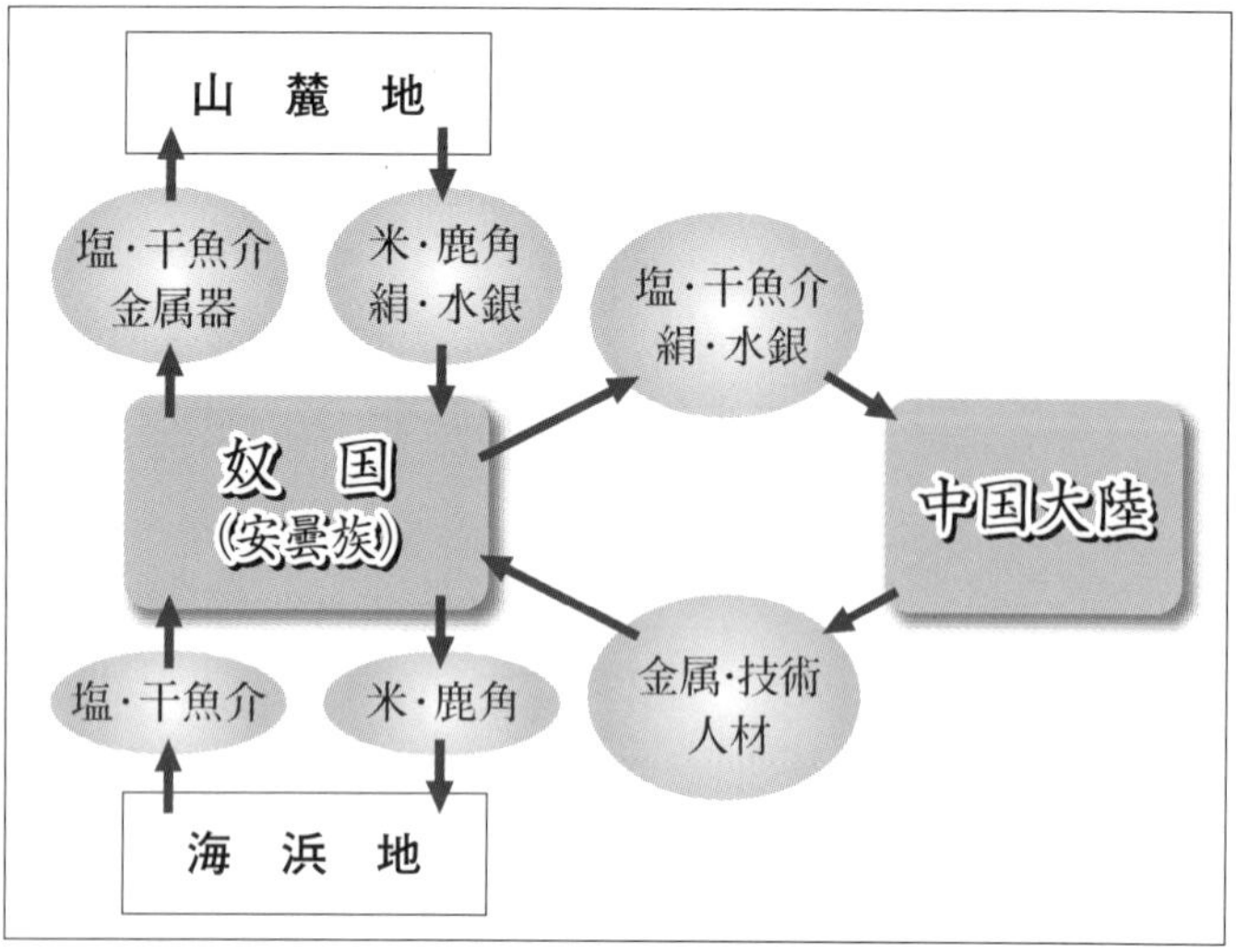

図９　安曇族の交易

地やシカ地に入って、現場指導も含めて鉄器などの新製品を売る活動をしていたことでしょう。この地道な交易が弥生の産業改革に結びついていることは間違いないと考えるのです。

ところで、日本列島でいわばゼロからスタートした安曇族が商圏を広げたといっても、越に攻め込むほどの軍事力や軍資金が、そう簡単に大きくなるわけではありません。そうこうするうちに、仇敵の越の勢力が弱まってＢＣ三七九年に蘇州へ戻り、ＢＣ三三四年に楚に亡ぼされます。安曇族としては、恨みを晴らすべき対象の越が亡くなり、呉越戦争から一四〇年ほども経てば、世帯交代も進み、越への恨みも薄らいだことでしょう。半面、その間に商人としてのノウハウも身についていたので、軍事強化から経済成長へシフトしたことが考えられます。この時点で、安曇族は農耕民の日本列島への移住支援目的を、それまでの兵力確保から生産物増大の路線へと変更したことでしょう。

経済力を大きくするためには、縄文時代以来の産業構造を当時の先端技術導入で改めることです。これが、「弥生の産業改革」です。それには漁業・農業・工業・商業にかかわる人材と労働力を集めねばなりません。安曇族は、先に述べた中国大陸の政治経済の混乱から逃れようと日本列島への逃亡・移民を希望する人たちを船で輸送し、初期生活を保証して定着させたのです。農耕民はアヅミ地などで水田を開発し、また、縄文系弥生人への水田稲作技術も広め、工業は第四章の徐福の項で説明しますが、各種技術・技能をもった人たちは機織・陶工・金属器生産関係や工耕具の導入へ、すぐれた商才をもつ斉の商人は、安曇族傘下に置き企業経営の拡大へ、といった具合です。このように考えてきますと、これらの全てが、船で東シナ海を渡れるということが前提ですから、安曇族が「弥生の産業改革」にいかに寄与したかということがわかります。

この渡航から一連の斡旋・助成は、入植者にとって借りですから何らかの形で返さねばなりません。この貸借関係はいつの世にもあります。弥生時代も同じことです。当時の返済方法については、先の「ゆかりの地2」や「同3」で述べたように中国大陸の春秋・戦国時代までの長い間とられていた農地管理の公田制度に近いものだったでしょう。

農耕民の入植地では、金属製工耕具の輸入や生産が進むと、水田稲作が盛んになり、併行して取組んでいた養蚕の生産もあがります。安曇族は、入植を斡旋した各地間の取引をするために、各地を営業マンが回るか駐在員を置き、海岸の海人から塩や魚介類の水産物を集荷して、内陸部の稲作・養蚕者の集落へ運び、米・繭・薪など農産物との交換取引を行い、また、縄文系弥生人の狩猟集落へも入って、水田稲作を伝授する一方で鹿角などの産物を得たことでしょう。そのようにして日本列島内での取扱量が増えると、中国大陸との交易量も増えます。そうした商活動の中で安曇族に因むアヅミ地やシカ地の地名が生まれた可能性があるのです。

以上が日本列島内の交易を推理したものですが、中国大陸との間ではどうだったのでしょうか。その記録はありませんが、日本列島の産物で漢が欲しいもの、漢の産物で日本列島が欲しいものを列挙すればおおよその見当がつきます。安曇族の奴国からの輸出品としては、第二章でも触れたように、塩と干しアワビがあげられます(注19)。時代が進めば絹製品・水銀も扱ったでしょう。一方、奴国が、実用品として欲しかったのは鉄製品です。船や木製農耕具をつくる斧・鋸といった鉄製工具、灌漑施設づくりや田畑を開墾する鍬・シャベルのような鉄製農耕具でしょう。また、装飾品として欲しがったのは銅鏡などの青銅製品でしょう。

(注19) 鎖国の江戸時代に、長崎から中国(清)向けに俵物三品と称されて輸出していたのは、いずれも乾物で、アワビ、ナマコ(イリコ)、フカヒレでしたが、中国大陸の紀元前の記録にナマコとフカヒレは出てきませんので、本書では、輸出品扱いにしませんでした。

安曇族の発展曲線でおおよその見当をつけますと、中国大陸と奴国の交易が盛んになるのは、前漢から後漢の時代です。先にも書きましたが、前漢の武帝は、塩と鉄を扱う業者が大きな利益をあげていることに目をつけて、BC一一九年に、塩・鉄・酒を政府の専売にしました。塩は、民間から生産者を募集し、生産費は自己負担で、使用器具と塩の販売は政府が行い、二七郡三六県に塩官を置き、鉄は、政府が製鉄・鉄器製作・その販売を行い、三九郡四八県に鉄官という官吏を置いて厳しく管理しています。この専売制の是非が、BC八一年に、政府と民間の知識人との間で議論された記録があります。それが『塩鉄論』（BC七三〜四九年、桓寛著、佐藤武敏訳、一九七〇年、平凡社）です。この『塩鉄論』の中で、民間は「郡国の専売をやめ、農業を第一にして商業を押さえ、天下の民が利益を争うことがないようにお願いしたい。また、政府は利益を目的とした専売制を止めてほしい」と主張しているのに対して、政府は「専売制は、匈奴などの四方の蛮族を抑えることで、漢の国家並びに国民は利益を得ている。そのために必要な財源確保手段だから、国家の大事業として止めるわけにはいかない」と反論しています。ただ、この塩鉄論争を受ける形をとって、その五か月後に酒の専売制だけを廃止しました。

この『塩鉄論』から、当時、塩と鉄がいかに大切な商品であったかということが読み取れます。『史記』の「貨殖列伝」の中には、「猗頓《いとん》（地名）も粗塩で富をつくり、邯鄲《かんたん》の郭縦《かくしょう》は製鉄によって財産をなし、王者に匹敵する富があった」と塩と鉄で財をなした例があります。

後漢になると、光武帝は商業資本を活用し、塩の専売制を民営化して、鉄についても、鉄官が鉄鉱の採掘と精錬を担当し、製錬された生鉄（銑鉄）を民間に払い下げ、鉄器は民間で製造させています（影山剛『中国古代の商工業と専売制』、一九八四年、東京大学出版会）。また、領土外の遠隔国との交易で珍しいものを手に入れることは利があるとして、光武帝は奨励しています。商業を勧めて、商人や職人の身分を認めなかった前漢時代に比べると大きな政策転換をしたのです。以上の前漢と後漢を相手に奴国は交易をしていたのです。

余談になりますが、シカという言葉の使われ方を見てみますと、『分類漁村語彙』（柳田国男・倉田一郎、一九三八年）に、「筑前から長門・周防にかけて、主として女の魚行商をシガという。（中略）文政頃の筑前遠賀の大庄屋文書に、志荷商人、あるいは、志荷振売の語も見えているほどであるから、シガが漁民のこととすれば、この徒の商業には来由ありといふべきである」と魚の行商人をシガと称していたとあります。また、『古代海人の謎』（海鳥ブックス、一九九一年）で高田茂廣氏は「近世の筑前の浦にいた一般的な浦商人は『志荷商人』とか『おしかさん』とか呼ばれた振れ売り商人であった」と紹介しています。なお、現在でも、志賀島から博多の街に魚を売りに来る商人は「おしかさん」と呼ばれています。こうしてみますと、シカは商人の代名詞的に使われていることがわかります。ことによると、シカ地のシカは志賀島の商人の代名詞で、シカ地でもおシカさんと呼ばれていたのかもしれません。いずれにしましても、安曇族が商売と関係深かったことは間違いないようです。

第四章　技術者集団徐福

弥生の産業改革は、温帯ジャポニカを使った水田稲作や金属器の使用・製造など縄文時代になかった技術の伝播によって進みました。水田稲作については、これまで説明してきましたので、この章では水田稲作以外の技術がいかにして日本列島に伝わったのかという話に移ります。しかし、これら技術伝播に関する史・資料は、遺跡からのわずかな出土品と、それらを基にした研究文献があるだけで記録はありません。本書では、そんな記録のない中から、司馬遷の『史記』にある方士の徐福に注目してみました。徐福が日本列島に渡って来たのかどうかの真偽も含めて、渡海の背景や具体的な方法、渡海後の食糧確保などの生活を通じて、弥生時代の技術伝播の解明に挑んでみます。

『史記』の中の徐福

徐福は、山東半島の斉の国で生まれ育った方士（道士）です。この方士を現代的に表現すれば、宗教・医学・薬学・工学・化学（錬金術・煉丹術）といった幅広い知識と技術を身に着けて、それらを活かすために、弁舌豊かに自分を売り込んでいた人たちです。『史記』によると、BC三世紀末に、徐福は、秦の始皇帝にとりいって不老の薬（仙薬）を求めると偽り、船を仕立てさせて技術者と少年少女を乗せ、さらに仙薬の代価の品々も準備してもらって船で中国大陸を離れ、そのまま戻ってこなかったとされている人物です。その『史記』の中で徐福に関連して記述されている所だけを、福永光司氏が抽出して、『馬の文化と船の文化』（一九九六年、人文書院）に「徐福と神僊と吉野ヶ里遺跡」の題で書いています。それによりますと、「秦始皇本紀」に三か所、「封禅書」、「淮南衡山列伝」に各一か所の都合五か所に徐福の記載があるそうです。ここでは、この『史記』にある五か所を年代順に整理して、福永氏の解説を参考に、謎の多い徐福の人物像と行動を追ってみました。

一、BC二一九年（『史記』「秦始皇本紀」）、秦の始皇帝が、現在の山東省にある泰山や琅邪山に旅したとき、斉（国）の方士の徐福等が、始皇帝に、「海中に蓬莱、方丈、瀛州《えいしゅう》という三神山があって、そこに仙薬をもつ仙人がいます」と進言すると、始皇帝は、徐福に童男童女数千人を連れて海を渡り、仙薬をもっている仙人を探すように手配しています（注1）。

二、この三神山について、「封禅書」では（注2）、渤海にあるとし、これまで斉や燕の王が仙薬を求めさせたが、人が近づくと風が遮ったり、水没して姿を消したりで、まだ到達し

(注1) 参考のために『史記』の福永氏が使った箇所の原文を載せますが、これらの全てを「維基文庫、自由的圖書館」(http://zh.wikisource.org/wiki/%E5%8F%B2%E8%A8%98) から転載しました。
既已、齊人徐市等上書、言海中有三神山、名曰蓬萊、方丈、瀛洲、仙人居之。請得齋戒、與童男女求之。於是遣徐市發童男女數千人、入海求仙人。

た人はいないが、仙人と仙薬はあるという。そこに住んでいる獣はみんな白く、宮殿は黄金と銀でできている。方士たちは、始皇帝が自ら出かけても及ばないでしょうというので、人を使って少年少女を船に乗せて連れて行って仙薬を求めさせるが、風が吹いていたのでと言い訳をして、まだ、到達していない。

三、BC二一二年（『史記』「秦始皇本紀」）、始皇帝は、大いに怒り、徐福等に巨万の費用を与えたが未だに仙薬が手に入らないと、怒りの矛先を徐福にも向けています。怒った始皇帝は、怪しげな知識や技術を売り物にしている方士や学者を捕らえて、四六〇余人を生き埋めにしました（坑儒事件）。この怒った発端は、方士の侯生と盧生の口車に乗せられて、仙薬を探す巨万の費用を出していたが、この二人の方士が、その仙薬探しがまやかしであることが露呈する前に、始皇帝を誹謗して逃亡した裏切りがあったからです（注3）。

四、BC二一〇年（『史記』「秦始皇本紀」）、始皇帝が再び琅邪山を訪ねたとき、徐福等方士は、

（注2）自威、宣、燕昭使人入海求蓬萊、方丈、瀛洲。此三神山者、其傅在勃海中、去人不遠・・患且至、則船風引而去。蓋嘗有至者、諸仙人及不死之藥皆在焉。其物禽獸盡白、而黄金銀為宮闕。未至、望之如雲・・及到、三神山反居水下。臨之、風輒引去、終莫能至雲。世主莫不甘心焉。及至秦始皇並天下、至海上、則方士言之不可勝數。始皇自以為至海上而恐不及矣、使人乃賫童男女入海求之。船交海中、皆以風為解、曰未能至、望見之焉。

始皇帝から多額の支援を受けている徐福が海上に出て仙薬探しに九年ほど費やしても、まだ薬を手に入れていないことへのとがめを恐れました。そこで、始皇帝に「仙薬はありますが、手に入れようとすると、大鮫魚が邪魔して手に入りません。ですから、連弩を使ってこの大鮫魚を退治していただけませんか」と偽りの話をしました。始皇帝は、この件で占夢博士に訊ねたら、「大鮫魚は悪神だから退治すべきです。」と答えたので、大鮫魚を捕らえる道具をつくらせて、始皇帝自身が連弩を射るために、琅邪から海に出て栄成山まで行ったが大鮫魚を見ることはできませんでした。だが途中見かけた巨魚を射止めて帰還しています（注4）。

（注3）始皇聞亡、乃大怒曰：「吾前收天下書不中用者盡去之。悉召文學方術士甚眾、欲以興太平、方士欲練以求奇藥。今聞韓眾去不報、徐市等費以巨萬計、終不得藥、徒姦利相告日聞。盧生等吾尊賜之甚厚、今乃誹謗我、以重吾不德也。諸生在咸陽者、吾使人廉問、或為訞言以亂黔首。」於是使御史悉案問諸生、諸生傳相告引、乃自除犯禁者四百六十餘人、皆阬之咸陽、使天下知之、以懲後。

（注4）還過吳、從江乘渡。並海上、北至琅邪。方士徐市等入海求神藥、數歲不得、費多、恐譴、乃詐曰：「蓬萊藥可得、然常為大鮫魚所苦、故不得至、原請善射與俱、見則以連弩射之。」始皇夢與海神戰、如人狀。問占夢、博士曰：「水神不可見、以大魚蛟龍為候。今上禱祠備謹、而有此惡神、當除去、而善神可致。」乃令入海者齎捕巨魚具、而自以連弩候大魚出射之。自琅邪北至榮成山、弗見。至之罘、見巨魚、射殺一魚。遂並海西。

以上は、BC二一九年から二一〇年までに『史記』の「秦始皇本紀」と「封禅書」に記載されている徐福に関連する記事ですが、断片的ですから徐福の行動がわかりにくくなっています。その点、次の「淮南衡山列伝」に記載されている記事は、徐福の行動が具体的につながっているので、わかりやすくなっています。「秦始皇本紀」との整合性を検討するためにも、徐福に関する項の全訳文を転載します（小川環樹・今鷹真・福島吉彦訳、一九七五年、岩波文庫）。

五、道士（方士）徐福を使者として、東の海上の仙人の島へ不死の薬を求めに行かせましたが、徐福は帰ると、いつわりの報告をして、「わたくし東の海で大神さまにお目にかかりましたところ、『おまえは西の皇帝の使者であるか？』とお尋ねになり、わたくしが『その通りです』とお答えしますと、『おまえは何をさがし求めておる？』と聞かれ、『延命長寿の仙薬をいただきとうございます』と申しあげますと、大神さまは、『おまえたちの秦王の供物が少ないから、おまえは見ることはできても、手にいれることはできぬ』とおおせられ、それからわたくしを東南のかた蓬莱山へおつれくださいました。そこには麗芝にかこまれた宮殿楼閣が見られました。仙界の使者がそこにおいでになり、それは銅の色で竜の形をし、体から発する光が天までたちのぼって輝いておりました。そこでわたくしは再拝いたしたあと、お尋ねしました、『何の品を献上いたしますとよろしゅうございましょうか?』と、その海神さまは、『良家の少年少女たちとさまざまの器械や道具類（注5）を献ずれば、望みのものは得られよう』とおっしゃったのです」と言上しました。秦の始皇帝はたいへん喜んで、少年少女三千人を送り出し、五穀の種子と器物や道具類をそえて、旅立たせました。（始皇帝をたくみに欺いた）徐福は広い平野と沼のある島（注6）にたどりつき、そこに居ついて自分が王になり、帰ってこなかったのです。

以上が『史記』の中にある徐福にかかわる記事の五か所ですが、これらの記述で、整合性

（注5）原文では百工。百工は医・商賈とともに良民に編入されない身分の表示として使用される例もあるが、工と呼ばれる特定の職分と身分をもった手工業を担当する集団（影山剛『中国古代の商業と専売制』、一九八四年、東京大学出版会）。

（注6）左原文では平原広沢
又使徐福入海求神異物、還為偽辭曰:『臣見海中大神、言曰:「汝西皇之使邪?」臣答曰:「然。」「汝何求?」曰:「原請延年益壽藥。」神曰:「汝秦王之禮薄、得觀而不得取。」即從臣東南至蓬萊山、見芝成宮闕、有使者銅色而龍形、光上照天。於是臣再拜問曰:「宜何資以獻?」海神曰:「以令名男子若振女與百工之事、即得之矣。」』秦皇帝大說、遣振男女三千人、資之五穀種種百工而行。徐福得平原廣澤、止王不來。

がとれず、疑問に思えるところと矛盾しているところがあります。

まず疑問点は、一のＢＣ二一九年に、徐福は数千人の童男童女（少年少女）を託されて仙薬探しに出かけますが、三のＢＣ二一二年に、始皇帝は方士に騙されたとして、徐福を例示して怒りを表しているにもかかわらず、五の「淮南衡山列伝」では、徐福が帰国して、仙人に供物が少ないから仙薬が手に入らないのだ、と言われたと始皇帝に報告したことになっています。始皇帝が二度目に琅邪を訪ねたのはＢＣ二一〇年ですから、この報告した年はＢＣ二一〇年になります。そうしますと、始皇帝は再び百工と少年少女と供物を乗せて出港させたことになります。しかし、四の「秦始皇本紀」では、この報告には一切触れず始皇帝自身が大鮫魚退治に出かけています。

次に矛盾点ですが、もし、ＢＣ二一〇年に始皇帝が徐福に会って再度話を聞いたのが本当でしたら、五の「淮南衡山列伝」で海神に案内され供物が少ないと言われたという話と、四のＢＣ二一〇年の大鮫魚が邪魔して蓬莱山などの神山に行けないという話は、両立しません。これらの疑問点と矛盾点を解き明かすと、徐福は、ＢＣ二一九年に数千人の少年少女を託されて東海へ向けて出港して以来戻っていないという結論になりましたが、その前に、この徐福が始皇帝と二度会っていると考えている人もいますので、そちらを紹介します。

稲田孝氏は、『新十八史略二』（一九八一年、河出書房新社）の中で、ＢＣ二一〇年に「琅邪を訪れた始皇帝の前に、数年前、東海の仙人の島をたずねたいからと称して、多くの童男童女と旅費とを始皇帝からふんだくった徐芾（徐福）が、ひょっこり現れて、大鮫魚が妨害する話をした」と書いていますし、上野武氏は、『海と列島文化』第四巻の『東シナ海と西海文化』（一九九二年、小学館）で「太伯と徐福」と題する文章に、始皇帝は「徐福から神仙島活動の報告を受け、徐福が船出したのは、ＢＣ二一〇年の始皇帝が没したころ」としています。

そこで、先の疑問点と矛盾点を解き明かします。始皇帝が斉の国の琅邪をＢＣ二一九年と二一〇年の二回訪ね、二回とも方士から仙薬に関する話を聞いたことは確かです。しかし、大鮫魚の話は、始皇帝が、ＢＣ二一〇年に徐福自身と再会して聞いたのか、徐福の仲間の方士から聞いたのか、『史記』の訳文だけからは判断しにくいのです。「秦始皇本紀」の原文を細かくみますと、両年とも徐福等と等の字がついて複数の方士になっていますが、ＢＣ二一九年の仙薬探しに派遣されたところだけは徐福に等がついてなく、単名の徐福という表現になっています。そうしますと、等がついている複数は、徐福の仲間の方士たちと受け止めることができます。このことは、現在、私たちが○○軍団や○○研究室などとグループの頭に個人名をつけて呼んでいるように、『史記』でも斉の国の方士集団の頭に徐福の名をつけて徐福等と呼んでいたのかもしれません。そう読むと、ＢＣ二一〇年に大鮫魚が邪魔する話を始皇帝にしたのは、徐福の仲間たちで、徐福自身は、ＢＣ二一九年に出港して以来戻っていないということも成り立ちます。

このことについて別の点から見てみます。もし「淮南衡山列伝」の海神に会って供物次第で仙薬が手に入るという徐福の帰国談に始皇帝が乗って、三千人の少年少女と百工や五穀の種子をもたせて再び出港させたのであれば、ＢＣ二一九年と二一〇年の二回にわたって少年少女を託したことになります。しかし、始皇帝は、ＢＣ二一二年に、徐福も含めて方士への不信感で怒りを爆発させているだけに、ＢＣ二一〇年に、徐福と再会したのであれば、問答無用で処刑してもおかしくありません。そうでなくても、ＢＣ二一九年に送った少年少女をどう扱ったのか、海神と会ったという話と大鮫魚が邪魔して仙人と会えないという話の矛盾点を厳しく追求してもおかしくないはずです。ですが、そうしないで、大鮫魚退治に自ら出かけたということです。それに、徐福が、本当に処刑が怖ければ、ＢＣ二一〇年に再会することもなくそのまま逃亡できるはずです。そう考えますと、ＢＣ二一〇年に、徐福が始皇帝と再会して、二回目の少年少女を託したという話は筋がとおりません。ですから、このＢＣ二一〇年に、始皇帝に話した方士は、徐福を除いた徐福グループに所属する方士たちで、徐福は、始皇帝とＢＣ二一九年に一度だけしか会っていないと考えた方が素直です。そうすると、ＢＣ二一九年に、始皇帝は、徐福グループの方士たちからいろいろ話を聞いた中で、徐福の海神に会ったという話に興味を示し、徐福だけに少年少女らを乗せて出港させたが、徐福はそのまま戻ってこなかったということになります。このように、『史記』の記載を筋道立てて読むと徐福の行動が矛盾なく理解できます。

では、どうして稲田氏や上野氏が、BC二一〇年に徐福が二度目の仙薬探しに出かけたと考えたのでしょうか、これは多分、「淮南衡山列伝」にある徐福が帰還して話をしたと書いてあることを基にしているのでしょう。そうしますと、先に私が筋立てしたことは勝手読みと思われるかもしれませんが、この「淮南衡山列伝」の記述を理解する鍵は、小川環樹氏の『史記列伝』(一九七五年、岩波文庫)の解説にあります。「司馬遷は、豊かな想像力の持ち主だったから、資料の積み重ねだけの無味乾燥な事実の客観的な記載に満足しなかった」「列伝は、極端な言いかたをすると、逸話の寄せ集め、または、劇的な事件をつぎはぎした小説的である」と解説しています。確かに「淮南衡山列伝」の徐福の項は、物語的な読みやすい表現になっています。それに比較して、「秦始皇本紀」は始皇帝に関する事項を年に沿って業務報告のように書いた記録の写しで、徐福は、始皇帝にかかわるところで断片的に出ているだけですから、徐福を理解するには、これらをつなぎ合わせただけではわからないという欠点があります。その点、「淮南衡山列伝」は、司馬遷が、過去の劇的な事件をつぎはぎして物語として書いたので、わかりやすいのです。

「淮南衡山列伝」に出てくる徐福の話は、前漢の武帝のときに、謀反の下心をもつ淮南王劉安(B

C二二二年自殺）を将軍の伍被が諫めて、秦の始皇帝（BC二一〇年没）のときに謀反が起きた状況を引き合いに出して、武帝の今の状況と全然違うことを説明している場面に出てきます。

その部分を要約しますと、秦の始皇帝は聖人の教えと礼を棄てて、詐欺と暴力を横行させ、苛酷な政治と残忍な刑罰を頼りにしたので人民の心が離れていきました。数千里の長城を建造させて数十万人の死者を出したので、反乱に立ち上がろうとする人民が一〇戸のうち五戸となり、また、（先述の）徐福が逃亡した話を人民が聞いて一〇戸のうち六戸が反乱賛同になり、さらに、百越の討伐に行った慰佗がその地の王になって、衣服を繕うために三万人の女を送るように要求したとき、一万五千人を送ったので、反乱賛同率は一〇戸のうち七戸に増え、そこで、陳勝と呉広が反乱を起こしたのです。その点、現在（前漢）の人民は天子の武帝を慕っていますから、そんな状況の下で謀反を起こしても人民はついてきませんから失敗しますと諫めたわけです。

ここでいう一〇戸のうち何戸という数字は、現在でいえば内閣不支持率に通じるようなものでしょうが、もちろんアンケートなどの数値ではなく、感覚的なつかみの数値です。ただ、自分が仕える王を諫めるわけですから、わかりやすい物語と数値をもって話すことが大切な場面です。始皇帝は徐福の進言を受けて少年少女・百工・穀物の種子をもたせて、仙薬探しに出したら帰ってこなかったと淡々と話すよりも、徐福に仙薬の入手方法を調査させ、その調査報告を受けて、海神への供物として三千人の少年少女・百工・五穀の種などをもたせて船出させたら、そのまま帰らず、行った先の地で王になったと、段階を追いながら話を進めた方が、物語性が増してわかりやすくなります。「淮南衡山列伝」で司馬遷は、その文才の趣くままに書き、徐福の逃亡がBC二一九年であったかBC二一〇年であったかは、それほど問題でなかったのでしょう。しかし、この九年間を徐福がいかに過ごしていたのかは、徐福の落ち着き先を解く鍵になりますし、その結果によっては弥生の産業改革とも関連してきますから、日本列島にとって深いかかわりがあるのです。

司馬遷は、徐福が帰還しなかったこともあってでしょうが、徐福を信頼できる人物として描いていません。少しその徐福を擁護しますと、まず、言葉だけでなく仙薬の探索に、実際出かけていますから、その点、他の方士と違って忠誠心のある人物と受け止めてもいいのかもしれませんし、それに、徐福が帰還しなかった理由は、徐福が不死の薬を求めている間のBC二一〇年に始皇帝が没した情報を入手したので、その目的を失ったということもあるかもしれません。

余談になりますが、徐福の話と『日本書紀』に出ている田道間守《たじまもり》の話は、類似しています。

（注7）中国南部からインドの説があります。

田道間守は、垂仁九〇年（神武暦六一年）、垂仁天皇に命じられて長寿の食べ物を常世の国（注7）に探しに出かけます。ところが九九年に天皇は亡くなられ、その翌年の一〇〇年に田道間守は、やっと長寿の食べ物（橘）を手に入れて帰還しますが、間に合わなかったことを詫びながら悲しんで死んでしまったという忠誠心に満ちた話です。この田道間守と徐福の話で共通するのは、遠い隔世の海外へ不老不死の食品や薬の探索に出かけたこと、天皇・始皇帝は命を下してともに九年後に死亡していることです。田道間守が実在した人かどうかという問題もありますが、もし『日本書紀』が『史記』などの徐福の話を下敷きにして書いた話であれば、徐福を命にしたがって九年間探しつづけた忠誠心の持ち主として扱ったことになります。次の一〇年目の扱いで、田道間守は垂仁天皇の死を知らずにやっと手に入れて帰国したとして、婉曲的に徐福は始皇帝の死を知ったから帰国しなかったという扱いにしています。このように『日本書紀』を読みますと、日本列島では、司馬遷と違って、徐福も忠誠心のある人物として受け止めていたということになります。なお、田道間守の話は小学唱歌になって歌われました。

参考のため、一番の歌詞だけを掲載します。「かおりも高いたちばなを　積んだお船がいま帰る　君の仰せをかしこみて　万里の海をまっしぐら　いま帰る田道間守　田道間守」

徐福の行き先

福永氏は、文献実証学の立場から、徐福は、方士を職業とする斉国出身のBC三世紀頃の男性で、斉の国の琅邪地域で始皇帝と接触して、不老の薬（仙薬）を求めて琅邪付近から出港したが、海を渡って逃亡したのは事実として信用できる。だが、出港後の行き先については、文献実証学として根拠になるものは全くわからないとしながらも、「徐福と吉野ヶ里の墳丘墓とを結びつけるものとして、墳丘墓の南側にある祭祀遺跡と西南の方角から入る墓道がある。これらは、漢の武帝が、泰山の麓で行った明堂の祀りと一致していることが確認できた」と指摘しています。

この吉野ヶ里に関する指摘をもう一歩前に進めると、誰が漢の武帝の祀りに関する知識を吉野ヶ里へ持ち込んだのか、という問題にぶつかります。祀りの儀式に関する知識は方士がもっていたのですから、方士の徐福ももっていたでしょう。もっとも、始皇帝の封禅と武帝の封禅との間には一〇〇年ほどの開きがあります。徐福は始皇帝の時代の人ですから、漢の武帝の祀りには関わっていません。ただ、『史記』の「封禅書」にある武帝の儀式は、その前に行った始皇帝の儀式に習っているはずです。現在、始皇帝の封禅の記録は残っていませんので、両者の比較はできません。方士の徐福が知っていた封禅の儀式は始皇帝の時代のものですが、これを徐福自身か、徐福から教わり伝わった世代が吉野ヶ里で行ったのであれば、漢の武帝の封禅の儀式と共通する可能性はあり得ます。

次に『史記』の「淮南衡山列伝」の中に出てくる徐福の行き先に関する情報を整理しますと、①東の海上にある仙人の島で海の大神（海神Ａとする）に会った、②そこから海神Ａに南東の蓬莱山へ連れて行ってもらった、③蓬莱山には麗芝と楼閣があって、銅色の竜の形をした仙界からの使いの海神（Ｂとする）がいた、④広い平野と沼のある島で王になった、以上の四つあります。これらの中で、①から③までは、ＢＣ二一九年に始皇帝に話した徐福が事前調査としてつかんでいた情報ですから、徐福の落ち着き先とはいえません。そうしますと、行き先の情報は、原文に平原広沢とある④だけです。

では、なぜ司馬遷は、徐福が帰還していないので、わかっていないはずの行き先を平原広沢の地と書いたのでしょうか。それは、再び、小川環樹氏の「淮南衡山列伝」の解説によりますと、著者の司馬遷は、中国大陸の広い土地を歩きまわって旅をして、各地で見聞したものを多く取り入れ、また、広く友人をもっており、その友人たちから聞いた話も取り入れて『史記』を書いたそうです。そうしますと、徐福の行き先は官には伝わっていなくても、民間には伝わっていた可能性がありますから、民間情報も加えて書いたとすれば納得できます。この点については、現在でも、官の情報網にはひっかからなくても民間ではもっている情報はありますし、『三国志』の「呉書」（陳寿ＡＤ二三三～二九七年）に、徐福について「老人たちが言い伝えるところによると」といった表現が付いていますから、中国正史に民間情報も組み込まれていることが理解できます。次に、その呉書にある関係箇所を転載しておきます（小南一郎訳）。

二三〇年、（孫権は）将軍の衛温と諸葛直とを派遣し、武装兵一万を率いて海を渡り、夷州と亶洲とを捜させた。亶洲は大海の中にあって、老人たちがいい伝えるところでは、秦の始皇帝が方士の徐福を遣わし、童子と童女と数千人を引きつれて海を渡り、蓬萊の神山とそこにある仙薬とを捜させたとき、徐福たちはこの島に留まって帰ってこなかった。その子孫が代々伝わって数万戸にもなり、その洲に住む者がときどき会稽にやって来て布を商っていったり、会稽郡東部の諸県に住む者が、大風に遭って漂流し、亶洲に着く場合もあるという。しかしこの洲は遥かな遠方にあって、衛温たちは、結局、それを捜しあてることができず、ただ夷州から数千人の住民をつれ帰っただけであった（注8）。

（注8）維基文庫、自由的圖書館　三國志／卷47
二年春正月、魏作合肥新城。詔立都講祭酒、以教學諸子。遣將軍衛溫、諸葛直將甲士萬人、浮海求夷洲及亶洲。亶洲在海中、長老傳言：秦始皇帝遣方士徐福將童男童女數千人入海、求蓬萊神山及仙藥、止此洲不還。世相承有數萬家、其上人民。時有至會稽貨布、會稽東縣人海行、亦有遭風流移至亶洲者。所在絕遠、卒不可得至、但得夷洲數千人還。

この「呉書」によると、徐福が行った先は海の中にある亶洲だと伝えられているそうです。亶洲（注9）が具体的にどこを指しているのかわかりませんが、「呉書」に、呉から遠くはなれているところ、大風で遭難して漂着するところ、数万戸の人が住んでいるところ、亶洲の人は会稽まで交易にやって来る、という四つの情報が付いていますのでこれに沿ってかなり絞り込むことができます。

まず、州は島のことで、夷州は台湾とするのが定説だそうですから、亶洲は、その他の島、すなわち日本列島か済州島、あるいは南の海南島やフィリピン諸島になります。次に、その亶洲は、会稽郡の東、すなわち、現在の長江河口南にある浙江省の上海・杭州・舟山群島あたりの人たちが海で遭難すると漂着するところとありますが、この浙江省の沖で遭難した場合は、風の方向と海の流れで漂着先は決まります。したがって、中国大陸の沖に出て西寄りの風に吹かれて陸へ戻れなくなり、船がさらに沖にもって行かれて、黒潮や対馬海流の流れに乗るケースが考えられます。そうしますと、それらの流れの下手にある島は、日本列島と済州島に絞られます。さらに、数万戸住んでいるというと、当時としてはかなり人家が多い地域になります。「魏志倭人伝」（三世紀）の数値では、対馬が千余戸、壱岐が三千戸ですから、済州島を含めて

（注9）亶洲の亶の字は『大辞典』（講談社）によると、「タン　センと読み　本義は穀物の多き義　米倉転じて厚し　大なり　まこと等の義出づ」とある。

島嶼に万戸と表現される住民がいた地域があったとは考えられません。さらに、先の『史記』の「淮南衡山列伝」にある平原広沢という条件は、誇大表現も考慮しなければいけませんが、広大な平原が広がる中国大陸の物差しを使っての表現であれば、感覚的に広い平野を有する土地ということになりますので、この点からも島嶼は対象にならないでしょう。したがって、「魏志倭人伝」の記述を考慮しても、ここに示した亶洲に関する情報から徐福の落ち着き先は、島嶼を除く日本列島で、かつ平野が開けて水が潤沢な地域だということになります。そうしますと、日本列島の中でも九州・四国・本州・北海道に限定されてきます。さらに、「魏志倭人伝」に出てくる二一か国の内、万戸以上ある国としては、奴国、投馬国、邪馬台国だけです。また、浙江省あたりまで布をもって交易に来るところとありますので、投馬国と邪馬台国はその位置が定かでないだけに、交易を云々することもできませんが、奴国だけは、第三章の安曇族の項で述べたように、交易を盛んにしていたので、呉書にある亶洲の情報に該当しています。

徐福の行き先について、『後漢書』の「東夷列伝」の「倭伝」に記述があります。その内容は、先の『三国志』の「呉書」にあった徐福の項を基にしたものとも言われていますが、『後漢書』の選者の范曄《ハンヨウ》（三九七〜四四五年）は、仙薬を探しに出かけた徐福が留まって帰ってこなかった島を倭として「倭伝」の中に編集していますから、徐福が日本列島に行ったと考えていたのでしょう。

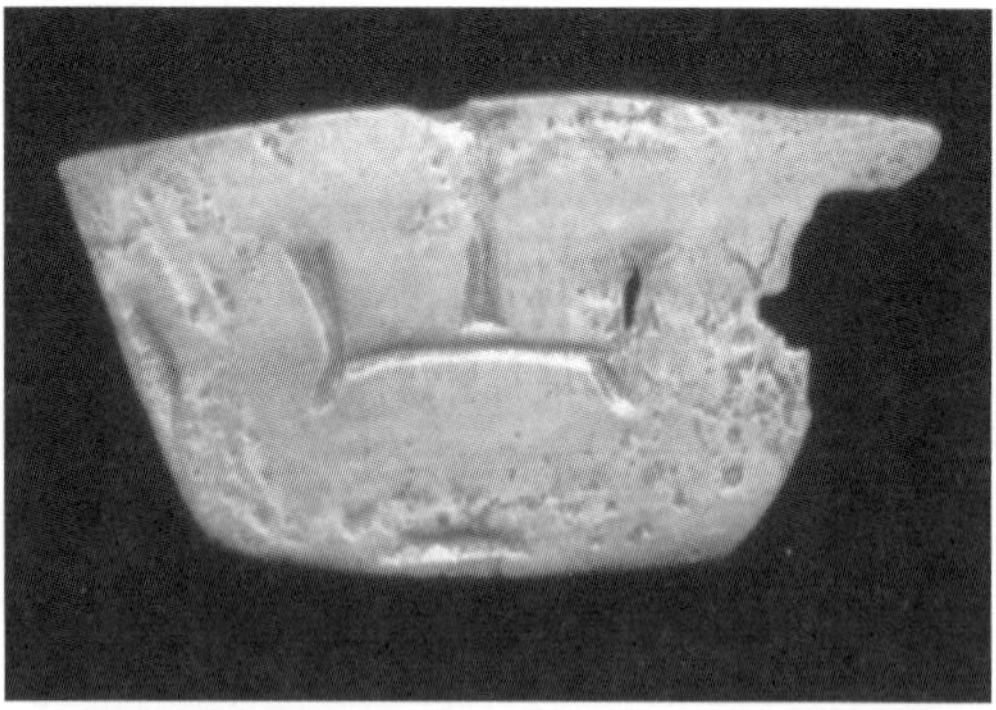
種子島の広田遺跡（弥生時代）から出土した「山」の字が彫られた貝符（鹿児島県歴史資料センター黎明館所蔵）

ところが、これまで亶洲が具体的にどこを指しているのかという議論の中に島嶼という考えもあります。亶洲のタンと種子島のタネを類似音として扱ったり、遺跡からの出土品資料を基にしたりして、徐福の行き先は種子島ではないだろうか、とする考えもありますので、次に紹介しておきます。

種子島周辺の流れ

直木幸次郎氏は『古代日本と朝鮮・中国』（一九八八年、講談社）で、白鳥庫吉氏が亶洲は琉球列島・西南諸島ではないかとする説を妥当な説だとして、現在の種子島の南種子町広田にある弥生時代の遺跡から出土した貝符（写真）に「山」という文字が見られるが、これは、後漢末の隷書と判断されるので、種子島の住人が中国大陸の会稽に行って交易していた可能性が示唆されると書き、ただし、亶洲を種子島だけに限定せず、その周辺の島々を含めて亶洲というふうに中国側では認識していたとみておこうと思います、といっています。

同じように、上野武氏は『海と列島文化』四巻（前掲）で、亶洲を種子島とする白鳥説は、亶洲の亶（tan）と種子島の種（tane）の音が類似していることを根拠にしたものだと解説し、種子島の広田遺跡から「山」の字が入った貝符をはじめ、中国大陸と関連する遺品が出土したことと、「山」の字を彫った貝符は徐福の子孫と称する集団のお守りだったとする考古学者の原田淑人氏の考えを基に、亶洲を種子島と断定するのは早計としても、きわめて有力な候補となってきたといえるだろう、と書いています。

そこで、種子島に、紀元前の中国大陸製品がどうやって入って来たのかを検証してみます。まず、出土品の遺跡の発掘地層が紀元前と断定できれば、後年になって持ち込まれたものではないことが証明できますから、その年代に種子島に入ったものに間違いないわけです。そうしますと、その年代に、中国大陸の人が持ち込んだのか、種子島から中国大陸へ出かけて交易などで入手したのか、あるいはその両方かということになります。

このことを海の方からみますと、種子島が黒潮の流れの中にあることが大きく関わってきます（九六頁の図2参照）。種子島は、西南西から東北東へ向かって流れる黒潮に洗われています。大きな川の中にある川中島と同じです。したがって、もし船で種子島から中国大陸へ行くには、この黒潮の流れに逆らって上流へ向かわなければなりませんし、下手すると四国沖方面へ流されてしまいます。現在の船のように推進力が大きければ問題ないのでしょうが、櫂と帆を使っての航海は、風向きなど天候によほど恵まれたとしても、大変な労力と高いリスクが伴います。

種子島の住民が黒潮反流の存在を利用し、現在のサバヒーのような小船を自由に操れる航海術をもった海人であれば、往路は黒潮を横断して南西諸島経由で、中国大陸に行き、復路は黒潮に乗って帰る、というコースも考えられます。しかし、それができるのであれば、九州の大隈半島や薩摩半島との交流が多くてもいいのでしょうが、上野氏によりますと、種子島の遺跡から弥生土器はごくわずかしか出土していないそうです。そうしますと、種子島の遺跡から、弥生時代初期の中国大陸産の貝符などが出土したということは、種子島から交易に出かけた可能性よりも、むしろ中国大陸の船がもたらしたものと見る方が素直です。なぜ、中国大陸の船が種子島に来たのかといえば、種子島を目指して来たのではなく、航海中に遭難して種子島に漂着したことが考えられます。

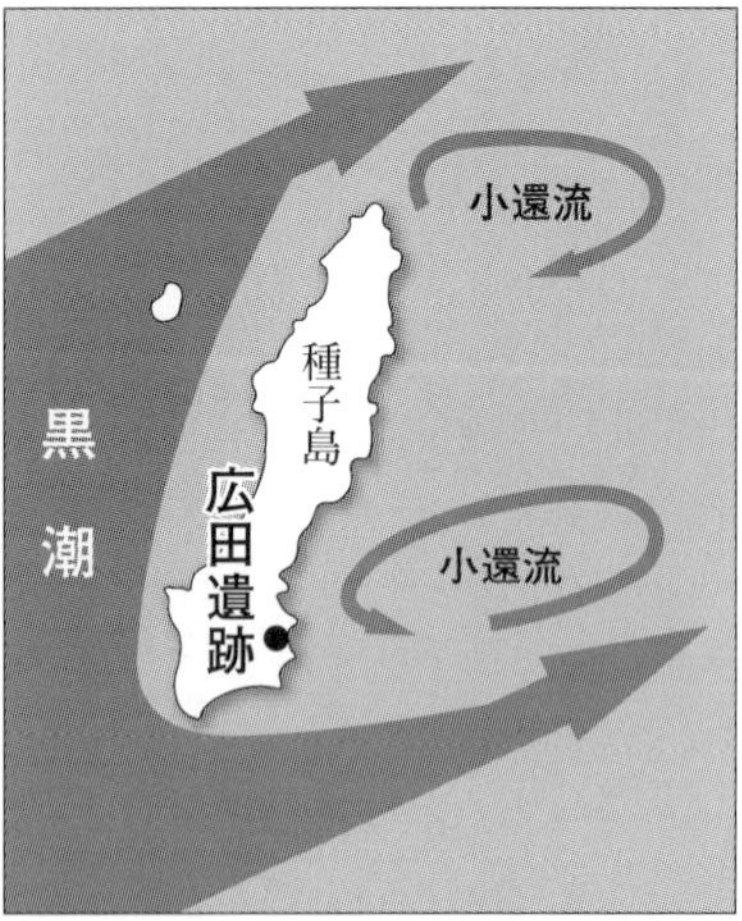

図１　種子島周辺の流れ模式図

そこで、種子島周辺の基本的な流れを見てみます。黒潮のような強い流れがあると、流れの陰に当たる島の下流側の水は引きずられて動き、図1のような小さな還流が生じやすいのです。この小還流は、漂流船を島へ引きつける流れになります。これは、流れが早い川の中に大きな石があると、その下手に砂などが堆積する現象と同じです。堆積する砂のように船が島に引き寄せられるということです。

種子島への漂着についてみますと、有名なのは鉄砲伝来です。これは、一五四三年に、中国の広州を出港した明の船が漂着し、その船に乗っていたポルトガル人から鉄砲が伝わったのです。その他にも漂着船として、松浦勉氏は、「一八九四年に、英国船ドラム・エンタル号が暴風にあい、（現在の）南種子町の浜に漂着したので、地元の人たちは船員たちを救助して約四か月間篤くもてなした。船員たちは（船で）飼育していた鶏をお礼に贈った。当時、英国人をインギーと呼んでいたので、その鶏は『インギー鳥』と呼ばれ、現在でも交流のシンボルとして飼育されている」という話を『宇宙開発と種子島』（一九九八年、財団法人東京水産振興会）で紹介しています。

また、黒潮の流れの中にある島々に漂着が多かったことは、『続日本紀』に記してあります。宇治谷孟氏の訳文（一九九二年、講談社学術文庫）から、天平勝宝六（七五四）年の二つの記事を抜き書きします。

「遣唐副使・従四位の吉備朝臣眞備の船が、昨年一二月七日に屋久島に来着しました。その後、屋久島より出発し、漂流して紀伊國の牟漏崎に着きました」。

「二月二〇日、天皇は大宰府に次のように勅した。去る天平七（七三五）年、故太宰大弐・従四位下の小野朝臣老は、高橋連牛養を南の島（薩摩諸島）に遣わし、島毎に立札を建てさせた。

しかしその立札は年を経たため、今（七五四年）では既に朽ちこわれてしまった。そこでもとのように島々に立札を修理して建て、どの立札にもはっきりと島の名・船の停泊場所、水のある所、および行き来する国（大隅・薩摩か）までの道のり、遠くに見える島の名を書きつけ、漂着する船に帰りつくべき所を知らせるようにせよ」。

前段の遣唐使船の漂流は、黒潮に流されて、種子島の上流に位置する屋久島に一旦漂着し、屋久島を出て種子島に流れ着かなかったので、紀伊半島の東側、現在の和歌山県東牟婁郡付近まで流されたという実例です。後段の立札は、当時、黒潮の流れに洗われる島々が、いかに漂着船が多かったかということを物語っているわけです。第二章でも触れましたが、最近でも、浙江省奉化市の漁民が遭難して、日本の九州まで流されることはよくあることなのです。

また、漂着のコースを間接的に知る方法として、長江から出たゴミの多くが対馬海流で北部九州へ運ばれている事実や、東シナ海に発生した遊泳力がほとんどないエチゼンクラゲが対馬海峡を抜けて日本海に入る現象などがあります。このように、浙江省沿海からの漂着は、全部黒潮に乗って種子島方向に流されるわけではありません。繰り返しになりますが、種子島は、『三国志』の「呉書」にある遭難船が漂着する島、漂着しやすい島であることは確かですが、それだけに黒潮の流れに逆らって中国大陸へ行って交易をするには厳しい条件を有しています。また、下手すると紀伊半島まで流される危険があるということです。それに、屋久島など周辺を加えても、万戸の集落や平野と潤沢な水という条件は満たせませんから、亶洲すなわち徐福の落ち着き先に比定するには無理があります。

安曇族との接触

ここまで述べてきたことだけでは、徐福の落ち着き先を特定することはできませんが、島嶼を除く日本列島のどこかであるという見当はつきました。次に、具体的にどうやって日本列島へ渡って来たのかを考えながら落着き先を推定してみます。

方士で博識の徐福といえども航海士ではありません。どんな船を使ったか、どれほど優れた航海士を雇ったかは別にしても、海図もない時代、操船はできても航路を知らない航海士では、そう簡単に日本列島へ渡ることはできません。ですから、BC二一九年に、徐福が少年少女を船に乗せて出港した話は、どうやって渡ったかを解くヒントになります。また、繰り返しになりますが、BC九一年頃に司馬遷が完成させた『史記』は、一〇〇年ほど前の公式記録と司馬遷が集めた民間情報、それに司馬遷の文才による小説的な表現で書かれたものです。その中でBC二一九年の「秦始皇本紀」は、公式記録から始皇帝の動向に関する部分だけを書き、「淮南衡山列伝」は、徐福に関する公式記録に民間情報を加えて、司馬遷が読みやすい表現で書いたのですから、これらも徐福渡来のヒントになります。

ところで、世の中には入り口と出口はわかるが、その中の仕組みはわからないブラックボックスがあります。家庭で観ているテレビもそうです。一般の人にとって、発信局はわかっていても、途中の電波がどこを通っているのかはわからないので、この途中はブラックボックスですが、観て楽しめるわけですから、別に支障はありません。日本列島への鉄の伝わり方も、中国大陸から伝わったことはわかっていても、途中がわからないのでブラックボックスですが、日本の歴史の流れを見る場合、難しい問題として避けても、それで支障はないわけです。

しかし、弥生の産業改革が現代社会にまで影響しているとすれば、このブラックボックスを何とかしてこじ開けて、少しでも解き明かしてみたい気になります。

中国大陸ではBC三世紀の戦国時代の終わりごろから秦の時代になると鉄器を盛んに生産・使用していますが、日本列島ではBC二世紀頃から鉄器の使用が始まっています。この中国大陸を入口とし、日本列島を出口としたブラックボックスの中で、約一世紀の間に「誰が」、「どのようにして」鉄を伝えたのかを覗いてみるため、次のように、先の徐福渡来のヒントを基に大胆な推理をしてみました。

いくら始皇帝が仙薬に血迷っていたとはいえ、BC二一九年に、始皇帝が徐福の話に乗ったのは、その話がおとぎ話のようなものでなく、具体性を備えた説得力のあるものだったからでしょう。「淮南衡山列伝」にある徐福が始皇帝に話した東の海上で海の大神（海神A）に会って、そこから仙人の住む蓬莱山へ連れて行ってもらった話、蓬莱山には麗芝と楼閣があって、銅色の竜の形をした仙界からの使いの海神Bがいた話は、徐福が民間に吹聴することはないはずですから、おそらく、これは徐福が始皇帝に話した大筋で、「秦始皇本紀」には載せなかったが、「淮南衡山列伝」には載せた公式記録の部分でしょう。百工や少年少女、それに五穀の種子などを託した話は、当事者の家族などは知っているはずですから、公式記録と民間情報によるでしょう。徐福の落ち着き先の平原広沢地は、本人が帰還していないし、公式に探したわけでないので、公式記録でなく民間情報でしょう。

このことを頭に置いて、再度「淮南衡山列伝」を読むと、始皇帝に話した海神Aと会った後に案内されて海神Bと会った一連の内容は、かなり具体的なので、何かモデルになるような現地見聞の基ネタがあったのでしょう。それに方士特有の粉飾を加えてつくりあげた話であって、現地に行かずにすべてを作ったものではなさそうです。それに、徐福としては逃亡を計画どおりに成功させるためにも、少年少女や百工たちに対する責任をもつにも、自分たちの行く先を密かに下調べしておく必要があったはずです。航海士でない徐福が人知れず事前調査に出向いたことを考えると、日本列島へ安全に渡ることができる誰かに渡海を頼んだはずですから、それが案内してもらった海神Aとみていいでしょう。すなわち、徐福の事前調査の航海には案内人がいたということです。一方、ＢＣ三世紀末頃、中国大陸と日本列島の間を自由に航行して案内できたのは安曇族です。しかも、安曇族は、徐福の住んでいる斉の国に交易に来ていたので、地理的にも時間的にも徐福と接触する機会はあったはずです。

幅広い知識を追い求める探究心の旺盛な方士が、蓬萊の国があるといわれる東海から船で斉へやって来て交易をして帰る安曇族に関心をもつのは当然ですし、一方、商人として安曇族が新しい商品の知識を求めるとき、進んだ技術と知識をもっている方士たちに接近するのも当然でしょう。ですから、思惑が一致する両者が接触したことは考えられます。斉の方士の代表格の徐福が、海神A、すなわち、安曇族の帰り船に便乗して日本列島へ渡ったことは考えられます。

徐福が行き着いた先は、安曇族の帰港地の志賀島に決まっていますし、そこに海神Bが住んでいて楼閣があるということですから、ここでも、綿津見神が住む宮殿のある志賀島に重なります。また、『史記』の訳文では、海神Bを銅色の竜の形をした仙界からの使いとなっていますが、これは、志賀海神社の別名を竜の都とも称されていることと考え合わせて293頁の注6原文を見ますと、銅色の龍の形は、宮殿のことを指しているとも思えます。

徐福は日本列島の各地を見ながら、故郷の斉が、長年の戦争で土地も人民も荒廃疲弊し、その上、人権も認めない秦の苛酷な政治に苦しめられている実状に照らして、未開地が多く戦争もない平和な日本列島が理想郷に見えたとしてもおかしくありません。そこで徐福は、日本列島への逃亡を決心し、具体的な計画を練って安曇族と取引をはじめます。ですから、先の「誰が」の答えは、安曇族と徐福ということになります。

安曇族は、当時の日本列島が欲しいものを海神Bの要望として出しています。そのねらいは、商人として取扱量をより多くすることでしょう。欲しいものの一つに、農耕地の開拓・拡張に、当時中国大陸の農業生産で効果をあげていた鉄製工耕具、それをつくる金属生産に関する一連の技術と、より収穫量が多くておいしい穀物があります。また、交易商品の絹織物をつくる機織技術、生活に欠かせない陶業技術、それに海人が最も欲しい造船技術もあります。これらの技術が日本列島へ定着することを望みます。これに対して、徐福は、五穀の種子や百工で日本列島の要望に応えていますし、技術は短期間では伝わりませんから、百工のもつ技術を二代三代とつないで、日本列島へ伝えていくのに必要な時間を計算して少年少女を加えています。また、造船について、向かい風でもさからって走れるV字型に尖った船底の船をつくるには、潮の干満差が大きい海辺という条件がつきます。

一方、徐福は、戦争のない平和で豊かな世界を得たいと望みます。そのための基本的な要求は第二章で紹介した現在の不法入国者が必要としていることと同じで、まず、無事に日本列島へ送ってくれる航海の安全です。次に、耕地として利用できる広い土地と自分たちがつくる産物を販売して生活を安定させることです。その販売に動き回る足、すなわち船を使っての日本列島各地への輸送と案内役と、生活が安定するまでの食糧など生活物資の支援です。それらを受けて、安曇族から渡海の安全に必要な船の調達が追加要望として出されます。徐福は、船と必要な物資や人材集めは、何とか権力者に取り入って、その力を利用することにして了承し、両者の取引契約は成立します。これが「どのようにして」の計画の段階になります。

権力者の始皇帝はＢＣ二二一年に統一した翌年から各地を巡幸し始めていますから、それを知った徐福が権力者に接する機会を意識すると、逃亡先の下調べに時間的な余裕がなく、限られた短期間だったことになります。そう考えますと、日本列島をくまなく回る時間はなかったはずですから、安曇族の案内は志賀島から近距離で、先の契約条件にかなった地域探しになったことでしょう。

以上は想像も交えた推理ですが、たとえ、事実は安曇族や徐福が当事者でなかったとしても、中国大陸側と日本列島側に送り手と受け手がなければ鉄器製造の総合的な技術は伝わらないでしょう。その総合的な技術は、原料の鉱山を探す、鉱石を掘り出す、鉱石を熱して溶かし銑鉄を作り出す、それに必要な燃料の炭を焼く、炭の原料の木を切る、銑鉄から鍛鉄や鋼鉄を作り出す、鉄器を作る、それらを輸送するなど一連の技術が絡んで総合されたものです。これらの技術のどこかが欠けても鉄をつくることはできません。

例えて言えば、本四架橋のようなつり橋を掛けるとき、両岸を結ぶパイロットロープを渡すのと同じです。そのロープを使って次々と資材が運ばれ橋が架かるように、まず、パイロット的な役として基本になる一連の技術を取り込むことが肝心で先決です。これができると、後からいろんな技術が単発で入ってきても受け入れることはできますが、何もないところに、いくら単発の技術が入ってきても、それらを連結できなければ技術として成就できません。したがって、鉄に先行する青銅器の製造技術も入っておらず、金属器をつくる素地がまったくない弥生時代の日本列島に、安曇族が徐福を通じて一連の技術者を移住させたことは、弥生の産業改革を進める基礎になったのです。

この一連の技術を取り込むことは何時の時代でも同じで、徐福が百工という技術者を中国大陸から日本列島へ送り込んだことと相通じることを第二次世界大戦後にアメリカやソ連が行っています。アメリカは、戦時中ドイツが開発していたVⅡロケットの開発にかかわったフォン・ブラウンをはじめとする一二六人の技術者を連れ帰り、それが今日のアメリカのロケット開発につながっていますし、ソ連も、二五〇人ほどの技術者を移して、一九六一年にガガーリン少佐を乗せたボストーク一号を打ち上げて、人類初の有人宇宙飛行に成功しています。このように技術伝播の過程をみてきますと、徐福の時代も中国大陸から単発的に技術者を迎え入れるのではなくて、一度に一連の技術者集団の受け入れが肝心だったことが理解いただけるかと思います。

日本列島への航海

この一連の技術者受け入れの航海にどんな船が使われたのかということも、具体的な問題にかかわっています。人によっては、大船団を考え、あるいは、数多くの船が日をずらして出港したと考え、さらに、現在日本の各地にある徐福伝説地は、それらの船がばらばらに到達した地だ、と飛躍させる人もいます。これらの説は、おそらく、『史記』に三千人の少年少女を乗せて、仙薬を得るために船出したと書いてあるので、それだけの人数を運ぶのに必要な船舶数を考えてのことでしょう。しかし、これは千人という単位の用い方から考えても、また、現実性や必要性から考えても理にかなっていません。そこで、単位のとり方を考えてみましょう。

この章で『史記』と『三国志』の「呉書」を採り上げましたが、この中に、百工、三千人、数万戸といった単位が出ています。この百、千、万の単位は必ずしも実数を表したものではありません。このことは、今日使っている百薬の長、百貨店、白髪三千丈、千の風、千客万来、万葉集、万国旗などという言葉の使い方を思い起こしてもわかります。手の指を使って数えることができる十までが実数で、それ以上になると、数え切れないから、多いが百、もっと多いが千、もっともっと多いが万といった見当の大雑把は相対的な数値に付けた単位だと受け止めた方がいいでしょう。日本列島に着いて生活が安定するまでの食糧問題一つを考えても、用意周到な徐福が三千人も乗せるはずがありません。

この乗船者数について、船の方から考えてみます。秦の時代になると鋼鉄から板をつくる鋸、その板をつなぐ釘もありますから、船は、おそらく、刳船を基に板をつないだ準構造船の大船が建造できたでしょう。徐福が船出したときの船の具体的な大きさを示す数値はありませんので、第二章で触れた前漢時代前後の船と考えられている「伍子胥水戦兵法」あるいは「越絶書」に出ている数値、すなわち、長さ二四メートル、幅三・二メートル、九〇人乗れる船（四〇トン前後）を使ったとします。推進力は主力が帆で補助が櫂なので、操船は五人ほどでいいとしても、漕ぎ手は少なくとも二〇人は必要でしょう。漕ぎ手に百工を当てたとすると、少年少女は六五人ほど乗船できたという計算になります。船は、万一の事故に備えて、一隻単独での走行を避け、二隻以上の組をつくります。したがって、乗船者数を単純に計算しますと、二隻の場合は、百工四〇人、少年少女一三〇人、三隻の場合は、百工六〇人、少年少女一九五人、……五隻の場合、百工は一〇〇人、少年少女は三二五人という結果になります。

また、食糧の方から考えてみます。何日分の食糧を船積みしたかはわかりませんが、徐福が予定地に上陸して、直ちに食糧生産にかかったとしても、農作物は開墾から始めなければなりませんから、種蒔、育成を経ての収穫までには時間がかかります。また、海辺の漁撈による海産物にしても、野山に分け入っての狩猟による獣肉や木の実の収穫などにしてもその量に限りがあります。したがって、受け入れ側の安曇族からの食糧支援を受けるわけですが、支援する側からみると、技術の導入に必要最小限の人数を確保できればいいわけです。そうしますと、徐福の渡航は、おのずから食糧による人数制限が課せられていたことになります。

仮に、鉄器製造にかかわる技術が一〇工程あって、各工程を三人ずつ担当するとし、また、造船の技術者が操船にも当ったとして、他の機織や陶業などへの人員配布を考えますと、大雑把に見積もって、百工の技術者は四〇人～六〇人いれば何とかなるのではないでしょうか。そうしますと、船は二隻～三隻、少年少女は一三〇人～一九五人という推定値がでてきます。徐福一行の船団は、引率の安曇族の船も入れて四隻になります。この数値の出し方は粗っぽいが、食糧の面からみても最大に近い妥当な数値だと思います。

以上のように、安曇族が航海の安全を保証し食糧支援をしてまで、日本列島への技術導入を計ったとすれば、上陸後の徐福の契約履行状況の監督・監視と必要物資の輸送などが欠かせませんので、徐福の定住地は、安曇族の根拠地の志賀島と比較的近距離で、水路を使って往来できる地にということになります。次に、先の安曇族と徐福の間で取り交わしただろうとする契約条件と合わせて、徐福が定住した地を推定してみます。

定着地

海人の安曇族が、行動に欠かせない大切な足である船を、最新鋭のものにしたいと思うのは当然でしょう。具体的には、V字型船底で風をさかのぼって走れる帆船です。第三章の安曇族の項でも触れましたが、V字型船底の船は、そのまま浜辺などに引揚げると横転するので、船底が海底に着かない水深が要ります。この必要水深は、造った船を進水させるときにも欠かせません。だからといって、水の上で船を造るわけにはいきませんから、造るときには水がなく、進水するときには水があるドライドック（乾ドック）と呼ばれる場所が要ります。現代では人為的につくったドライドックを使っていますが、徐福の時代には潮の干満差（潮位差）を利用してドライドックにしていました。すなわち、干潮時に堤防を築き、潮が満ちて来ても海水が入らないようにして、その中で船を造り、出来上がったら堤防を切って海水を入れて船を浮かべるわけです。橋本進氏は、『人と海』八二号（一九九五年）に「徐福の東渡を推理する」という題で、潮位差を利用したドライドックをつくれる自然条件を有する地域に着目し、徐福の定住地を次のとおり九州の有明海北部と推理していています。

　橋本氏によると、中国の汪承恭氏と于錦鴻氏の論文で、徐福が使った船を造ったところは、現在の江蘇省連雲港市の游水口と推定されているそうです。その根拠は、潮位差が四〜五メートルあるのでドライドックに適した場所ということと、造船に関係する遺品が出土した地でもあることを理由に上げられています。橋本氏は、日本列島で連雲港と同じぐらいの潮位差があるのは有明海北部で、福岡県大川市の若津漁港（注10）の潮位資料を基に、有明海北部の潮位差が四

近代のドライドック跡（横浜市MM 21）　船を建造後、注水して浮上させる

有明海河口の小型船係留　水中から出ている電柱のような係留杭が潮の干満の大きさを示す

～五メートルあることから、徐福が当時の中国大陸の造船技術を使って船をつくる場所に適しているとして、徐福の定着地に有明海北部を上げています。
日本各地の潮位差を『理科年表』（丸善㈱）でみると、大潮時に四メートル以上の潮位差があるのは、有明海北部の住ノ江（佐賀県白石町）の四・九メートルと三池（福岡県大牟田市）の四・五メートルだけで、三メートル以上になると、有明海南部に当たる熊本県の宇土半島にある宇城市の三角とその宇土半島をまたいだ南の八代湾に面する熊本県八代市だけで、他の海域で潮位差が大きい瀬戸内海でも三メートルより小さくなっています。

　船を浮かべたとき、船体の周りにできる水面の線が喫水線ですが、この喫水線から船底までの垂直長よりも水深が深くないと船は浮かびません。ですから、潮位差を利用するドライドックの場合、建造する船体の大きさにもよりますが、一般的には、潮位差が大きいほど、作業はやりやすいわけです。また、徐福時代の船材は木ですから、山から切り出した木は河川を使って造船場に運び込む方が便利です。ですから、筑後川や矢部川の河口にあって潮位差の大きい有明海北部は、それだけ造船場としての好条件を備えていたのです。地相など自然条件を読み取る能力が現代人よりすぐれていた安曇族や徐福ですから、有明海北部に目つけて造船場にし

（注10）現在の若津漁港は、筑後川が有明海に注ぐ河口近くに合流する花宗川の河口を利用した河川港で、日本では筑後川にしか生息しないエツ漁が盛んな地です。

たことは、十分考えられることです。この橋本氏の指摘は徐福の定着地を解く鍵の一つになるはずです。

有明海北部が徐福定住地の有力な候補地であれば、先に述べた安曇族との接触を多くするために、安曇族の博多湾と徐福の有明海との間をどのように行き来したかという問題があります。当時は陸路が未発達ですから、水路を使うことになりますが、仮に博多湾から海面を使えば、現在の佐賀県と長崎県を大回りするコースになり、大雑把にみても、その距離は三〇〇《キロ》以上あります。その上、その途中には半島が突き出ていますし、大小さまざまな島がたくさん点在していますから、危険が大きい夜間の航行は避けねばなりません。潮汐流などの影響もあるので潮待ちなどを考えると、下手をすれば中国大陸との往来と大差ない時間を要することにもなりかねません。ですから、海面利用はむずかしいので、河川を使って行き来できる水路の有無を探索してみました。結論を申しますと、博多湾に注いでいる御笠川水系と、有明海に流れ込む筑後川水系を使った水路で、博多湾と有明海は船で行き来できることがわかりました。この内陸部の水路について、探索の経緯も含めて、以下説明します。

まず、机上で地図や航空写真を使って、博多湾に流れ込んでいる室見川、那珂川、御笠川、宇美川の各水系と、有明海に流れ込んでいる嘉瀬川、筑後川、矢部川の各水系との接近点を探し、その標高差が、地図上で一〇〇《メートル》以下を選ぶと、御笠川と筑後川水系になりました。両河川間の距離が近い二か所で、船越ができる可能性があると仮定して現地踏査に出かけました。この二か所とも太宰府天満宮付近で、一つは御笠川と筑後川の支流の宝満川のまた支流の原川を結ぶ九州情報大学の南側、もう一つは御笠川支流の高雄川と原川を結ぶ太宰府高校の南側です。ところが、実際現場に立ってみると、二か所ともそれぞれの川の間が、宝満山（八二九メートル）から延びてきた尾根の丘陵によって遮断されており、船を乗り継ぐならともかく、荷物を乗せた船を担いだり引きずったりしての丘陵越えは無理だと判断されました。

太宰府からの帰りに、この宝満から延びた丘陵が終ったところを現在の国道三号線、西鉄電車、ＪＲ鹿児島本線といったいわば九州の頸動脈が、トンネルもなく、平坦地を走っていることに気づきました。先に現場に立った二か所は地図上で御笠川水系と筑後川水系との距離の短さに目をとられた結果の地点で、現場に立って高低差に目を向けると、この平らな九州の頸動脈地帯の方が荷を積んだ船を引きずる場合には有利なことを覚らされたのでした。帰宅後、福岡県の農業改良普及所のホームページに、「博多湾と有明海は、水道でつながっており、船が往航していました。現在の国道やＪＲは水道でした」という記事があるのを見つけましたが、その根拠が見あたりません。そこで、再度、地図で九州の頸動脈付近の溝のような細かい水路を探すと、両河川水系が、頸動脈の平坦地でかなり接近していることがわかりました。

これらの溝のような川には地図上で名前がなく、名前があるのは、筑後川水系では、支流の

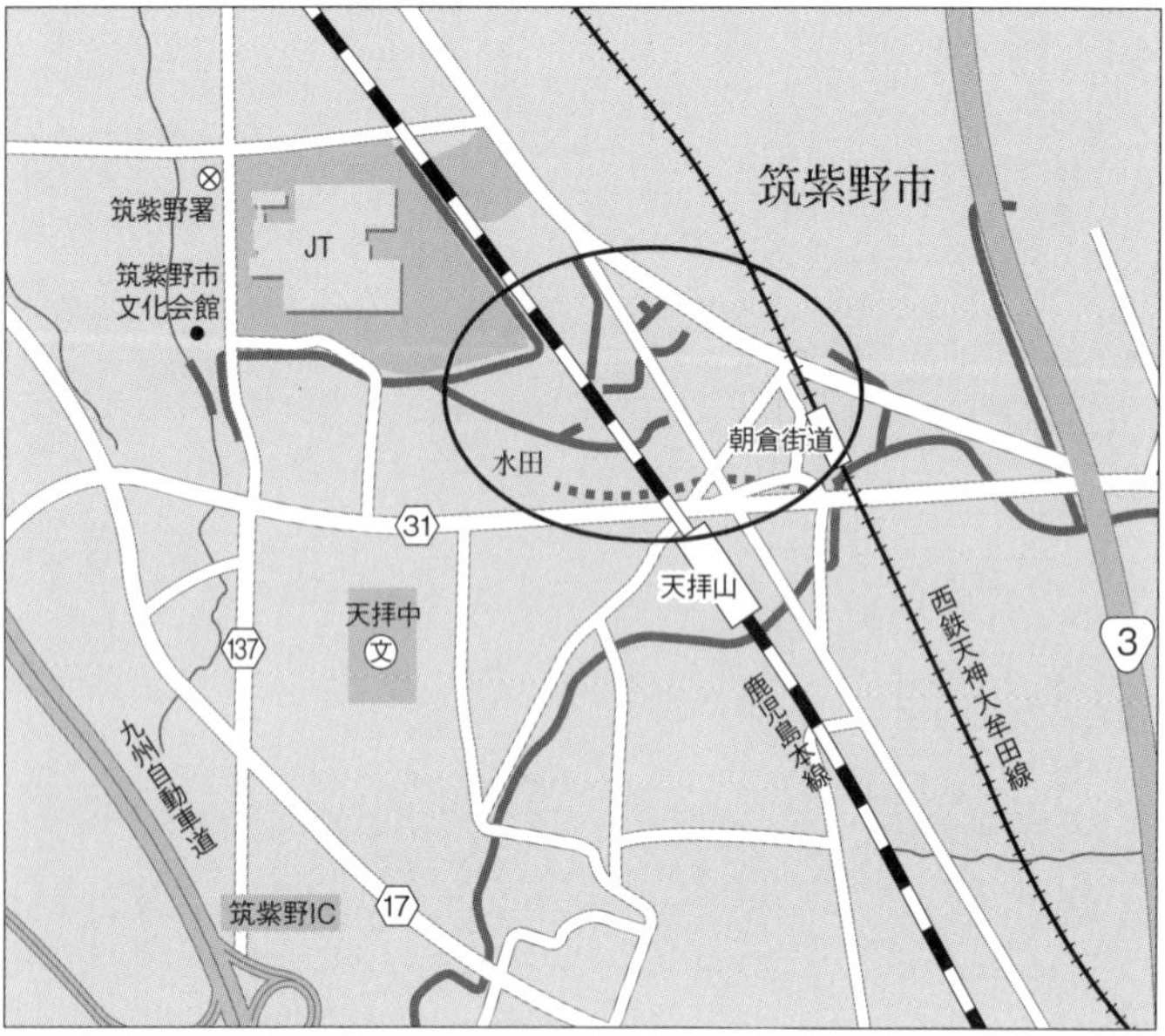

図２　博多湾と有明海を結ぶ水路（楕円形地域　福岡県筑紫野市）　御笠川支流（黒色）と筑後川（灰色）で接続

宝満川のさらに支流の山口川まで、御笠川水系では、本流及び支流の鷺田川までです。二度目の現場踏査は、福岡県筑紫野市にあるＪＲ天拝山駅で下りて、筑紫野市の石崎、上古賀、武蔵、立明寺などの川や溝を覗いて流れる方向を確認しながら歩き回りました。石崎地区は市街化が進んでいますが、日本たばこ産業の工場の南側に水田もあります。この水田地帯は歩いた感覚では縦横三〇〇《メートル》ほどで、その端はそれぞれ御笠川と山口川に接しています。しかし、この水田の水がどちらの川に流れているのか、はじめてその場に立った人にはわからないのです。要するに、この地域には、降った雨水が二つの川に分かれる分水嶺が明瞭ではないのです。

それほど平坦なのです。田の畔で一休みしている人に訊ねると、市街地の方を指差して、「昔はあのマンションの向こうで二つの川が接近していた」という答えが返ってきました。また、『筑紫野市史』上巻（一九九九年、筑紫野市）にも「筑後川水系と御笠川水系の谷中分水界は、針摺付近にあるが、平坦な沖積段丘面の上に位置するために、現地の地形から、その場所を特定し難い」とあります。

以上の現場踏査から、この筑紫野市の平坦地を使えば博多湾と有明海は船で行き来できる水路で結べることがわかりました。言い方を換えますと、博多湾のウナギが、その気になれば、御笠川を上って有明海へ下ることも、逆に、有明海から筑後川を上って博多湾に行くこともできるのです。ウナギを刳船に置き換えても、同じことが言えます。川を航行するには平底で船底が川底に当たる水深になると、人が下りて引っ張ることができる刳船などの平底船を使います。二つの水路が平坦な近距離で結ばれていれば、水路から水路へ引っ張って移れるわけです。また、春秋時代の呉は、運河を築いて船を通していますから、それを思えば、BC三〜二世紀に、この地に簡単な運河をこしらえたことも考えられます。博多湾と有明海との距離は、片道おおよそ六〇キロです。仮に船速が時速四キロとしても一五時間で行けるわけですから、一日行程の距離という計算になります。

この博多湾と有明海を結ぶ水路がある結果を得て納得した後に、谷川健一氏の『白鳥伝説』

（一九八六年、集英社）を読んでいたら、「魏志倭人伝」に記載されている邪馬台国へ行く道に関する箇所で、伊都国（現在の福岡県前原市）から御笠川をさかのぼって宝満川を下って久留米付近（福岡県久留米市三井郡に隣接）に着いたとあり、その傍証に、村山健治氏の『誰にも書けなかった邪馬台国』（一九七八年、佼成社）を紹介していました。

村山氏の書には、福岡県筑紫野市山家出身の近藤義夫氏の談話として「博多と久留米間に鉄道が通じたのは、明治二二（一八八九）年である。それ以前は、久留米に流れる宝満川と博多に流れる御笠川が両都市を結ぶ主要交通路だった。当時は舟底が川底につかえて動けなくなると、川底の砂をスコップで除き、船を深みに押していた。二河川の上流で荷を積み換えるときには、陸地を荷を担いで渡していた。ここに舟越、瀬越の地名が残っている」と記載されています。

これを読んで、現地踏査の前に文献に当たるべきだったと反省させられましたが、これで、私が博多湾と有明海が水路で結ばれていたと考えたことに間違いなかったことが確信できたわけです。ただ、この近藤氏の談話で荷の積み換えが出てきますが、これは水路交通が発達し、両河川に駅の役をする船着場などができてからのことで、BC三〜二世紀の徐福の時代にはなかったでしょう。また、村山氏は、「魏志倭人伝」に出てくる水行で、現在の筑紫野市から宝満川の航行は、「有明海の引き潮時に下っていたので、一回の引き潮で進める時間は二時間ですから、夜間は休むとして、一日わずか二時間、二キロか三キロしか進めなかった。それでも三世紀の中国人や日本人にとって、そう問題ではなかった」と書いていますが、これは、次の理由によって納得できません。

実は、昭和二〇年に疎開先の国民学校初等科へ入学した私は、子どもの頃、この宝満川で泳ぎを覚え（現在の小郡市端間）、夏は朝から夕方まで宝満川で遊んでいました。その体験からして、まず、有明海の潮の干満に関係なく、宝満川には流れがありました。川上に向かって泳いだ記憶はありませんから、たとえ一〇〇メートルを三～五分のスピードで泳げたとしても、多分、上流へは泳げなかったのでしょう。流れが子どもの泳ぎよりも早かったのだと思います。計算しますと、平時でも時速二～三キロの流れがあったのではないでしょうか。釣りをした体験記憶だと、流れが早いところでは、もっと早かったと思います。それだけの流れがあったのですから、時間帯に制限なく舟は下れたはずです。それに、宝満川はそんなに深くないですから竿が使えます。竿が立たないところは浅いところを探せばいいわけです。実際、子どもの頃の川舟は竿を使っていました。下りですと、舟は人の歩きより早く、上りでも子どもの力で航行できました。ですから、先に、私が博多湾から有明海まで、船速時速四キロ一日行程としたのも、これらの体験に照らした大雑把な数値です。それに、村山氏は、三世紀の中国人や日本人は一日三キロの行程で問題なかったとしていますが、これは考えられないのです。まず、海の航海ですと、こんな悠長なことをしていたらどこへ流されるかわかりませんので、船速は命に関わる問題です。したがって、海人が川の水路を航行するのであれば、より早く進むことを考えたはずです。また、第二章で書きましたが、現に、BC五世紀の呉などの水軍は、船速が勝負を分けますから当然重視しています。

以上が、博多湾と有明海が水路でつながっていたことを確認した経緯ですが、もう一つ、志賀島と有明海北部とを結ぶ傍証があります。それは、筑後川の河口部に当たる福岡県大川市酒見にある風浪宮です。風浪宮の御由緒によりますと、AD一九二年、神功皇后が新羅御親征の帰途に阿曇磯良丸を斉主として少童命《わたつみのみこと》を御祭神に祀ったとあり、宮司は初代の阿曇磯良丸から代々続いて現在の阿曇氏で六七代になるそうです。また、「磯良丸は海洋族の酋長として、当時大陸との交易により大陸文化を導入し日本の農業、工業其他全般の産業を興して日本開国の基を築き、ここ大川の地の木工産業発祥の守護神として信仰されております」とあります。

一方、志賀島にある志賀海神社は、御由緒に、海神の総本社で、創建は明らかでないが、御祭神に綿津見神を祀り、およそ一八〇〇年前に、神功皇后が三韓出兵した際、阿曇磯良丸が表津綿津見神《うわつわたつみのかみ》を勝馬の地から現在の勝山の地へ遷宮したとあります。また、「阿曇族は、志賀島を海洋民族の一大拠点とし、国内、大陸との交易を行い経済的、文化的に高い氏族であった」とあります。

風浪宮（福岡県大川市酒見）

ここで、実在説と非実在説がある神功皇后とその年代は別にして、風浪宮と志賀海神社の御由緒をそのまま素直に受け入れて、神社を現代の会社と同じような扱いで考えますと、本社の創立年代はわからないが、発展して社屋を現在の勝山（志賀島）の地に新築移転する時、有明海北部の地にも支社をつくりました。有明海支社の初代社長は、本社の阿曇磯良丸が兼任しましたが、その後、支社は独立して独自の社長が就任し現在六七代目になります。共に海神の綿津見神を創建精神に祀って、営業域を国内外にもち、日本の産業、文化の発展に貢献してきました、といったことになります。

風浪宮の主要御祭儀の中に、年間で最も潮位差が大きくなる季節の旧暦四月一日に行われる「沖詣り海神祭」があります。この祭儀は、潮が引いた海底に祭壇を設けて行うもので、海神の務めとして大切な行事です。一方、海神の総本社の志賀海神社も、潮の干満が人の生誕と死去を司っているとして大切に扱っています。ですから、事実はわかりませんが、綿津見神として、潮の干満に関する重要な祭儀を行う場所は、日本でもっとも潮位差が大きい有明海北部がふさわしいとして、有明海支社の風浪宮を設立したとも考えられますし、加えて、風浪宮が安曇族と徐福の間で取り交わした契約を円滑に履行する調整役も受け持っていたのではないでしょうか。ともあれ、風浪宮が志賀海神社の流れを汲んでいることは、博多湾と有明海が結びついていた傍証になっていると言えるでしょう。

ところで、現在、ＧＰＳを使ったカーナビを備えている車もかなりありますが、これは、ご存知のように、アメリカが約二万キロメートル《キロメートル》上空に打ち上げた軍事用衛星を利用して全地球位測定システム（GPS：Global Positioning System）で位置を出しているのです。衛星は一周約一二時間の速さで三〇個ほどが回っていますが、そのうち三個の衛星と送受信できれば、その時間からそれぞれの距離が計算できます。先に金印の出土地の位置の推定で使った山合わせでは二本の線の交点でしたがこれは二次元で、三本の線を使うカーナビは三次元です。ですから、それらの距離は、ちょうど写真の三脚を空に向けて広げた状態と同じで、三本それぞれ異なった方向から異なった距離の線が地球上で交わる一点が車の位置になるわけです。ただし、実際には、衛星に生じる時間のずれを修正するために、もう一個の衛星を使いますから、最低四個の衛星をとらえることができれば車の位置が確認できる仕組みなのです。

徐福が日本列島のどこに住み着いたのか、その位置を推定する場合、カーナビを使った車の位置確認と同じように、少なくとも三つの異なる視点から眺めて、それらがある地域で重なれば、その地域は、徐福定着地としてかなりの精度で信頼性があるものと考えていいでしょう。この三つの視点として、これまで述べてきたように、『史記』に記載されている亶洲の平原広沢地、福永氏が指摘した徐福と吉野ヶ里との結びつき、橋本氏が指摘した有明海北部の潮位差を利用した造船場の三点が有明海北部地域という点で重なっています。それに、安曇族が徐福の下調べを手伝った推理、博多湾と有明海が水路でつながる現場、志賀海神社と風浪宮との関係などが支える形をとっています。これで、有明海北部地域を徐福の定着地と比定できると考えますが、もう一つ駄目を押すには、この地域で水銀（Hg）を精錬していたという物的証拠が欲しいものです。

水銀は、縄文時代から、水銀化合物の硫化水銀（HgS）を含む辰砂を磨り潰して、比重差を利用して取り出した硫化水銀を赤色顔料として利用されてきましたが（注11）、その辰砂を精錬して水銀だけを取り出す技術を方士の徐福はもっていたはずです。ですから、有明海北部地域から水銀そのものか、あるいは、精錬に使った用具が出土すればそれが物的証拠となるのです。

なぜ徐福が水銀を取り出す技術をもっていたかと申しますと、不老不死の仙薬づくりを目的とした方士は、西洋の錬金術と同じ煉丹術を使って何とかして金を作り出そうと努力していました。金をつくる技術が仙薬と結びつくのは、端的にいえば、金は錆びたり腐ったりしないので、身体を金でもって構成すれば生命も永遠に朽ちない、と考えられていたからです。また、水銀は金とアマルガム（合金）をつくります。そのアマルガムを塗って熱すると、水銀だけが気化して金が深く食い込んで残ります。奈良東大寺の大仏様は、この方法で金メッキ（鍍金）しましたし、一昔前まで、歯の治療で金を被せるときにも使われていました。このように、水銀は金にかかわりが深いのです。それに水銀は防腐剤であることが知られていましたから、秦の始皇帝の陵は水銀で満たされていたそうですし、吉野ヶ里遺跡の石棺や遺体の顔などに赤色の硫

（注11）分析を専門とする安田博幸氏は、『古代技術の復権』（一九九四年、小学館）に、硫化水銀の水銀朱は中国から入ってきた技術で、縄文時代の遺跡から検出していないと書いていますが、徳島県立博物館の高島芳弘氏は、『博物館ニュース』（二〇〇三年）に、辰砂の採掘は縄文時代から行われ、磨り潰すのに使った石皿や磨石が縄文時代後期の徳島市の矢野遺跡から出土したと書いています。また、奈良県立橿原考古学研究所によると、二〇〇〇年に行った奈良県吉野郡川上村の縄文時代の宮の平遺跡発掘調査で、水銀朱塗彩土器片一点が出土したそうです。

水銀朱の使用が縄文時代からなのか、弥生時代になって中国から入ってきたのかによって、吉野ヶ里の水銀朱の扱いが大きく変わりますが、本書では、徐福の有明海北部地域定着説にとってより厳しい縄文時代説を採りました。

化水銀が塗られています。ですから、秦時代の方士は、この金と水銀を使って仙薬をつくりだそうと努力していたのです。当時の煉丹術は水銀をつくるところまではできたが、その先の金をつくり出すまでには到っていなかったそうです。ということで、徐福は、方士として煉丹術をもっていたはずなのです。

徐福伝説地

始皇帝の支援を受けて海を渡った徐福の落着き先がどこであったのかを推理するときに、避けて通れないのが、徐福伝説地の存在です。そこで徐福伝説地について述べます。現在、徐福伝説地は、いろいろな方が発表しているので、インターネットも含めてそれらの地を集めると、日本全国で、次に示す三七か所あります。一方、現在でも新たな徐福伝説地が生まれているそうですから、精査すれば、もっとたくさんになるでしょう。この三七か所が全てではないのです。

① 青森県北津軽郡中泊町
② 秋田県男鹿市
③ 京都府与謝郡伊根町

④ 東京都八丈島八丈町
⑤ 〃 青ヶ島村
⑥ 神奈川県藤沢市
⑦ 山梨県富士吉田市
⑧ 〃 南都留郡富士河口湖町
⑨ 〃 〃 山中湖村・長池村
⑩ 静岡県静岡市清水区
⑪ 愛知県宝飯郡小坂井町
⑫ 〃 名古屋市熱田区
⑬ 三重県熊野市
⑭ 和歌山県新宮市
⑮ 〃 東牟婁郡太地町
⑯ 高知県高岡郡佐川町
⑰ 〃 土佐市
⑱ 〃 須崎市
⑲ 広島県廿日市市宮島町

⑳　山口県熊毛郡上関町祝島
㉑　〃　下関市豊北町
㉒　福岡県筑紫野市
㉓　〃　八女市
㉔　佐賀県佐賀市金立山
㉕　〃　佐賀市諸富町
㉖　〃　佐賀市富士町
㉗　〃　武雄市山内町
㉘　〃　武雄市
㉙　〃　伊万里市
㉚　長崎県松浦市
㉛　〃　平戸市
㉜　宮崎県延岡市
㉝　〃　宮崎市
㉞　鹿児島県いちき串木野市
㉟　〃　南さつま市坊津町

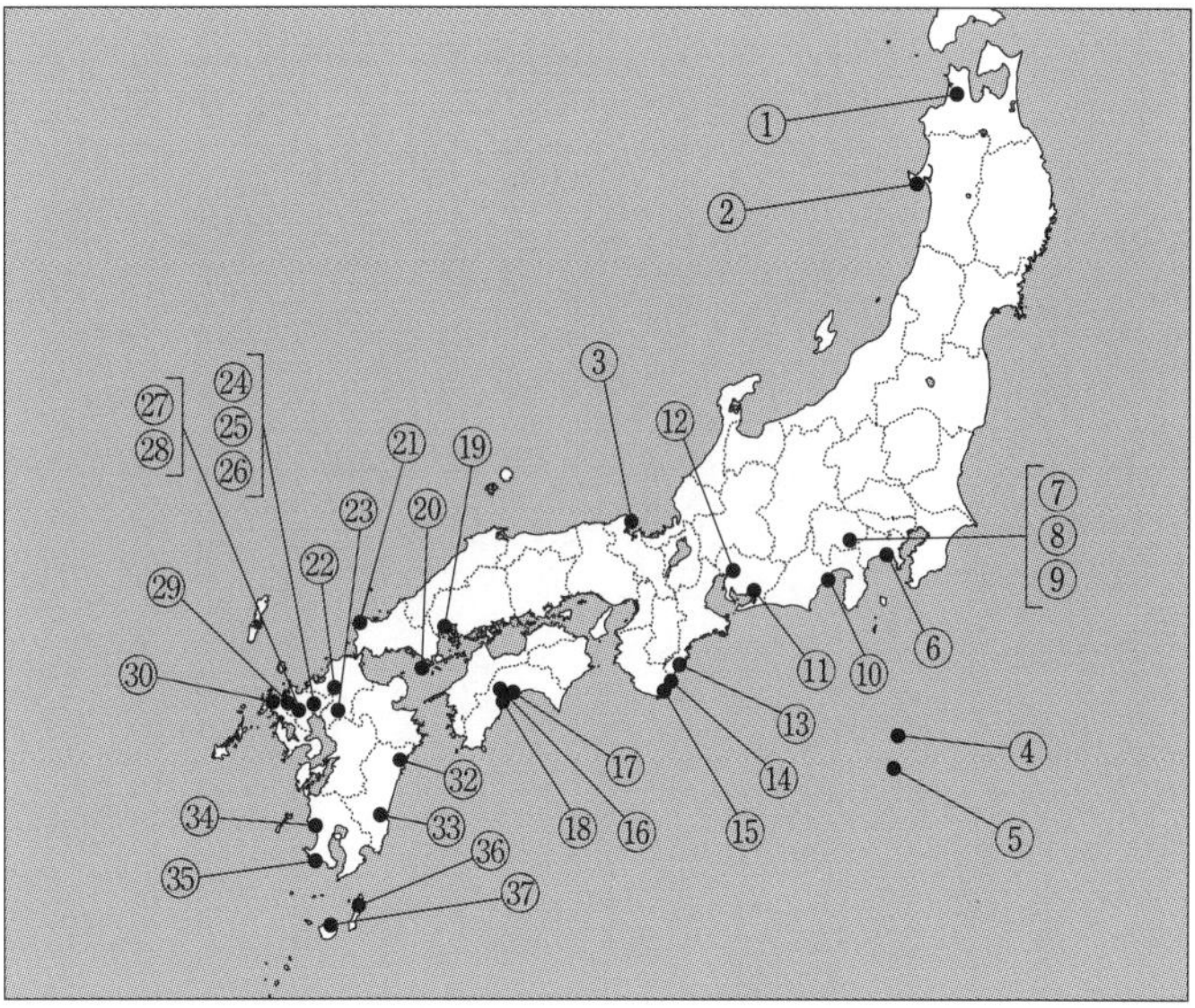

図３　全国徐福伝説地（地図内の丸数字は本文の地名数字に対応）

㊱〃　熊毛郡屋久島町
㊲〃　熊毛郡中種子町・南種子町

まず、伝説という言葉の意義から調べてみました。岩波の『広辞苑』によると「①うわさ。風説。②神話。口碑などのかたりごとを中核にもつ古くから伝え来た口承文学」とあり、うわさは「世間で根拠もなく言いふらす話」、風説は「世間のうわさ。とりざた。風評」と書いてあります。また、講談社の『大字典』に伝説は「昔からのいひつたへ」、うわさは「伝聞」で「伝聞には誤多ければ、ことごとくは信じ難しなり」とあります。したがって、現在、一般的に伝説は、根拠がなく、誤りが多く、信じるわけにはいかない話として扱われがちです。そこに徐福伝説から史実を推理しようとするむずかしさがあります。だからといって、徐福伝説を事実でないとするのは早計です。徐福が弥生の産業改革にかかわったか否かを考える場合、この伝説は、記録のない時代にとって、貴重な資料に違いありません。そこで、伝説からどんなことが読み取れるかを、いろんな角度から検証してみました。

現在、日本にも伝説と呼ばれる話はたくさんあります。よく知られている浦島太郎と竜宮城の話は三〇か所以上あるそうですが、日本だけでなく、カロリン諸島やインドネシアなど東南アジア、中国内陸部の湖南省にある洞庭湖などと、実に広く存在しています。それらの伝説地別にそれぞれ浦島太郎のモデルになる人物などがいたとしても、浦島太郎が架空の人物であることは確かですから、この伝説は信じるわけいかない話と対処されがちです。しかし、この伝説を大きくとらえると、浦島太郎の話をもった人たちが日本列島へ直接渡来したのか、日本列島から出かけて行って聞いてきたのかはともかく、東南アジアの人と日本列島の人の間のどこかに接点があったことは確かです。

また、記紀に登場する倭建命《やまとたけるのみこと》や神功皇后の話は武勇伝ですが、両者とも実在が確認されていませんから、架空の人物の可能性もあるので信じるわけにはいかないのでしょうが、この伝説も、大きくとらえれば、当時の日本列島内での出来事をある人物に託して整理したものともいえます。そうしますと、日本の歴史の一齣として読むこともできるわけです。

次に、弘法大師（空海）は遣唐使として派遣され、中国から真言密教を導入し、高野山に総本山を開くなど宗教上での功績や、四国の満濃池を改築したなど土木技術を使った功績を残した実在の人物であるにもかかわらず、伝説もあります。なぜ伝説があるのかといえば、多分、寺院建立、井戸や温泉の開発などに関わった地が全国で五〇〇〇か所以上もあり、これだけを弘法大師一人でまわることは物理的に不可能ですから、この部分だけは信じるわけにはいかないのでしょう。

弘法大師と、浦島太郎や倭建命・神功皇后との違いは、実在と架空の他に、仏教の教えで人々の心をとらえ、池の改築、灌漑造成、井戸や温泉の開発などで、その土地の人に実益をもたらしている点です。当時のお坊さんは、仏教を学び教え広めるだけでなく、その他の知識を身に着けていたのです。特に、弘法大師は、地相を読み鉱脈を見つけ出す鉱山技師、鉱石を掘り出す土木技術者として優れた知識をもっていたので、伝説もこれらの能力と結びついて出来たのでしょう。

徐福伝説は、徐福自身が方士として宗教儀式や煉丹術の技術を身に着けていたし、その集団の百工は当時の多岐にわたる先端技術をもっていましたから、弘法大師と同じように、精神的にも、実利的にも人々に受け入れられた可能性があります。ただ、徐福と弘法大師を比較した場合、記録を残せた時代と残せなかった時代という大きな違いがあります。弘法大師でも伝説の部分は、記録がありません。記録がない徐福は、全て伝説になります。

徐福伝説が、文字のない時代から代々語り伝えられたものだとすると、そこには創作が入り込む可能性があります。すなわち、事実の話に尾鰭をつけた粉飾が加わるのです。その粉飾を現代感覚で読み取ると信じられないことに多々出会います。これが、徐福伝説全体を嘘っぽくし、伝説イコール信じるわけにはいかない作り話と受け止められているのではないでしょうか。たとえば、徐福が上陸したという伝説がある佐賀県諸富町役場が発行しているリーフレットに「(徐福が乗っていた)船が転覆しそうになったが、アミ(甲殻類)が船の間にびっしりとつまって転覆をまぬがれた……」「徐福が生い茂るアシ（葦）の葉を手でかき払って上陸したので、葉が片側だけにつく片葉のアシになってしまった」「片葉のアシの部分が（魚の）エツ（注12）になった」というのもそれです。

アミの重みで船が沈没したという話ならまだしも、アミが船の転覆を止めたとは、とても信じられない話ですし、片葉のアシの話も、その形態は遺伝子で決められるものであって徐福云々はありえません。エツについても、植物が動物に変化することはありませんから、これらは真偽を問うまでもないことです。その昔は、こういった奇想天外な話をつくって楽しみ、その創作を聞いて楽しんでいたのかもしれません。しかし、粉飾をとらえて事実無根だと決めるのでなく、粉飾をそぎ落として残った芯となる話を基に伝説は検証すべきです。諸富町の徐福伝説もアミ・アシ・エツの話をそぎ落としても、徐福が上陸した可能性は残っています。ですから、これらの徐福伝説が根も葉もない作り話だと決めつけないで、むしろどこかで徐福とつながりがあるのだろうという目で伝説地を検証した方がいいのです。

そこで、伝説が生まれる背景を考えてみましょう。いわば全国版の倭建命や神功皇后の名前を使った伝説は、地方版として創作しにくいでしょうが、その点、浦島太郎や弘法大師の伝

（注12）エツは、カタクチイワシ科の魚で、朝鮮半島および中国大陸沿岸に分布していますが、日本では有明海奥の筑後川にだけにしか生息していません。

説は地方版が創作しやすくなっています。そこで、浦島太郎と弘法大師の伝説が生まれる背景として考えられる話を私なりに伝説検証の素材提供として創作し、それを基に検証してみます。

あるところに、近所でとても評判の孝行息子がいて、病気で寝込んでいる母親のために毎日海に出て獲ってきた魚を食べさせていましたが、ある日、出かけたまま帰って来ませんでした。近所の人は、おそらく、海で遭難して亡くなったのだろうと思いましたが、どこかで浦島太郎の話を聞き知っていた人が、孝行息子を偲んで、竜宮城へ行ったのだろうから、今に元気な姿で戻って来るよ、となぐさめました。その話が代々語り継がれるうちに尾鰭がついて、その地に浦島太郎の伝説が生まれたのです。こうやって浦島太郎伝説が生まれる背景を創作してみますと、伝説の中に、考えられる背景が二つあることがわかります。一つは、浦島太郎伝説が日本列島の津々浦々に伝わっていたこと、もう一つは、海は危険で遭難事故が多かったことです。

次に、弘法大師は、地相を読み取る知識をもっていたので、各地に井戸や温泉を掘り当てて、その地に実益をもたらしています。その話が伝わると、ある地に地相を読み取れる勘のいい人がいて、夢の中に弘法大師が現れて、この地を掘れば温泉が湧くと告げられた、と弘法大師にあやかった話をしました。はたして、みんなで掘ると温泉が湧き出しました。そうしますと、その地に弘法大師が行かなかったにもかかわらず弘法大師の伝説が生まれます。この創作からも伝説の背景が二つ考えられます。一つは、弘法大師の存在が広く知れ渡っていたこと、もう一つは、実益につながる話だったことです。

ここで伝説の背景にある話の伝わり方を考えて見ますと、弘法大師の伝説は、真言密教に伴って伝わったのでしょうが、海辺に多い浦島太郎の伝説は、おそらく、昔の民謡が船や港を介して口コミで伝わったのと同じでしょう。町田嘉章・浅野建二氏の『日本民謡集』（一九六〇年、岩波文庫）によりますと、「長崎県田助港付近の『ハイヤ節』は、船乗を通じて日本海を北上し、東北地方の東海岸まで足跡を残しているそうです。新潟では『佐渡おけさ』、山形では『庄内はえや節』、青森では『津軽あいや節』、岩手では『南部あいや節』、宮城では『あいや節』と変化しながら船乗を通じて広まった」とあります。これらは、田助の人が直接各地を回って伝えた所もあるでしょうが、田助の人からA地に伝わり、A地の人がB地に伝え、さらにC地へと、ドミノ倒しのように次々伝わったのです。

徐福伝説については、銅・鉄の鉱山や養蚕・材木の産地などに徐福集団の技術者が直接出かけた先で生まれた可能性もありますが、これは後で説明するとして、伝説地の特徴として目に付くのが、アヅミ地やシカ地に比べて、海に面した地にあることと、中でも鹿児島県・宮崎県・高知県・和歌山県・三重県・愛知県・静岡県・神奈川県・伊豆諸島と、日本列島沿いを流れる黒潮に沿った地が一七か所ほどあることです。この黒潮の魚を代表するのがカツオです。カツオは、縄文人が、東南アジアから群れを追いかけて日本列島へ移り住むようになった可能性が考えられるほど、食糧として重要な魚です。そのカツオは釣で獲ります。もし徐福集団がカツオ漁に、弘法大師と同じような実益をもたらした当時の技術として考えられるのは、鹿角（注13）や骨製の釣針に比べてはるかに耐水性で優れる金属製の釣針と風に逆らって波を切って走れるキールをつけた尖底の船です。

その他、徐福関連で人々の実益につながることは、方士として天と地の神を祀るときに仲介する呪術を使った雨乞いがあります。方士がいろんな地で雨乞いをしていれば、実際に雨が降ってくる地もあるでしょう。これらの実益があった地では感謝の気持ちを祭などの形で表しますと、それらの話が船や港を介して伝われば、あやかりたいとの思いで、徐福集団と直接関係なくても、徐福を祀る地が出てくる可能性はあります。これに共通性を感じるものの例として、時代は昭和に下がりますが、戦時中、全国各地の小学校に、地元の寄付で修身の象徴とされた二宮金次郎の銅像が建てられましたが、その是非は別にして、これはあやかりたい気持ちの表れですし、また、現在、全国の四〇か所以上でよさこい踊りが催されていますが、この場合、発祥の地の高知に直接関係なくてもすばらしいと感じれば、イベントとして取り入れていることを挙げておきます。

（注13）鹿角製の釣針について、楠本政助氏の著書『縄文人の知恵にいどむ』（一九七六年、筑摩書房）に、堅いシカの角なのに、水中に五、六分も沈めておくとふやけた状態になるとあります。

次に、徐福集団関係者が直接出かけた先で生まれた可能性を検証してみます。本書では徐福が弥生の産業改革に貢献したか否かを重視して、全体を大づかみにします。ここで用いる巨視的に伝説地をみる方法は、説明するとややこしいのですが、徐福集団がもっていた技術と、二〇〇〇年ほど経過後の伝説地にある地場産業とのつながりの可能性を探る粗っぽくて単純なものです。たとえば、福岡県大川市の家具工業の発祥は、先の風浪宮の由緒に阿曇磯良丸によるとなっているように、安曇族が連れてきた徐福が持ち込んだ船大工の造船技術が大川の家具工業に発展した可能性が考えられます。実際、大川市は船大工が多い地だったそうですので（渡辺音吉・竹島真理『筑後川を道として』、二〇〇七年、不知火書房）、この地域に徐福集団の技術が入った可能性があると判断するのです。つまり、三七か所の伝説地にある地場産業と徐福集団の技術との間にあるつながりの可否を判断材料にして、徐福と弥生の産業改革との関係を大きくとらえてみるのです。

徐福伝説地にある近世の地場産業を、一九五四年から一九五八年の間に都道府県別に取材された『岩波写真文庫＝新風土記＝』などから抽出して、それらが、徐福が秦を出国したBC三世紀頃の日本列島が欲しがっていた技術系につながるかどうかを調べました。当時、日本列島が欲しがっていたものは、先に述べたとおり、『史記』「淮南衡山列伝」で海神が徐福に要求した品物や技術で、おそらく、金属生産に関する鉱山・冶金・鍛冶など一連の技術、機織、陶工、造船の諸技術と、鉄製工耕具、穀物の種子、漢方薬採集などです。

これらの技術や品物が日本列島に入った地域には、二〇〇〇年以上経った近世にも時代とともに変化しながら根付いて地場産業へ育った可能性があると考えるのです。ただし、徐福伝説地は狭い範囲になっていますが、もし、徐福集団がその地に技術をもたらしたのであれば、当然、技術は周辺地域にまで広がっているはずですから、徐福伝説地を地域としてとらえ旧国名などにまとめました（注14）。

調べた結果、関連している可能性がある地域を大雑把にみますと、表1に示した一一地域に及び、その中に徐福伝説地の半分以上の二五地ほどが含まれていました。ただし、この地場産業と伝説地との関係は大雑把にとらえたもので、いわば資料の前処理段階ですが、両者の結びつきが意外に多いというのが実感でした。次の段階として、機織が地場産業になっている地が多いので、伊豆諸島、甲斐、三河、丹後、有明海北部の五地域の機織開始年代について探り、徐福渡来の年代と照合してみました。

これは、現代産業の起源をどこまでさかのぼれるかということになります。徐福との結びつきは、遺跡などから出土した物的証拠がないと判断できません。先に結論を申しますと、有明海北部

（注14）徐福伝説が多い肥前は、玄界灘側を肥前、有明海側を筑後も加えて有明海北部と二分しました。

表1　徐福伝説地にある近世の地場産業

徐福伝説地域	近世以前の技術	備考
伊豆諸島	機織	黄八丈
甲斐	機織	甲斐絹
三河	機織・金属	錦織物・木工業・鋳物工業
尾張	陶工	常滑焼・瀬戸焼・毛織物
丹後	機織	丹後ちりめん
紀伊	造船資材	材木
安芸	造船	遣唐使船建造
周防	造船・金属	東大寺建材・和同開珎鋳造
肥前	陶工	唐津・有田・伊万里焼
有明海北部	造船・金属・機織	吉野ヶ里遺跡・家具工業・薬
薩摩	陶工	薩摩焼

の吉野ヶ里遺跡から物的証拠が出ているだけでした。その他の地域では、伊豆諸島の八丈島に現在も残っているカッペタ織りという独特な織り方に使う織具が、中国雲南省晋寧石寨山《シンネイセキサイザン》遺跡から出土した滇族のものとそっくりだそうです。滇国の存在から考えると、時代としてはBC三〇〇～BC一〇〇年の古い技術ですから、徐福と重なりますが、そうすると、養蚕技術も同時か、またはそれ以前に入っていなければなりませんし、また、機織製品の扱いが、自家・地場消費であれば問題ないのでしょうが、出荷するとなると、八丈島の交易の問題も絡んできます。ですから、物的証拠として、BC二世紀頃の機織製品の出土が今後の鍵になります。その他の地域も、同じように物的証拠がないのです。二二〇〇年前に徐福が教えたという伝説がある甲斐絹もそうですし、

少なくとも一二〇〇年より古い時代から始まったことが確かな三河の錦織も、古墳から出土する丹後のちりめんも、その結論は物的証拠の出現待ちになります。

唯一物的証拠がある有明海北部の吉野ヶ里遺跡から出土した絹の扱いは複雑ですが、次のようになります。物的証拠になる絹は、弥生中期（注15）（BC二〜AD一世紀）の甕棺墓の中に埋葬されていた骨に付着した状態で出土しています。布目順郎氏の『絹の東伝』（一九九九年、小学館）によりますと、この絹は透明性が高く、蚕の種類でいえば断面積が大きい四眠系の蚕糸を使って織られた透目絹と呼ばれるものだそうです。この四眠系の蚕は、弥生時代中期前半以前に中国大陸の華中方面から入ってきたそうですから、時代としては、おおよそBC二世紀からBC一世紀の前半に当たります。そうしますと、BC二一九年に徐福集団が、四眠系の蚕や機織技術をもちこんだとしても時間的には矛盾していません。

もっとも、この絹については、中国大陸からの輸入品か、あるいは、日本列島内の他の地域で生産されたものが吉野ヶ里へ移入されたのかという疑問も出るでしょうが、佐賀県教育庁

（注15）弥生時代の区分について、岩波書店『日本歴史年表』（一九九三年、歴史学研究会編）では、BC四〜BC一世紀頃を前期、BC一〜AD一世紀を中期、AD二〜三世紀を後期と分けています。また、『吉野ヶ里遺跡』（二〇〇〇年、佐賀県教育委員会編）では、BC三〜BC二世紀前半を弥生時代前期、BC二世紀後半〜AD一世紀を中期、AD一世紀〜三世紀を後期としています。

らが関与して発行されている『吉野ヶ里遺跡』というリーフレットに、「(吉野ヶ里遺跡から) 糸を紡ぐ道具が多数出土していることから、吉野ヶ里では、絹や麻などの布が織られていたと考えられます」とありますので、この甕棺に入っていた絹は、輸入や移入品でなく、有明海北部地域で織られたと判断していいでしょう。

次に、全国の徐福伝説地をながめると、圧倒的に海辺の地が多く、内陸部は山梨県と佐賀県・福岡県の一部にありますがその数は少ないのです。そんなこともあってか、先にも述べたように、徐福一行は数十隻の船で中国大陸を離れ、そのたどりついた所にそれぞれ伝説が生まれたとする考えもありますが、それらには根拠が示されていません。行く先を決めないでそれぞれの船がばらばらに日本列島へ向かうとも考えられませんし、もし当初から目的地をこれほど分散させたのであれば、徐福の指令は届きませんから、徐福としては始皇帝に進言してまで船を数十隻も造る必要もないはずです。ですから多分に、先述のとおり、百工や三千人の少年少女を乗せたという数値から、それだけの人数を乗せるには数多くの船が要るとして、それらの船が日本列島の各地に分散してたどり着いたとして扱えば、数多い徐福伝説地との間にも整合性がとれると、つじつま合わせを考えた結果かと思います。

繰り返しますが、絹織物について布目順郎氏によりますと、日本における絹の出土で最も古いものは、弥生前期末の福岡市早良区有田遺跡から細形銅戈に付着して出た平絹だそうです。

徐福がＢＣ二一九年に船で中国大陸を離れたときから、同乗して来た百工から少年少女の代を経て、その子どもの代までの三代を約百年とし、その間に百工が携えていた技術を伝えたと考えれば、弥生前期末に当たるＢＣ二～ＢＣ一世紀の平絹は、徐福集団が渡来後に伝えたとしても年代はほぼ重なることになります。

次に、金属器と徐福伝説地域の地場産業との関係を表1で見てみますと、三河、周防、有明海北部がありますが、これらの地域でいつの年代から始まったのかは、三河、周防地域には、二〇〇九年現在、物的証拠がなくわかりません。これも有明海北部だけ、前掲の『吉野ヶ里遺跡』に、「吉野ヶ里では、フイゴの羽口や取り瓶らしい土製品が出土しており、弥生時代前期末の段階で青銅器の鋳造が始まっていた可能性がある」「弥生時代中期、青銅器が鋳造されたと考えられる遺構の周辺から朝鮮半島系の土器が出土しており、青銅器鋳造に半島の人々が関わったことを示唆している」と書いてあるように、物的証拠があります。

この吉野ヶ里遺跡に関する時代区分について前記注15の佐賀県教育委員会に従いますと、前段の弥生時代前期末はＢＣ二世紀前半、後段の弥生時代中期はＢＣ二世紀後半に当たりますので、青銅器の鋳造が始まったＢＣ二世紀の前半は、徐福集団の技術が入った年代とほぼ重なっています。後段の朝鮮半島の人々との関わりは、土器から考えられていますが、ＢＣ二世紀後半であれば、徐福が率いた技術者集団の三代ほど後の後継者による可能性もあります。

このように青銅器は、吉野ヶ里遺跡からの出土品という物的証拠とその時代から、徐福伝説地との結びつきの可能性がありますが、日本列島内での鉄器の生産についてはどうでしょうか、松井和幸氏は『日本古代の鉄文化』（二〇〇一年、雄山閣）の中に、工具として、片板状鉄斧の出土資料から、北部九州地方では弥生時代前期後半に、近畿地方においても中期前半に開始されたと推察できる。おそらく、鏃、刀子、鉇など小さいものはもう少し時間的にさかのぼる可能性が強い。こうした工具類の鉄器化は、大陸系磨製石器類の減少・消滅という現象からも裏付けることができる」と書いています。そうしますと、北部九州地方で鉄器が生産され始めた弥生時代前期後半は、BC二世紀前半に当たりますから、鉄器も先の青銅器の鋳造とほぼ同じなので、その開始は、徐福集団の技術が入った年代とほぼ重なっています。

ただし、この時代の日本列島での鉄器製造は鉄鉱石からの生産でなく、輸入された銑鉄かスクラップを素材したものだそうです。日本列島産の砂鉄などの素材から鉄が生産され始めた年代については諸説あって、その年代は、AD四～七世紀ということです。また、農具類の大型曲刃は、弥生時代中期中頃（AD一世紀）に、おそらく中国大陸や朝鮮半島からの舶載品と考えられています。朝鮮半島で鉄鉱石から鉄をつくれるようになったのはAD一～二世紀だそうですし、日本列島から出土した弥生時代の鉄器類やその素材が全て朝鮮半島から入ってきたと考えるには、その量が多すぎるそうです。そうしますと、弥生の産業改革の基になる鉄製品の多くは中国大陸に頼っていたことになります。

本章では、徐福が、秦の始皇帝の命を受けた形で、仙薬探しに少年少女と技術者集団を率いて船出するところから、日本列島へ渡来して有明海北部地域に定着するまでの論証にページ数をとられましたが、米づくりと対をなして弥生の産業改革を担った日本列島での金属器の使用・製造の始まりを推理していきますと、徐福技術者集団の渡来に結びつきました。

また、話が前後したり重複したりしましたが、有明海北部地域に定着した徐福集団は、絹織物や金属器製造などそれまで日本列島になかった一連の新しい技術を植えつけて、その後入ってくる新しい技術を受け入れることができるパイロットロープの役になりました。ただ、忘れてならないことは、第二章で述べた米づくりも、本章の金属器の使用と物づくりも、海人の安曇族が深くかかわっていたことです。


ここで、これまで長々と述べてきた本書を総括しますと、中国春秋時代の呉出身の安曇族は越への仕返しをエネルギーに中国大陸との航路を開発して、越の動向を掴みながら、軍資金を稼ぎ兵力を増強するために交易を始めました。だが、越が楚に亡ぼされたのを契機に、得意の船を使って中国大陸との交易に専念します。その交易を通じて、結果的には、水田稲作農耕民と、徐福などの技術者集団の、日本列島への移住と定着を支援したことになります。

水田稲作にしろ、金属器にしろ、海で隔てられた日本列島へ渡って来る新たな技術や文明は、ほったらかしていても何処からかやって来て偶然的に根付くものではありません。そこには必然性が要るということです。これは、現在、インターネットがサービスプロバイダーを介して送り手と受け手で成り立っているのと似ています。すなわち、情報の送り手、受け手、その間に立って必然的に仲介・斡旋をする役割の人がいて、はじめて情報は流れるのです。弥生時代のプロバイダー役を安曇族が果たしていたということです。

言い方を換えますと、日本列島と中国大陸との橋渡しをした立役者はいわば民間団体の海人の安曇族ですが、安曇族は水田稲作農耕民や徐福が率いる技術者集団を連れてきてパイロットロープを渡したのです。その後、このロープを使って、次々と豊葦原瑞穂の国、物づくりの国にむすびつく新技術、新文化が入ってきて、それまで一万年ほどつづいてきた縄文時代の産業構造が根底から変わったのです。それが弥生の産業改革です。

安曇族関係年表

中国大陸

BC	
八〇〇頃	金属器（銅）が登場　青銅武器
七七〇	春秋時代始まる　自然鉄の隕鉄
四九六	呉越戦争　呉王闔閭死去
四九四	越王勾践　呉王夫差に命乞（会稽山）
四八五	呉　斉を海上から攻撃し敗戦
四八二	呉王夫差黄池で盟約　越王勾践呉を攻撃
四七九	孔子没す（享年七四歳）
四七三	越　呉を亡ぼす
四六八	越　首都を琅邪へ移す
四〇三	戦国時代始まる　人工鉄の鋳鉄製農耕具
三七九	越　勢力衰え首都を蘇州に戻す
三五九	秦の商鞅連帯責任制を敷く
三三四	楚　越を亡ぼす
二二一	秦　天下統一　戦国末期　鋼鉄出現
二一九	徐福　東海へ船出
	この頃　鋳鉄脱炭技術開発（鍛造鉄器の素材）
二一四	万里の長城を築く
二一二	阿房宮完成

日本列島

BC	
一〇世紀	説一　弥生時代開始（歴博　板付遺跡炭化物ＡＭＳ C14法）
六〇〇～五〇〇	水田稲作技術　菜畑遺跡
五世紀	説二　弥生時代開始
	この頃から弥生人渡来（海人）
四～三世紀	説三　弥生時代開始
	北部九州に稲作と金属器

弥生時代区分
前期：ＢＣ３～２世紀
中期：ＢＣ２～ＡＤ１世紀
後期：ＡＤ１～３世紀
（佐賀県教育委員会）

朝鮮半島

BC	
三三四	史記に「燕は東に朝鮮」の記述あり
四～三世紀	西北で鉄器使用
三世紀	朝鮮式銅剣
二二二	燕　秦に亡ぼされる

二〇九	陳勝・呉広の乱
二〇二	劉邦　漢王に即位し前漢興る
一五四	呉楚七国の乱
二世紀	鋳鉄から鋼鉄を製造（R・テンプル）
一一九	漢武帝　塩鉄酒専売制
一〇九	漢王　滇国に金印授与
一〇八	漢武帝　朝鮮半島に四郡設置
一世紀	銑鉄から錬鉄や鋼鉄を生産　炒鋼炉開発
AD	
八	前漢亡び　王莽皇帝と称す（新）
一八	赤眉の乱
三七	後漢光武帝　全国平定
五七	光武帝没す

三世紀	説四　弥生時代開始
二世紀	青銅器製造（吉野ヶ里遺跡）
	鉄器・石器の完成品輸入
	日本最古の絹織物（早良区有田遺跡）
一世紀頃	石器減少　北九州で甕棺墓　前漢鏡
弥生時代	鉄の精錬開始　工耕具鉄器化
中期前半	志賀島で細形銅剣鋳型出土
AD	
五七	「漢委奴國王」金印紫綬授受
一世紀頃	青森県で水田稲作　高樋遺跡
	輸入鉄器日本列島に広まる

↓↑は中国大陸や朝鮮半島からの移入を示す

一九四頃	燕人の衛満　衛氏朝鮮を建てる
一〇八	前漢、衛を亡ぼし四郡を置く（楽浪、臨屯、玄菟、真番）
	鉄製造技術広まる　鉄製武器使用
八二	臨屯・真番を廃止　楽浪・玄菟に吸収
	玄菟　事実上崩壊
七五	新羅建国
五七	高句麗建国
三七	百済建国
一八	細形銅剣使用
AD	
二二	高句麗　扶余を討つ
三〇	王調の反乱　漢　楽浪郡の七県を放棄
三七	高句麗　楽浪郡を襲う
一～二世紀	鉄鉱石から鉄を製造
一〇五	高句麗　遼東を侵す

中国大陸

一八四	黄巾の乱
二二〇	曹丕　魏を建てる　後漢亡びる
二二一	劉備　蜀を建てる
二二二	孫権　呉を建てる
二六三	魏　蜀を亡ぼす
二六五	司馬炎　西晋を建てる　魏亡びる
二八〇	西晋　呉を亡ぼし中国を統一
三一六	匈奴　西晋を亡ぼす

日本列島

一〇七	伊都国王後漢に生口一六〇人献上
	この頃北部九州の大型片刃鎌出現（舶載品）
二世紀～	独自の鉄製品　方形鍬・鋤　大型戈　大陸製磨製石器消滅
一八四頃	倭国乱れる
	刳舟船底の準構造船（西都原古墳出土）
二三九	卑弥呼　帯方郡に使者を送る（金印仮授）
二四三	卑弥呼魏に朝貢
三世紀後半～	古墳時代開始
二七二	（応神三）阿曇連の祖大浜宿禰海人を鎮静
二七四	（応神五）海人部　山守部を定める（紀）
四世紀前半	朝鮮半島から騎馬民族渡来（江波説）
三六九	倭　朝鮮半島へ出兵　任那府を置く？

朝鮮半島

一一一	夫余　楽浪郡へ侵　高句麗　後漢へ入献
一一八	高句麗　濊貊と漢の玄菟郡を襲う
一二一	後漢　高句麗馬韓濊貊を討
一四六	高句麗　遼東を侵す
一九六～二一九	（二〇五）公孫氏　帯方郡を置く
二三六	高句麗　呉の使者を殺し魏へ送る
二四六	魏　濊貊を侵す　韓の数十国　魏に服属
二六一	韓・濊　魏に入献
二七七	馬韓　西晋に入献
三一三	百済　新羅台頭
三一四	高句麗　楽浪郡を亡ぼす
三五五	高句麗　帯方郡を陥落す
三六九	高句麗王　前燕より冊封を受ける

年	中国
五八九	隋　隋　全国統一
六一八	唐　隋を亡ぼす

中国正史

- BC九一年　司馬遷『史記』
- AD一世紀　班固（九二没）『前漢書』
- 三世紀　魚豢（?没）『魏略』
- 三世紀　陳寿（二九七没）『三国志』
- 五世紀　范曄（四四五没）『後漢書』
- 七世紀　挑思廉（六三七没）『梁書』
- 七世紀　魏徴（六四三没）『隋書』
- 七世紀　房玄齢（六四八没）『晋書』
- 六六〇年　張楚金『翰苑』

年	日本
三九一	倭　百済・新羅を破り　高句麗と戦う
四〜七世紀	日本独自の砂鉄精錬法タタラ開発
六四五	大化の改新
六六三	白村江の戦いで大敗
七〇一〜	大宝律令施行　奈良時代開始
七一二	古事記編纂
七一三	風土記編纂官命発布　地名に二好字使用
七二〇	日本書紀編纂

年	朝鮮
四世紀	高句麗　百済に敗れる
後半	馬韓亡びる
三九六	高句麗　百済を討つ
三九七	百済　倭国と好結
五世紀	高句麗人渡来
五二〇	新羅　律令制定
五六二	加耶諸国新羅に吸収される
六四五頃	高句麗、百済、新羅戦国時代
六六三	百済亡びる
六六八	高句麗亡びる
六七六	新羅　朝鮮半島を統一

参考文献

事典類

001『新撰姓氏録』八一五年
002『倭名類聚抄』九三一～九三八年
003『大日本地名辞書』吉田東伍　冨山房書店　一九〇七年
004『分類漁村語彙』柳田国男・倉田一郎　国書刊行会　一九三八年
005『姓氏家系大辞典』太田亮　角川書店　一九六三年
006『日本分県地図地名総覧』人文社　一九七六年
007『姓氏の語源』丹羽基　角川書店　一九八一年
008『古代地名語源辞典』楠原佑介他　東京堂出版　一九八一年
009『角川地名大辞典』角川書店　一九九〇年
010『富山大百科辞典』北日本新聞社　一九九四年
011『中国語大辞典』香坂順一　大東文化大学　一九九四年
012『日本史広辞典』山川出版社　一九九七年
013『日本歴史地名大系』平凡社　一九七九年～二〇〇五年

014『世界神話事典』伊藤清司　角川選書　二〇〇五年

歴史書

015『春秋左氏伝』小倉芳彦訳　岩波文庫　一九八九年
016『管子』松本一男訳　徳間書店　一九九六年
017『孫子』浅野裕一　講談社　一九九七年
018『孟子』金谷治訳　朝日新聞社　一九六六年
019『史記・本紀』司馬遷（BC九一年頃）
020『史記・列伝』司馬遷（BC九一年頃）小川環樹・今鷹真・福島吉彦訳　岩波文庫　一九七五年
021『塩鉄論』桓寛（BC七三〜BC四九年）佐藤武敏訳　平凡社　一九七〇年
022『三国志』「魏志倭人伝」陳寿（二三三〜二九七年）石原道博訳　岩波文庫　一九八五年
023『三国志・呉書』陳寿（二三三〜二九七年）小南一郎訳　ちくま学芸文庫　一九九三年
024『晋書』房玄齢（五七八〜六四八年）石原道博訳　岩波文庫　一九八五年
025『梁書』姚思廉（?〜六三七年）石原道博訳　岩波文庫　一九八五年
026『後漢書』范曄（三九八〜四四五年）石原道博訳　岩波文庫　一九八五年
027『翰苑』張楚金（六六〇年頃）

028『通鑑前編』金仁山（一三世紀宋末元初の朱子学者）
029『古事記』太安万侶　七一二年　倉野憲司訳　岩波文庫　一九六三年
030『古事記』太安万侶　七一二年　梅原猛訳　学研文庫　二〇〇一年
031『日本書紀』舎人親王他　七二〇年　宇治谷孟訳　講談社教養文庫　一九九八年
032『續日本紀』菅野真道ら　七九七年　宇治谷孟訳　講談社学術文庫　一九九二年
033『播磨国風土記』『風土記』吉野裕訳　平凡社　二〇〇〇年
034「万葉集」『万葉秀歌』久松潜一　講談社　一九七六年
035「万葉集」『万葉の里・志賀島』梶島好之　志賀公民館
036『土佐日記』紀貫之（八六八～九四五年）鈴木知太郎校注　岩波文庫　一九七九年
037『農業全書』宮崎安貞　一六九六年　岩波文庫　一九三六年
038「東雅」新井白石（一六五八～一七二五年）『新井白石全集』第四　吉川半七出版　一九〇六年

文献
039石井謙治『和船Ⅱ』法政大学出版局　一九九五年
040市川健夫「信州の自然地名」『長野』一五二号　長野郷土史研究会機関誌　一九九〇年
041伊藤智夫『絹』法政大学出版局　一九九二年

042伊藤清司「呉越の文化の流」『日本の古代３』中央公論社　一九八六年
043稲田　孝「皇帝誕生」『新十八史略二』河出文庫　一九八一年
044井上秀雄「古代韓国・朝鮮の海人」『古代海人の謎』海鳥ブックス　一九九一年
045井上秀雄『古代朝鮮』講談社学術文庫　二〇〇四年
046岩波書店『新風土記』岩波写真文庫　一九五四～一九五八年
047上垣外憲一『倭人と韓人』講談社学術文庫　二〇〇三年
048上田正昭『日本神話』岩波新書　一九七〇年
049上野　武「太伯と徐福」『海と列島文化４』小学館　一九九二年
050内海延吉『海鳥のなげき』いさな書房　一九六〇年
051浦林竜太「イネ、知られざる一万年の旅」『日本人はるかな旅四』ＮＨＫ出版　二〇〇一年
052エルネスト・アイテル『風水』中野美代子・中島健訳　青土社　一九九九年
053大谷光男「日本古代史研究と金印」『漢委奴國王金印展』福岡市立歴史資料館　一九八四年
054応地利明「玄界灘の島々」『海と列島文化３』小学館　一九九〇年
055大野　晋『日本語の起源』岩波新書　一九九四年
056大野　晋『日本語の源流を求めて』岩波新書　二〇〇七年
057大場磐雄「信濃國安曇族の考古学的一考察」『信濃』第一巻第一号　信濃郷土研究会　一九五〇年

058大場敏雄『あわび文化と日本人』成山堂書店　二〇〇〇年
059大庭　脩『漂着船物語』岩波新書　二〇〇一年
060大林太良『邪馬台国』中央公論社　一九七七年
061岡　正雄「日本文化の基礎構造」『日本民俗学大系』第二巻　平凡社　一九五八年
062岡本顕實「謎とミステリーだらけ志賀島の金印」『郷土歴史シリーズ』Vol.2
063荻野忠行『金印』不知火書房　二〇〇一年
064小田富士雄「古代九州」雑誌『太陽』平凡社　二〇〇五年
065貝塚茂樹・伊藤道治『古代中国』講談社学術文庫　二〇〇〇年
066影山　剛『中国古代の商工業と専売制』東京大学出版会　一九八四年
067金沢庄三郎『日鮮同祖論』刀江書院　一九二九年
068亀山　勝『安曇族』郁朋社　二〇〇四年
069唐津市育委員会『からつ末盧館』唐津市文化振興財団　一九九三年
070岸本文男「春秋以前の中国の金属鉱業」『地質ニュース』一九八二年五月号　独立行政法人
産業技術研究所
071北見俊夫「恵比須―海の民と陸の民の交流」『日本の海洋民』未来社　一九七四年
072楠本政助『縄文人の知恵にいどむ』筑摩書房　一九七六年

073小穴芳實『豊科町の土地に刻まれた歴史』長野県南安曇郡豊科町教育委員会　一九九一年
074小泉　透「強度の狩猟下にあるニホンジカ個体群にみられた齢比の変化」『哺乳類科学』46（1）二〇〇六年
075小林計一郎「信濃の古代の地名」『長野』一五二号　長野郷土史研究会機関誌　一九九〇年
076小山修三『縄文学への道』ＮＨＫブックス　一九九七年
077財団法人日本野生生物研究センター『第二回自然環境保全基礎調査・動物分布調査報告書』一九八一年
078斉藤　忠『日本人はどこから来たか』講談社　一九七九年
079佐賀県教育委員会編集『吉野ヶ里遺跡』財団法人佐賀県芸術文化育成基金　二〇〇〇年
080佐々木高明『縄文文化と日本人』講談社学術文庫　二〇〇一年
081佐藤洋一郎『ＤＮＡが語る稲作文明』ＮＨＫブックス　一九九六年
082佐藤洋一郎「ＤＮＡからみたイネの道」『日本人はるかな旅四』ＮＨＫ出版　二〇〇一年
083佐原　真「農業の開始と階級社会の形成」『岩波講座・日本歴史1』岩波書店　一九七五年
084塩屋勝利「金印出土状況の再検討」『福岡市立歴史資料館研究報告第九集』一九八五年
085下川伸也「『海王』船団の航海」『大王のひつぎ海をゆく』海鳥社　二〇〇六年
086白川　静『漢字』岩波新書　一九七〇年

087朱　鳳瀚「悠久なる文明の結晶　中国国家博物館名品展の青銅器」『悠久の美』谷豊信訳　朝日新聞社　二〇〇七年
088諏訪春雄「中国江南の遺跡と縄文・弥生文化」『日本人はるかな旅四』NHK出版　二〇〇一年
089菅田正昭「海の信仰」『漁村の文化』漁村文化懇話会　一九九七年
090菅波正人「最古の王墓―吉武高木遺跡」『福岡市博物館美術工芸展示室』No.277　二〇〇六年
091高島芳弘『博物館ニュース』徳島県立博物館　二〇〇三年
092高田茂廣「近世からみた古代筑前の浦」『古代海人の謎』海鳥ブックス　一九九一年
093高橋　暁・柳　哲雄「東シナ海・黄海の流況の診断モデル」『月刊海洋』26-2　海洋出版　一九九四年
094谷　豊信「中国考古学の新発見」『中国国宝展』朝日新聞社　二〇〇四年
095谷川健一「海人の原型とその末裔」『古代海人の謎』海鳥ブックス　一九九一年
096谷川健一『日本の地名』岩波新書　一九九七年
097谷川健一『白鳥伝説』集英社　一九八六年
098筑紫野市『筑紫野市史上巻』一九九九年
099千葉県環境部自然保護課『房総のシカ調査会平成一〇年度報告書』一九九九年
100常石　茂「柔よく剛を制す〈東漢1〉」『新十八史略三』河出書房新社　一九八一年

101トール・ヘイエルダール『コンチキ号漂流記』神宮輝夫訳　偕成社　一九七六年
102富岡儀八『塩の道を探る』岩波新書　一九八三年
103直木幸次郎『古代日本と朝鮮・中国』講談社　一九八八年
104永留久恵「『倭の水人』とそのルーツ」『古代海人の謎』海鳥ブックス　一九九一年
105中野正實『命の水』長野県豊科町教育委員会　一九八三年
106西村真次「先史時代及び原始時代の水上運搬具」『人類先史学講座第六巻』雄山閣　一九三八年
107日本学術振興会『日本蚕業技術史』丸善　一九六〇年
108布目順郎『絹の東伝』小学館ライブラリー　一九九九年
109根崎光男「近世農民の害鳥獣駆除と鳥獣観」『法政大学学術機関リポジット』二〇〇一年
110橋本　進「徐福の東渡を推理する」『人と海』八二号　一九九五年
111橋本　進「渡来人の航海」『日本人ははるかな旅五』NHK出版　二〇〇二年
112埴原和郎『日本人の成り立ち』人文書院　一九九五年
113羽原又吉『漂海民』岩波新書　一九六三年
114原山　智「ようこそ地質科学の世界へ」『みどりのこえ』35号　長野県環境保全研究所　二〇〇七年
115福永光司「徐福と神遷と吉野ヶ里遺跡」『馬の文化と船の文化』人文書院　一九九六年

116藤尾真一郎・今村峰雄・西本豊弘「弥生時代の開始年代」『文化科学研究』創刊号　二〇〇五年
117藤田富士夫『古代の日本海文化』中公新書　一九九〇年
118古島敏雄『土地に刻まれた歴史』岩波新書　一九六七年
119毎日新聞社『竹筏ヤム号漂流記』一九七七年
120松井和幸『日本古代の鉄文化』雄山閣　二〇〇一年
121松浦　勉『宇宙開発と種子島』財団法人東京水産振興会　一九九八年
122松枝正根『古代日本の軍事航海史』かや書房　一九九三年
123松岡　史「東シナ海」『古代技術の復権』小学館　一九九四年
124松本清張『古代探求』㈱文芸春秋　一九九四年
125町田嘉章・浅野建二『日本民謡集』岩波文庫　一九六〇年
126宮崎康平『まぼろしの邪馬台国』講談社　一九六七年
127宮本常一他『風土記日本・九州・沖縄篇』平凡社　一九六〇年
128宮本常一「瀬戸内海文化の基盤」『民族学研究』一六巻四号　一九六二年
129宮本常一・田村善次郎『海と日本人』八坂書房　一九七三年
130宮本常一「海から来た人びと」『日本の海洋民』未来社　一九七四年
131宮本常一『海の民』未来社　一九七五年

132宮本常一『塩の道』講談社学術文庫　一九八五年
133村山健治『誰にも書けなかった邪馬台国』佼成社　一九七八年
134村山七郎『日本語の起源と語源』三一書房　一九八八年
135莫　邦富『蛇頭』新潮文庫　一九九九年
136茂在寅男『古代日本の航海術』小学館ライブラリー　一九九二年
137森　浩一『古代技術の復権』小学館ライブラリー　一九九四年
138森貞次郎・乙益重隆・渡辺正気「福岡県志賀島の弥生遺跡」『考古学雑誌』第四六巻第二号
一九五六年
139森　博達「漢字」『古代技術の復権』小学館ライブラリー　一九九四年
140安田博幸「赤色顔料」『古代技術の復権』小学館ライブラリー　一九九四年
141山口恵一郎『地名を考える』ＮＨＫブックス　一九七七年
142吉武成美・佐藤忠一『シルクロードのルーツ』日出出版　一九八二年
143好並隆司『中国水利史論集』国書刊行会　一九八一年
144吉村武夫『綿づくり民族史』青蛙房　一九八二年
145李　男徳『韓国語と日本語の起源』学生社　一九八八年
146渡辺音吉・竹島真理『筑後川を道として』不知火書房　二〇〇七年

あとがき

本書はパソコンのワープロを使って書いた。当初、「です・ます」体で書くか、「だ・である」体で書くか迷ったが、読者に語りかける形をとって、不慣れだが「です・ます」体で書くことにした。でも、書いていて自分なりのリズムに乗れず、何度もパソコンの一括変更を使って「だ・である」体に変えようかと思ったが、初志貫徹で本文は、少しストレスを感じながらも何とか「です・ます」体で書き終えた。そんな経緯もあって、最後のこの「あとがき」だけは、「だ・である」体で書かせていただくことにした。

泥縄と言う言葉がある。手順の悪さを指摘するときに使われる。だが、見方を変えると、手順がいいことは結論ありきの先入観にとらわれている状態で、手順の悪さは、先入観にとらわれていない白紙の状態だともいえる。だから、泥縄もケースバイケースで良否は決まると言っていいだろう。水産学という自然科学を少しかじっただけで歴史学や考古学の人文系になじみがない私は、安曇族や徐福を探るとき、何も知らない白紙状態から入った。そのあげく、弥生時代を探る羽目になり、そこで文献に目を通す、まさに泥縄だった。

そうこうするうちに、結局は、弥生の産業改革にたどり着いたが、当初、安曇族を対象にとりあげた発端は、阿曇連が海人を引きつれて現在の長野県安曇野市に入って農耕民になったという「海人の陸上がり」の言葉にある。これまで私が接してきた多くの漁業者が、ハンティング精神を満たす漁撈を楽しんでいる姿に照らして、「そんな馬鹿な」と疑問を感じたのである。そこで、ともかく全国のアヅミ地やシカ地の現場に立ってみようと動き出した。年数ヶ所ずつ現場に立ったが何もわからない状態がつづいた。でも、五年目に新潟県関川村の安角地域に立ったとき、一瞬にして全てがわかったと思った。それは、豊かな湧水がアヅミ地に共通していたことだ。そこから芋づる式に文献資料に当たった。泥縄を地で行った。徐福の場合も、筑紫野市の現場に立って、博多湾と有明海をつなぐ水路が確認できたとき、このときも一瞬にして徐福と安曇族とのつながりがわかったと思った。

この一瞬にしてわかるという現象は、それ以前に混沌（カオス）の状態がつづき、その後に起きる。ちょうど、カルメ焼き（注）をするとき、熱で溶けた糊状のザラメが固形の砂糖菓子に変身する一瞬に似ている。泥縄の利点は、頭の中に詰め込んだ先入観にとらわれていない疑

（注）年配者ならご存知かと思う。作り方は、ザラメ砂糖に水を加えて炭火などの上でゆっくりとかき回しながら熱し、ザラメが糊状になったときの頃合をみて、重曹を加えて、かき回しの回転を早め、膨らんできたところで火から離す。このタイミングがむずかしく、当時の子どもにとって美味しい遊びだった。

問を生コン車のように常時かき回しているところにある。歴史学や考古学を学んだ人は、事前に一通り文献に当たって、その人なりのイメージを膨らませて臨むだろうから、そこには先入観が生じやすい。一旦抱いた先入観を拭い去ることはなかなかむずかしい。その点、素人の強みがあると、自画自賛するがどうだろうか。

ついでに自画自賛を加えさせていただく。呉は越に亡ぼされたが、それは、呉王夫差が、中国大陸の覇者として精鋭四万人の兵をつれて黄池（河南省杞県の西方）に出向いて、諸侯と会合した会盟に出席している留守中に、越に攻められて劣勢に立たされたからである。でも、その黄池会盟で呉が漢民族を圧倒して覇者になった優秀さには変わりない。その優秀な呉人が日本列島に来て弥生人になった。その弥生人が、勤勉な農耕民をつれてきた。商才に長けた斉の人もつれてきた。また、先端技術をもつ徐福集団もつれてきた。言ってしまえば、中国大陸で選ばれた優秀な人材が日本列島へ渡ってきたのだ。

その渡って来た日本列島に先住していた縄文人も、また、優れていた。縄文人は、黒潮に乗って北上するカツオなどの魚群を追うハンターとして鋭い感覚をもつ血と、この海の先に何があるだろうかと好奇心の塊のような遺伝子をもった人たちだった。だから、水田稲作による米づくりも、物づくりも、その好奇心がくすぐられ、驚くほどの速さで広まった。これは、弥生時代の日本列島には、アジアの才能が集まったという自画自賛だが、これからの課題は、その優秀さをどう使うかだろう。テレビのニュースが毎日のように不祥事で頭を下げて謝罪する姿を写しているようじゃ心もとない。

歴史学や考古学に素人の私が、文献や現場を調べ始めると、これまで知らなかった分野だけに、新発見がたくさん出てくる。目から鱗が何枚も落ちた。これは楽しい鱗だった。中には、自分が現場で新発見と思った喜びが、既に文献に出ていて無知さを知らされたことも再々だった。また、疑問に思える文献も多々あった。その疑問の根源を探ると、その道の大家の説にぶつかることもある。その大家の説を援護するような論文はあっても、不思議なくらい反論・批判が見あたらない。おそらく、どこの世界にもあることだが、その世界で活動していくには、できるだけ摩擦を避け、絶対的な根拠がない限り、反論・批判はしないことが大切なのだろう。これでは大家は裸の王様だ、真の大家であれば不本意に違いない。その点、本書は、一般市民向けだが、素人の強みというか、怖さ知らずというか、ともかく、生来の遊び心も手伝って自由に書けた。専門家にとって専門外の分野からの野次に近い考えも刺激になるかと思う。これも自画自賛になってしまった。

ところで、太陽や星を使って自分が乗っている船の位置を出す天文航法の中に、日の出直前や日の入直後の水平線と星が同時に見える数分内に天体観測をするスターサイト（Star sight）という手法がある。これは、太陽という一点だけから出した位置だと誤差がでるので、星を使って位置を補正する大切な仕事だ。不祥事が続出する今日の日本の針路には、かなりの誤差が出ているようだから、是非何らかの手法で補正しなければならない。歴史を検証する場合も補正することは大切である。本書にとりあげた安曇族や徐福に限ると、確たる記録がないだけに、本当は物的証拠で補正したい。本文にも書いたが、具体的に言うと、安曇族の場合は、志賀島の金印が埋まっていた位置にあったはずの甚兵衛さんが掘り起こした石を探し出すことであり、徐福の場合は、吉野ヶ里など有明海北部域からBC二世紀に水銀を製造した証拠が発見されることである。いずれの日にか補正されるものと期待する。

本書を読んでいて、前に書いてあったと同じことが出てくると感じられた読者も多いかと思う。これは書いている私が前に書いたことを忘れるからである。できるだけ重複を避けようとしたが、前のどこに書いたのかを確認する作業で手間取ったり、ときには書いたのか書いていないのかもわからなくなったりと混乱したので、だったらいっそのこと、繰り返す旨断って書いた方がいいだろう、読者の中には、私と同じように忘れる方もいらっしゃるかもしれない、と勝手に決めさせていただいた。寛大にご容赦願いたい。

本書を書くに当たって、公共図書館を活用させていただいた。インターネットで蔵書を検索し、文献のコピーをお願いすれば、遠くにある論文を家に居ながら読むことができた。これには助かった。この図書館利用方法がなければ本書は書けなかったことは確かだ。公共図書館のサービスに感謝するとともに、今後、多くの大学の図書館が、同じように一般市民へも開放してくれることを望む。歴史は、自分の体でいえば、健康に注意し、また、才能を伸ばすために知る体質や遺伝子のようなもので、日本の将来を見定めるときの大切な要素である。だから、学者だけにまかせるのではなく、政治家はもちろん、次の時代を担う若者をはじめ市民の多くが関心をもつべきだ。それだけに、開放された図書館の存在意義は大きい。

読者は「無知有楽」という言葉を聞いた覚えがあるだろうか。おそらくないと思う。私が、現場や文献を調べながら、自分なりの新発見を繰り返す中で覚ったことを一言で言い表した言葉だ。でも、念のためインターネットで検索してみたが出てこなかった。これは、無知であればあるほど、自分としては新発見率が高くなるから、それだけ知ったときの楽しさが多く有るという意味だ。若い頃、勉学に励むことなく過ごし、歳を重ねて知識欲が出てきた人に実感できるかと思うがいかがだろうか。

本書の出版は、全然面識のない龍鳳書房の酒井春人さんからの唐突な電話で始まった。何でも私のホームページ（http://www2.odn.ne.jp/~nov.hechima/）を見て、どうしても出版させて欲しいと言う。かなり強引だが、話していると、彼の熱意とも受け止めることができた。以来、その強引さと熱意に押されながら進んだが、結局は、校正はもちろん、タイトル決定までの議論、写真の使用承諾など編集の全てで大変お世話になった。また図の作成では、同社の大澤慎也さんの手をわずらわせた。このことを記して感謝の気持ちとさせていただく。

二〇〇九年　百花繚乱の春

龜山　勝

増刷にあたり

本書は、龍鳳書房（酒井春人社長）から二〇〇九年に発行した初版の在庫が少なくなったので増刷したい。増刷に当たって改訂版を出すか、訂正だけで出すかと相談を受けたので、執筆者として自著を再熟読して決めることにした。

読んでみると、拙文を全部改めたい思いと、花丸は無理としても二重丸を付けてもいい自著自賛の思いがした。どこが自賛に値するかと言うと、これまで誰もやっていなかった全国に散らばっている安曇族にゆかりの可能性がある地を自分の足で訪ねて回り、それらの地に共通している初期水田適地（229頁）を探り出したことだ。つまり、これを基にすれば安曇族と弥生時代が理解できると自賛したわけだ。

ところで、安曇族と関わって二〇年ほど経過したが、自分の世代に安曇族と弥生時代の全貌を明らかにできるとはとても思えない。後は次の世代か、次々世代で関心を持つ人に託すことになるが、この自賛箇所さえ押さえていれば、改訂版を出すこともないだろうから拙文のまま細かい箇所の訂正だけにした。

ただ、引っ掛かったのは安曇族の定義だ。拙著『弥生時代を拓いた安曇族Ⅱ』で（二〇一五年、龍鳳ブックレット）、本書で定義した狭義の安曇族を海人安曇族、広義の安曇族を農耕に関係する人を農耕安曇族、金属採鉱・製造に関係する人を冶金安曇族という表現にしたが、安曇族の定義は、蓄積された知見が少ないので全体を網羅した定義はむずかしい。つまり、未だ書籍や論文でそれぞれ「安曇族をこう定義する」と断って論述する段階にある。そういうことで、本書は初版の定義を改めないことにした。

話は変わる。犬の散歩を見ていると、しきりに尿をかける。これは、動物が持つ縄張の標識、すなわちマーキングだが、人も同じようにマーキングをする。ただ、尿や体臭ではなく、何らかの形で他人にあるいは後世に自分の存在を示す。安曇族は地名として残していた。

二〇一六年　桜花盛んな候

亀山　勝

亀山　勝

略歴

1938年　福岡県生まれ
1964年　水産大学校増殖学科卒業
　　　　神奈川県水産試験場勤務
　　　　同　　　指導普及部長
神奈川県漁業無線局長
全国海区漁業調整委員会連合会事務局長
神奈川県漁業協同組合連合会考査役
東京湾水産資源生態調査委員など歴任
現在、漁村文化懇話会会員
(財)柿原科学技術研究財団監事

著書

『おいしい魚の本』(1994)(株)河合楽器製作所出版事業部
『漁民が拓いた国・日本』(1999)(財)東京水産振興会
『安曇族』(2004)(株)郁朋社
『安曇族と徐福』(2009)(有)龍鳳書房
『安曇族と住吉の神』(2012)(有)龍鳳書房
『弥生時代を拓いた安曇族』(2013)(有)龍鳳書房
『肥後もっこすと熊本バンド』(2014)(有)龍鳳書房
『弥生時代を拓いた安曇族Ⅱ』(2015)(有)龍鳳書房
『百年の計をもって 海を耕す』(2018)(有)龍鳳書房

共著

「漁村の文化」(1997)漁村文化懇話会
『古代豪族のルーツと末裔たち』(2011)新人物往来社

安曇族《あづみぞく》と徐福《じょふく》　弥生時代を創りあげた人たち

二〇〇九年四月十六日　第一刷発行
二〇二〇年九月十六日　第三刷発行

著者　亀山　勝
発行人　酒井春人
発行所　有限会社 龍鳳書房
〒三八一－二二四三
長野市稲里一－五－一北沢ビル
電話〇二六－二八五－九七〇一
FAX〇二六－二八五－九七〇三
URL:www.ryuhoshobo.co.jp
Email:info@ryuhoshobo.co.jp
印刷・製本　信毎書籍印刷株式会社
定価は本のカバーに表示してあります

ISBN978-4-947697-37-0 C0021